DIZIONARIO DELL'ECONOMIA E DELLA FINANZA

DIZIONARIO DELL'ECONOMIA E DELLA FINANZA

Maurizio Spagnesi

DIZIONARIO DELL'ECONOMIA E DELLA FINANZA

Bonacci editore

L'editore è a disposizione degli aventi diritto con i quali non è stato possibile comunicare nonché per eventuali involontarie omissioni o inesattezze nella citazione delle fonti dei brani e immagini riprodotte nel presente volume.

Printed in Italy

Bonacci editore
Via Paolo Mercuri, 8 - 00193 Roma
(ITALIA)
Tel. 06/68.30.00.04 - Telefax 06/68.80.63.82

© Bonacci Editore, Roma 1994
ISBN 88-7573-275-2

INTRODUZIONE

Obiettivo primario del dizionario è dare uno strumento di lavoro a quegli studenti della lingua italiana come L2 che per vari motivi si avvicinano al settore dell'economia. Sappiamo infatti che, di fronte a un testo di economia, la maggior difficoltà per la comprensione è data non tanto dalle strutture sintattiche, quanto dal lessico specialistico.

Il dizionario ha origine da una scelta di fonti della microlingua economica. Si sono privilegiati testi scritti di tipo accademico e di tipo giornalistico, oltre a testi orali di varia natura (notiziari radiofonici e televisivi, lezioni universitarie). Il corpus delle fonti così delimitato è stato attentamente analizzato, quindi si è proceduto alla realizzazione di una lista delle frequenze. Le parole che comparivano più frequentemente all'interno del corpus delle fonti hanno dato vita al nucleo del dizionario.

Si è quindi proceduto alla stesura delle definizioni di questo primo nucleo di parole. Proprio da questa operazione è nata l'esigenza di allargare il numero di entrate del dizionario. Uno dei criteri principali del dizionario, infatti, è la sua "chiusura", la sua "circolarità": tutte le parole settoriali presenti nelle definizioni sono presenti anche come entrata.

GUIDA ALLA CONSULTAZIONE

Per ogni lemma di entrata, il dizionario offre, nell'ordine, la trascrizione fonematica, la categoria grammaticale, eventuali osservazioni grammaticali, eventuali sinonimi e contrari, la definizione, un contesto.

1. Lemma di entrata.

Il lemma di entrata è alla forma singolare, tranne nei casi in cui questa non esiste, oppure quando il lemma, per cristallizzazione d'uso, presenta solo la forma plurale.
Molti lemmi di entrata appartengono a lingue straniere (in particolare all'inglese e al francese); in questi casi viene indicata l'invariabilità del numero.
Costituiscono lemma di entrata numerose unità lessicali complesse e anche locuzioni cristallizzate dall'uso.

2. La trascrizione fonematica.

La trascrizione fonematica è tra due barre oblique e segue ogni lemma di entrata. Per la trascrizione fonematica dei lemmi stranieri ci si è attenuti alle convenzioni dell'Associazione Fonetica Internazionale (International Phonetic Association). Per la trascrizione fonematica dei lemmi italiani si è preferito modificare leggermente tali convenzioni, allo scopo di rendere più agevole la consultazione.
Per alcuni lemmi di provenienza straniera, usati frequentemente nella lingua italiana, è riportata anche una trascrizione fonematica indicativa del modo in cui il lemma è pronunciato da parlanti italiani.
Per un elenco completo dei simboli fonetici usati in questo dizionario si veda più avanti.

3. Categoria grammaticale.

Sono fornite le informazioni grammaticali essenziali del lemma di entrata.

4. Osservazioni grammaticali.

Sono indicate le eventuali particolarità o irregolarità del lemma di entrata. Inoltre, sono segnalate le forme plurali delle locuzioni sostantivali (tranne nei casi in cui il plurale non è previsto o è utilizzato raramente).

5. Sinonimi e contrari.

Tutti i sinonimi e contrari segnalati sono presenti come entrata all'interno del dizionario.

6. Definizione.

La definizione volutamente presenta un linguaggio semplice e immediato, in considerazione del fatto che il dizionario si rivolge in particolare a utenti stranieri. Sono utilizzate forme grammaticali e sintattiche semplici, raramente si fa ricorso alla subordinazione. Si è pensato al dizionario soprattutto come a uno strumento didattico, quindi si considera fattore di assoluta importanza la comprensibilità. Tutte le parole settoriali contenute nella definizione sono sottolineate e presenti come entrata all'interno del dizionario.

7. Contesto.

Per ogni lemma di entrata il dizionario presenta un contesto. Questo può aiutare l'utente a comprendere meglio l'uso del lemma all'interno della lingua. In particolare, l'ausilio di un contesto risulta utilissimo nel caso in cui un lemma di entrata abbia più di una accezione.

L'AUTORE

SIMBOLI FONETICI USATI NEL DIZIONARIO

Grafema	Fonema	Esempio	
a	/a/	anno	/'anno/
b	/b/	cambio	/'kambjo/
c	/k/	conto	/'konto/
	/tʃ/	cespite	/'tʃɛspite/
ch	/k/	chirografario	/kirogra'farjo/
ci	/tʃ/	sociale	/so'tʃale/
d	/d/	domanda	/do'manda/
e	/ɛ/	premio	/'prɛmjo/
	/e/	economico	/eko'nɔmiko/
f	/f/	fido	/'fido/
g	/g/	gara	/'gara/
	/dʒ/	girata	/dʒi'rata/
gh	/g/	impieghi	/im'pjɛgi/
gi	/dʒ/	giardinetto	/dʒardi'netto/
i	/i/	situazione	/situat'tsjone/
	/j/	bancario	/ban'karjo/
l	/l/	postale	/pos'tale/
gl	/ʎʎ/	degli	/'deʎʎi/
gli	/ʎʎ/	conguaglio	/kon'gwaʎʎo/
m	/m/	marco	/'marko/
n	/n/	montante	/mon'tante/
gn	/ɲɲ/	assegno	/as'seɲɲo/
o	/ɔ/	mora	/'mɔra/
	/o/	corso	/'korso/
p	/p/	importare	/impor'tare/
q	/k/	quadro	/'kwadro/
r	/r/	processo	/pro'tʃɛsso/
s	/s/	statale	/sta'tale/
	/z/	smobilizzo	/zmobi'liddzo/
sc	/sk/	sconto	/'skonto/
	/ʃ/	scellino	/*ʃel'lino/
	/ʃʃ/	uscita	/uʃʃita/
sci	/ʃ/	sciopero	/*'ʃɔpero/
t	/t/	valutario	/valu'tarjo/
u	/u/	industria	/in'dustrja/
	/w/	abbuono	/ab'bwɔno/
v	/v/	lavoro	/la'voro/
z	/ts/	zecca	/*'tsekka/
	/dz/	zero	/*'dzɛro/

Segni diacritici:

Accento primario	/ ' /	base	/'baze/
Raddoppiamento sintattico	/ * /	attività	/attivi'ta*/
		zona	/*'dzɔna/

SIMBOLI FONETICI USATI NELLA TRASCRIZIONE
DI PAROLE STRANIERE

Fonema	Esempio	
/ã/	avant	/a'vã/
/ʌ/	company	/'kʌmpəni/
/æ/	cap	/kæp/
/ə/	slogan	/'slougən/
/h/	hausbank	/'hausbaŋk/
/ŋ/	clearing	/'kliəriŋ/
/ɔ̃/	coupon	/ku'pɔ̃/
/x/	noch	/nɔx/
/y/	surplus	/syr'ply/
/ɥ/	yuan	/ɥan/
/ʒ/	stellage	/stɛl'la:ʒ/

Segni diacritici:

Accento secondario	/ˌ/	deregulation	/di:ˌregju'leiʃən/
Allungamento	/ : /	call	/kɔ:l/

ABBREVIAZIONI

Agg.	*aggettivo*
Contr.	*contrario*
f.	*femminile*
inv.	*invariabile*
It.	*italiano*
loc. agg.	*locuzione aggettivale*
loc. agg./avv.	*locuzione aggettivale e avverbiale*
loc. avv.	*locuzione avverbiale*
loc. sos.	*locuzione sostantivale*
loc. v.	*locuzione verbale*
m.	*maschile*
pl.	*plurale*
Prov.	*lingua di provenienza*
Sciogl.	*scioglimento della sigla*
Sin.	*sinonimo*
sos.	*sostantivo*
V.	*vedi*
Var.	*variante*
v. intr.	*verbo intransitivo*
v. intr. pron.	*verbo intransitivo pronominale*
v. rifl.	*verbo riflessivo*
v. tr.	*verbo transitivo*

A

ABBONAMENTO /abbona'mento/
sos. m.

contratto con cui attraverso un unico <u>pagamento</u> iniziale si ha la disponibilità di un <u>servizio</u> continuativo periodico

*Attraverso un **abbonamento** annuale relativamente economico si ha l'accesso a tutte le informazioni relative alla borsa telematica.*

ABBONARSI /abbo'narsi/
v. rifl.

fare un <u>abbonamento</u> per conto proprio

*I clienti della banca **si** possono **abbonare** al nuovo servizio, pagando una quota mensile di L. 20.000.*

ABBONATO /abbo'nato/
sos. m.

chi beneficia di un <u>abbonamento</u>

*A tutti gli **abbonati** è permesso l'ingresso gratuito nelle sale dell'esposizione.*

ABBUONO /ab'bwɔno/
sos. m.

riduzione di un <u>prezzo</u> stabilito

*L'acquirente ha beneficiato di un **abbuono** grazie alla notevole quantità di merce ordinata.*

ABI /'abi/
sos. f. Sigla Sciogl. Associazione bancaria italiana

V. Associazione bancaria italiana

*L'**Abi** ha recentemente sottolineato la contrazione notevole dei conti correnti bancari.*

A BREVE /a* 'brɛve/
loc. agg./avv.

V. a breve termine

*La liberalizzazione delle transazioni è stata portata a termine quando è entrata in vigore la direttiva sui movimenti di capitali **a breve**.*

A BREVE TERMINE /a* 'brɛve 'tɛrmine/
loc. agg./avv. Sin. a breve

con durata inferiore a un anno

*Le reazioni della Borsa sui titoli Fiat sono state molto dure. Le prospettive economico-finanziarie negative **a breve termine** dalla Fiat stessa non hanno mancato di ripercuotersi sull'andamento dei titoli.*

ACCANTONAMENTO /akkantona'mento/
sos. m.

operazione con cui una parte degli <u>utili</u> è riservata a scopi specifici

*Dobbiamo ancora attenderci, anche per l'anno in corso, maggiori esigenze di stanziamenti e **accantonamenti** ai fondi rischi, la cui entità risentirà del contesto economico generale e della difficile situazione del mondo imprenditoriale.*

ACCANTONARE /akkanto'nare/
v. tr.

riservare una parte degli <u>utili</u> a scopi specifici

*Anche l'anno scorso la Midland ha dovuto **accantonare** 112 milioni di sterline per coprire questo fronte.*

ACCATASTAMENTO /akkatasta'mento/
sos. m.

operazione con cui si registra al <u>catasto</u>

*È rientrata la questione relativa all'abbattimento del valore catastale degli opifici industriali: la modifica sarà proposta come ordine del giorno in assemblea, anche perché il Governo ha dichiarato che la questione sarà risolta con un prossimo decreto ministeriale sull'**accatastamento**.*

ACCATASTARE /akkata'stare/
v. tr.

registrare al <u>catasto</u>

*Ai fini fiscali, l'autorimessa deve essere considerata parte integrante dell'abitazione anche se è **stata accatastata** autonomamente.*

ACCELERATORE /attʃelera'tore/
sos. m.

meccanismo in base al quale l'aumento della <u>domanda</u> di <u>beni di consumo</u> determina una crescita più veloce degli <u>investimenti</u> (2)

*Appena il sistema cessa la sua crescita, l'**acceleratore** impone un rallentamento dell'alto investimento che sostiene il boom.*

ACCENDERE /at'tʃɛndere/
v. tr.

costituire un rapporto regolato da obblighi <u>giuridici</u>

*Sul risultato ha inciso la svalutazione della lira, concomitante a un'esposizione debitoria in valuta **accesa** per ridurre gli oneri finanziari.*

ACCENSIONE /attʃen'sjone/
sos. f.

costituzione di un rapporto regolato da obblighi <u>giuridici</u>

E ora passiamo all'accensione di un deposito. Anzitutto, ovviamente, il risparmiatore che intende ottenere il rilascio di un libretto di deposito deve farne richiesta presentandosi a uno sportello della banca.

ACCERTAMENTO TRIBUTARIO /attʃerta'mento tribu'tarjo/
loc. sos. m. pl. accertamenti tributari

insieme di misure che determinano la base imponibile del contribuente

È stata presa la decisione di istituire un sistema di accertamento tributario dei redditi percepiti all'estero.

ACCETTAZIONE /attʃettat'tsjone/
sos. f.

dichiarazione con cui il trattario (1) accetta una cambiale e si assume l'obbligo di pagarla

La dichiarazione di accettazione consiste nella sottoscrizione del trattario con la formula "accettato" o "visto" o nella semplice firma del trattario nella faccia anteriore del titolo.

ACCETTAZIONE BANCARIA /attʃettat'tsjone ban'karja/
loc. sos. f. pl. accettazioni bancarie

cambiale emessa da un'azienda su una banca

L'accettazione bancaria rappresenta uno strumento di credito alternativo per il reperimento di disponibilità finanziarie a breve termine da parte di imprese conosciute sul mercato.

ACCISA /at'tʃiza/
sos. f.

imposta di fabbricazione

Gli operatori sono innervositi dall'incertezza sul destino del decreto, che contiene importanti disposizioni per il settore, dall'abolizione delle accise all'aumento dell'Iva.

ACCOMANDANTE (1) /akkoman'dante/
sos. m.

nella società in accomandita, socio che non può partecipare all'amministrazione (1) e risponde di eventuali debiti societari solo entro i limiti del capitale sociale sottoscritto

Gli accomandanti non hanno poteri di controllo; tuttavia hanno diritto alla comunicazione annuale del bilancio d'esercizio.

ACCOMANDANTE (2) /akkoman'dante/
agg.

nella società in accomandita, relativo al socio che non può partecipare all'amministrazione (1) e risponde di eventuali debiti societari solo entro i limiti del capitale sociale sottoscritto

In caso di morte, la quota del socio accomandante è liberamente trasmissibile.

ACCOMANDATARIO (1) /akkomanda'tarjo/
sos. m. pl. accomandatari

nella società in accomandita, socio che partecipa all'amministrazione (1) e risponde di eventuali debiti societari con tutti i beni di cui è in possesso

La posizione degli accomandatari non amministratori è simile a quella dei soci di una società collettiva esclusi dalla gestione.

ACCOMANDATARIO (2) /akkomanda'tarjo/
agg. pl. m. accomandatari, pl. f. accomandatarie

nella società in accomandita, relativo al socio che partecipa all'amministrazione (1) e risponde di eventuali debiti societari con tutti i beni di cui è in possesso

L'amministrazione è conferita solo ai soci accomandatari; la gestione avviene secondo i principi delle società in nome collettivo.

ACCONTO /ak'konto/
sos. m.

anticipo (2) di un pagamento dovuto

Il ministro del Tesoro ha stanziato 2.000 miliardi per pagare un acconto ai piccoli fornitori Efim.

ACCORDO DI PRODUZIONE /ak'kɔrdo di produt'tsjone/
loc. sos. m. pl. accordi di produzione

accordo con cui un'azienda affida la fabbricazione di un suo prodotto (1) a un'azienda straniera, conservando il controllo della distribuzione (2) su quel mercato straniero

Il principale proposito non è quello di far calare i prezzi degli altri combustibili, è invece quello di costringere gli altri Paesi Opec a rispettare gli accordi di produzione.

ACCREDITABILE /akkredi'tabile/
agg.

che si può accreditare

Gli importi sono accreditabili direttamente sul conto del cliente.

ACCREDITARE /akkredi'tare/
v. tr.

registrare in avere di un conto

Molti correntisti si fanno accreditare lo stipendio sul proprio conto corrente.

ACCREDITO /ak'kredito/
sos. m.

registrazione in avere di un conto

Per qualunque informazione o esigenza, compreso l'accredito di una somma di denaro, il cliente può rivolgersi al personale della sua filiale.

ACCUMULAZIONE /akkumulat'tsjone/
sos. f.

processo con cui una parte dei profitti è riservata all'accrescimento del capitale (1)

Mentre il liberismo dei classici era basato sul problema dell'accumulazione, quello dei neoclassici era più orientato al problema dell'efficienza allocativa.

ACQUIRENTE (1) /akkwi'rɛnte/
sos. m./f.

chi acquista

La vendita della Breda costruzioni ferroviarie avverrà per "asta secca": quindi non verrà fatta una valutazione complessiva dei piani industriali presentati dagli acquirenti.

ACQUIRENTE (2) /akkwi'rɛnte/
agg.

che acquista

Le società **acquirenti** si sono trovate di fronte a una situazione patrimoniale disastrosa. Primo obiettivo sarà dunque il risanamento dei conti, attraverso la riduzione delle spese.

ACQUISIRE /akkwi'zire/
v. tr.
acquistare il pacchetto azionario di maggioranza di una società
Sia la finanziaria italiana che la Schroder **avevano acquisito**, negli ultimi due anni, una serie di piccole società di logistica facendole poi confluire nella Gle, Gruppo Logistico Europeo.

ACQUISIZIONE /akkwizit'tsjone/
sos. f.
acquisto (1) del pacchetto azionario di maggioranza di una società
Non è stato escluso che lo sviluppo di questa azienda possa passare anche per la strada delle **acquisizioni**, magari anche all'estero.

ACQUISTARE /akkwis'tare/
v. tr.
comprare
La società ha deciso di **acquistare** un immobile da destinare ad uffici.

ACQUISTO (1) /ak'kwisto/
sos. m. Contr. vendita
atto del comprare
L'**acquisto** dei macchinari ha comportato una spesa notevole per l'azienda, che si è dovuta indebitare con le banche.

ACQUISTO (2) /ak'kwisto/
sos. m.
ciò che è comprato
L'amministratore ha riferito che l'**acquisto** si è rivelato molto utile per la razionalizzazione della contabilità.

ADDEBITABILE /addebi'tabile/
agg.
che si può addebitare
La compagnia di assicurazione prevede un programma di accantonamenti personalizzati a partire da 100mila lire al mese, **addebitabili** sul conto corrente.

ADDEBITARE /addebi'tare/
v. tr.
registrare in dare di un conto
La società si impegna a consegnare il biglietto prenotato al recapito del cliente e ad **addebitare** il costo sul conto del titolare della carta di credito con cui è stata fatta la prenotazione.

ADDEBITO /ad'debito/
sos. m.
registrazione in dare di un conto
Si autorizza l'azienda di credito ad eseguire gli **addebiti** sul conto corrente sopra indicato.

ADDETTO /ad'detto/
sos. m.
chi è assegnato a un determinato lavoro
Dal punto di vista occupazionale, l'azienda metallurgica ha mantenuto inalterato il numero dei suoi **addetti** a quota 1.345 unità.

ADDIZIONALE (1) /addittsjo'nale/
sos. f.
aumento dell'importo dovuto come imposta
L'energia elettrica fornita deve essere considerata esente dalle **addizionali** erariali, provinciali e comunali.

ADDIZIONALE (2) /addittsjo'nale/
agg.
che è da aggiungere
Oltre ai rimborsi effettuati mediante addebito in conto corrente, è possibile effettuare pagamenti **addizionali** tramite assegno bancario o circolare.

ADEMPIMENTO /adempi'mento/
sos. m. Contr. inadempimento
esecuzione di ciò a cui si è obbligati
Il dovere, implicito nel concetto di **adempimento**, può derivare direttamente da una norma giuridica o anche da un ordine dell'autorità.

AFFARE /af'fare/
sos. m.
operazione a scopo di guadagno
Pare che l'**affare**, se andrà in porto, frutterà una cifra di poco inferiore ai due miliardi di lire.

AFFARISTA /affa'rista/
sos. m./f. pl. m. affaristi
chi fa affari, anche senza scrupoli
L'**affarista** napoletano è stato arrestato con l'accusa di aver indebitamente sottratto alle casse dell'azienda oltre 3 miliardi in poco più di un anno.

AFFIDABILE /affi'dabile/
agg.
che può offrire garanzie sufficienti per la concessione di un fido
L'avvocato è un cliente **affidabile**, l'istituto di credito ha svolto le dovute indagini e non ha dubbi.

AFFIDAMENTO /affida'mento/
sos. m.
V. fido
La concessione di un **affidamento** è la fase terminale di un processo che parte dalla richiesta del cliente e passa attraverso l'analisi delle informazioni sulle sue doti morali e professionali.

AFFIDATO (1) /affi'dato/
sos. m.
chi ha avuto la concessione di un fido
Solitamente le concessioni di credito vengono effettuate come fidi particolari, poiché questa forma risponde me-

glio sia alle esigenze della banca che alle necessità dell'affidato.

AFFIDATO (2) /affi'dato/
agg.
che ha avuto la concessione di un fido
I fidi generali consistono in linee di credito utilizzabili dal cliente affidato in qualsiasi operazione che egli intenda effettuare per ottenere fondi dalla banca.

AFFITTARE (1) /affit'tare/
v. tr.
dare in affitto (1)
La compagnia assicurativa affitta ormai da anni una gran parte degli immobili di sua proprietà.

AFFITTARE (2) /affit'tare/
v. tr.
prendere in affitto (1)
Il ristoratore è sbarcato negli Stati Uniti e pochi giorni dopo ha affittato un grande locale proprio nel centro di New York.

AFFITTO (1) /af'fitto/
sos. m.
contratto con cui si ha la disponibilità di un bene, in cambio di una somma di denaro pagata periodicamente al proprietario (1)
È scaduto il contratto di affitto che ha affidato per sei mesi in gestione alla Finmeccanica sette aziende dell'Efim che operano nel settore militare.

AFFITTO (2) /af'fitto/
sos. m.
somma di denaro pagata periodicamente al proprietario (1) di un bene per avere la disponibilità del bene stesso
Il prezzo dell'affitto è stato concordato in sei milioni mensili.

AFFITTUARIO (1) /affittu'arjo/
sos. m. pl. affittuari
chi ha un bene in affitto (1)
Gli affittuari dell'immobile si sono lamentati con l'amministratore a proposito delle alte spese di conduzione.

AFFITTUARIO (2) /affittu'arjo/
agg. pl. m. affittuari, pl. f. affittuarie
che ha un bene in affitto (1)
Il cittadino affittuario deve conservare le ricevute di pagamento del canone di locazione.

AFFRANCARE /affran'kare/
v. tr.
applicare francobolli su corrispondenza o pacchi come tassa per l'invio postale
Il pacco contenente la merce è stato affrancato e spedito in mattinata.

AFFRANCATURA (1) /affranka'tura/
sos. f.
atto con cui i francobolli sono applicati su corrispondenza

o pacchi come tassa per l'invio postale
Per accelerare l'affrancatura dei pacchi con i nuovi listini prezzi, sono stati assunti due giovani con un contratto a tempo determinato.

AFFRANCATURA (2) /affranka'tura/
sos. f.
insieme dei francobolli applicati su corrispondenza o pacchi come tassa per l'invio postale
L'affrancatura va applicata sulla busta in alto a destra.

A FINI DI LUCRO / a* 'fini di 'lukro/
loc. agg./avv.
con l'intenzione di ricavare un guadagno da un'attività economica
Come è stato più volte ribadito durante l'intervista, l'associazione non è a fini di lucro, ma svolge semplicemente un'attività di promozione culturale.

A FONDO PERDUTO /a* 'fondo per'duto/
loc. agg./avv.
senza diritto di restituzione
Nel vertice sono stati decisi finanziamenti a fondo perduto per 4mila milioni di dollari, finanziamenti che andranno in gran parte ai Paesi dell'Europa ex comunista.

A FORFAIT /a* for'fɛ/
loc. agg./avv. Prov. francese
relativamente al calcolo di un prezzo, senza considerare eventuali successive variazioni di mercato
L'acquisto della divisa viene fatto applicando un tasso fisso calcolato a forfait, la cui misura dipende da vari fattori, quali il costo del denaro, i rischi e le spese connessi all'operazione.

AGENTE DI BORSA /a'dʒɛnte di 'borsa/
loc. sos. m. pl. agenti di borsa
V. agente di cambio
Gli agenti di borsa svolgono la funzione di consulenza alle società i cui titoli sono quotati in borsa.

AGENTE DI CAMBIO /a'dʒɛnte di 'kambjo/
loc. sos. m. pl. agenti di cambio Sin. agente di borsa
in borsa, pubblico ufficiale che contratta valori mobiliari per conto di clienti
La professione di agente di cambio è incompatibile con l'esercizio di qualsiasi commercio.

AGENTE DI ZONA /a'dʒɛnte di *'dzɔna/
loc. sos. m. pl. agenti di zona
chi si occupa di vendere i prodotti (1) di un'azienda in una particolare area geografica
Il nostro agente di zona è a disposizione dei clienti per ogni eventuale reclamo.

AGENTE ECONOMICO /a'dʒɛnte eko'nɔmiko/
loc. sos. m. pl. agenti economici
individuo o istituzione che agisce nel sistema economico
Occorre che gli agenti economici che rinunciano a conservare attività liquide siano ricompensati.

AGENTE IMMOBILIARE /a'dʒɛnte immobi'ljare/
loc. sos. m. pl. agenti immobiliari

V. immobiliarista

*Momento di preoccupazione per gli **agenti immobiliari**: il mercato delle compravendite è fermo.*

AGENZIA (1) /adʒen'tsia/
sos. f.

azienda che fornisce determinati servizi

*Le due **agenzie** di valutazione ritengono che la Chemical abbia tratto vantaggio nell'ultimo anno dalla fusione con la Manufacturers Hanover.*

AGENZIA (2) /adʒen'tsia/
sos. f.

distaccamento di un ufficio principale

*Il conto corrente del cliente è aperto presso l'**agenzia** 14 del Monte dei Paschi, a Firenze.*

AGENZIA DI ASSICURAZIONI /adʒen'tsia di assikurat'tsjoni/
loc. sos. f. pl. agenzie di assicurazioni Var. agenzia di assicurazione Sin. compagnia di assicurazioni

V. assicurazione (2)

*L'**agenzia di assicurazioni** invierà con sollecitudine la polizza di assicurazione e la nota delle spese.*

AGENZIA DI INFORMAZIONI /adʒen'tsia di informat'tsjoni/
loc. sos. f. pl. agenzie di informazioni

agenzia (1) che fornisce servizi di informazione

*L'**agenzia di informazioni** russa ha dato per prima la notizia del fallito colpo di stato.*

AGENZIA DI NOLEGGIO /adʒen'tsia di no'leddʒo/
loc. sos. f. pl. agenzie di noleggio

agenzia (1) che fornisce servizi di noleggio

*La ditta ha richiesto le tariffe di noleggio a una **agenzia di noleggio**.*

AGENZIA DI VIAGGI /adʒen'tsia di vi'addʒi/
loc. sos. f. pl. agenzie di viaggi Var. agenzia di viaggio

agenzia (1) che fornisce servizi nel settore dei viaggi

*Non ha nessuna responsabilità invece l'**agenzia di viaggi**, che si è limitata a prenotare il volo di andata e ritorno.*

AGENZIA IMMOBILIARE /adʒen'tsia immobi'ljare/
loc. sos. f. pl. agenzie immobiliari

agenzia (1) che fornisce servizi di consulenza nella compravendita di beni immobili

*Ci si deve rivolgere ad **agenzie immobiliari** affermate per non correre il rischio di brutte sorprese.*

AGENZIA PUBBLICITARIA /adʒen'tsia pubblitʃi'tarja/
loc. sos. f. pl. agenzie pubblicitarie

agenzia (1) che fornisce servizi di pubblicità alle aziende

*Si è appena aperta la campagna ideata dalla **agenzia pubblicitaria** toscana.*

AGEVOLATIVO /adʒevola'tivo/
agg.

che comporta un'agevolazione

*Verrà conservato il regime **agevolativo** sull'Iva all'agricoltura.*

AGEVOLAZIONE /adʒevolat'tsjone/
sos. f.

operazione di aiuto volta a creare migliori condizioni economiche

*Il ministro del Lavoro ha auspicato una legge che preveda **agevolazioni** fiscali per gli artigiani che assumono dipendenti con contratti di formazione.*

AGGIO /'addʒo/
sos. m. pl. aggi

compenso (1) ricavato per la riscossione di imposte

*Ai concessionari, alle banche e all'Amministrazione postale per il servizio di riscossione delle imposte dirette vengono riconosciuti gli **aggi** esattoriali.*

AGGIOTAGGIO /addʒo'taddʒo/
sos. m. pl. aggiotaggi

reato commesso da chi diffonde notizie false per provocare variazioni artificiali dei prezzi o delle quotazioni di borsa e averne dei vantaggi

*La manovra da molti è considerata come una semplice operazione di sostegno dei titoli; qualcuno addirittura pensa a un **aggiotaggio**.*

AGGRAVIO /ag'gravjo/
sos. m. pl. aggravi Contr. sgravio

aumento di un onere

*Gli italiani hanno subito imprevedibili **aggravi** fiscali, fino al prelievo straordinario sul conto corrente.*

AGGREGATO (1) /aggre'gato/
sos. m.

grandezza economica complessiva derivante dalla somma di tante grandezze singole

*Nella prossima riunione la Banca Centrale tedesca riesaminerà il proprio obiettivo di crescita dell'**aggregato** monetario M3, finora compreso tra il 4,5 e il 6,5 per cento.*

AGGREGATO (2) /aggre'gato/
agg.

che deriva dalla somma di tante grandezze economiche singole

*Per definizione, l'offerta **aggregata** riguarda la quantità di prodotti che le imprese produrranno e venderanno dati i prezzi, la capacità produttiva e i costi prevalenti.*

AGRICOLTURA /agrikol'tura/
sos. f.

settore dell'attività economica specializzato nella coltivazione della terra

*Anche per quest'anno l'**agricoltura** italiana ha sofferto di scarsi finanziamenti da parte del Governo.*

AL DETTAGLIO /al det'taʎʎo/
loc. agg./avv. Sin. al minuto Contr. all'ingrosso

relativamente all'acquisto (1) o alla vendita di merci in piccola quantità

*Il mercato **al dettaglio** di compact disc è stimato intorno ai 1000 miliardi all'anno.*

ALIQUOTA /a'likwota/
sos. f.

percentuale da applicare alla base imponibile per ottenere l'imposta

*Sono in vista ulteriori variazioni alle **aliquote** dell'imposta sul valore aggiunto, nell'ambito del decreto relativo all'armonizzazione dell'Iva e delle accise comunitarie.*

ALLA PARI /'alla 'pari/
loc. agg./avv.

relativamente alla quotazione di un titolo , allo stesso prezzo del suo valore nominale

*Il pagamento totale o parziale delle azioni potrà avvenire anche con le somme provenienti dal rimborso, che avrà luogo **alla pari** e cioè a L. 3.000 cadauna.*

ALLEGARE /alle'gare/
v. tr.

unire a un documento

*Il depositante è tenuto a pagare i diritti di custodia, le commissioni e le spese indicate nel presente contratto o nel foglio informativo ad esso **allegato**.*

ALLEGATO /alle'gato/
sos. m.

ciò che è unito a un documento

*Nella busta inviata dalla ditta fornitrice ci sono due **allegati** relativi ad altrettante ordinazioni non ancora saldate.*

ALL'INGROSSO /allin'grɔsso/
loc. agg./avv. Contr. al dettaglio, al minuto

relativo all'acquisto (1) o alla vendita di merci in grandi quantità

*In Germania i prezzi **all'ingrosso** sono scesi dello 0,1% in aprile rispetto a marzo e del 2% su base annua.*

ALLOCARE /allo'kare/
v. tr.

suddividere le risorse in un sistema economico o in un'azienda

*Smith sosteneva che l'avidità dei capitalisti avrebbe portato un'economia concorrenziale ad **allocare** le risorse in modo da soddisfare la domanda delle merci sui vari mercati.*

ALLOCATIVO /alloka'tivo/
agg.

relativo all'allocazione

*I settori da privatizzare per primi sono quelli che possono fornire i maggiori vantaggi in termini di efficienza **allocativa**.*

ALLOCAZIONE /allokat'tsjone/
sos. f.

suddivisione

*L'**allocazione** delle spese tra le regioni opera un forte riequilibrio territoriale.*

ALLOCAZIONE DELLE RISORSE /allokat'tsjone 'delle ri'sorse/
loc. sos. f.

suddivisione delle risorse in un sistema economico o in un'azienda

*Uno degli obiettivi delle dismissioni è quello di migliorare la capacità di **allocazione delle risorse** e di riportare i meccanismi di sviluppo a livelli di efficienza.*

ALL'ORDINE /al'lordine/
loc. agg./avv.

relativamente a titoli di credito, con trasferimento (2) mediante girata

*Nel caso di un titolo emesso **all'ordine**, l'impiegato deve subito controllare la corretta continuità delle girate.*

ALLO SCOPERTO (1) /'allo sko'pɛrto/
loc. agg./avv.

V. a vuoto

*Si tratta di assegni che non possono essere **allo scoperto**, quindi possono essere ricevuti in pagamento con assoluta tranquillità.*

ALLO SCOPERTO (2) /'allo sko'pɛrto/
loc. agg./avv.

relativamente a titoli venduti in borsa, senza averne il possesso

*Generalmente opera **allo scoperto** il ribassista, chi cioè prevede prezzi più bassi.*

AL MEGLIO /al 'mɛʎʎo/
loc. agg./avv.

relativamente a un ordine di borsa, senza limiti di prezzo

*L'ordine **al meglio** può essere dato senza altre precisazioni e in tal caso l'intermediario decide il momento della giornata borsistica in cui intervenire.*

AL MINUTO /al mi'nuto/
loc. agg./avv. Contr. all'ingrosso

V. al dettaglio

*Per le vendite **al minuto** da parte di imprese agricole che applicano il regime speciale Iva non c'è l'obbligo dell'emissione dello scontrino fiscale.*

AL PORTATORE /al porta'tore/
loc. agg.

relativamente a titoli di credito, con trasferimento (2) mediante semplice consegna

*Per poter partecipare a questa Assemblea Generale Straordinaria tutti i proprietari di azioni **al portatore** devono depositare i propri titoli al San Paolo Lariano Bank S.A., Luxembourg.*

A LUNGO /a* 'lungo/
loc. agg./avv.

V. a lungo termine

*L'operazione è stata effettuata affinché i mercati spingano i tassi a breve più in alto di quelli **a lungo**.*

A LUNGO TERMINE /a* 'lungo 'tɛrmine/
loc. agg./avv. Sin. a lungo

con durata superiore a cinque anni

La borsa valori continua a vivere proprio grazie alla possibilità che offre, sia al privato che agli enti pubblici, di reperire i capitali che occorrono per investimenti a lungo termine.

AMBULANTE (1) /ambu'lante/
sos. m./f.
rivenditore senza una sede di lavoro fissa

Nelle nostre città ormai è frequente incontrare ambulanti africani che vendono oggetti di artigianato, audiocassette, occhiali da sole, accendini, e così via.

AMBULANTE (2) /ambu'lante/
agg.
senza una sede di lavoro fissa

Anche i venditori ambulanti devono avere con sé il registratore di cassa, e devono consegnare gli scontrini alla clientela.

A MEDIO TERMINE /a* 'mɛdjo 'tɛrmine/
loc. agg./avv.
con durata variabile tra un anno e cinque anni

Il settore obbligazionario è stato ancora dominato dalle richieste di ccT a medio termine.

AMMANCO /am'manko/
sos. m. pl. ammanchi Sin. buco
somma di denaro mancante

L'ammanco ha provocato una reazione da parte degli azionisti che hanno chiesto spiegazioni all'amministratore.

AMMENDA /am'mɛnda/
sos. f.
V. multa

Il giudice può disporre il pagamento rateale dell'ammenda; le rate sono mensili e non possono essere inferiori a tre o superiori a trenta.

AMMINISTRARE /amminis'trare/
v. tr.
svolgere un'attività per realizzare gli obiettivi della gestione

Dopo aver amministrato l'azienda per quasi trent'anni, il manager ha espresso la sua intenzione di ritirarsi alla fine dell'anno.

AMMINISTRATIVO /amministra'tivo/
agg.
relativo all'amministrazione (1)

Il Consiglio d'Europa ha predisposto un testo in tema di mutua assistenza amministrativa in materia fiscale, che si aggiunge alla convenzione sulla mutua assistenza in materia penale.

AMMINISTRATORE /amministra'tore/
sos. m. f. amministratrice
chi amministra una società

Gli amministratori hanno concluso la propria relazione ricordando che la società ha realizzato importanti operazioni nel quadro del riassetto organizzativo e in previsione del rilancio nel mercato mondiale.

AMMINISTRATORE DELEGATO /amministra'tore dele'gato/
loc. sos. m. pl. amministratori delegati
membro del consiglio di amministrazione a cui è stata affidata la direzione di una società per azioni

L'amministratore delegato del gruppo torinese sta cercando un compratore per il Gft sportswear, 200 miliardi di fatturato in campo sportivo.

AMMINISTRATORE UNICO /amministra'tore 'uniko/
loc. sos. m. pl. amministratori unici
persona a cui è stata affidata la direzione di una società per azioni

Nel rapporto di lavoro la figura principale sarà costituita dall'amministratore unico, che avrà ampi poteri e precise responsabilità.

AMMINISTRAZIONE (1) /amministrat'tsjone/
sos. f.
attività svolta per realizzare gli obiettivi della gestione

L'amministrazione della ditta è nelle mani di un commercialista.

AMMINISTRAZIONE (2) /amministrat'tsjone/
sos. f.
insieme degli organi che gestiscono l'amministrazione (1) di una grande azienda

Dall'amministrazione è partito l'ordine di diminuire il numero di telefonate verso l'esterno.

AMMONTARE (1) /ammon'tare/
v. intr.
raggiungere una determinata cifra complessiva

Il ricavo dell'intera operazione finanziaria ammonta a 24 miliardi di lire, di cui il 2% andrà in beneficenza.

AMMONTARE (2) /ammon'tare/
sos. m.
cifra complessiva

Viene confermato l'obbligo, per i soggetti che acquistano beni o servizi presso agricoltori in regime di esonero dall'Iva, di indicare separatamente nella dichiarazione annuale l'ammontare dei corrispettivi risultanti dalle fatture di acquisto emesse.

AMMORTAMENTO (1) /ammorta'mento/
sos. m.
importo che un'azienda deduce annualmente dai ricavi per compensare la perdita di valore di un bene durevole

Il bilancio della nostra Spa è di circa 14 miliardi con 200-300 milioni di utili, ma non va dimenticato che nelle ultime due stagioni gli ammortamenti hanno inciso pesantemente sui conti.

AMMORTAMENTO (2) /ammorta'mento/
sos. m.
rimborso di un prestito (2) secondo un piano stabilito

Ci sono diversi sistemi di ammortamento, il più diffuso è quello a rate costanti per un certo periodo di tempo. Di solito, ogni rata è suddivisa in una quota capitale e una quota interesse.

AMMORTAMENTO (3) /ammorta'mento/
sos. m.

procedura con cui l'efficacia di un titolo di credito perduto
è annullata e il suo proprietario (1) è rimborsato

*L'autorità giudiziaria, fatti i dovuti accertamenti sulla verità
dei fatti e sul diritto del portatore, emette prima possibile
un decreto di **ammortamento**. Questo decreto autorizza
il pagamento dell'assegno perduto, sottratto o distrutto.*

AMMORTARE /ammor'tare/
v. tr.

V. ammortizzare

*Il valore dell'attrezzatura diminuisce per effetto dell'invec-
chiamento e dell'uso; per tenere conto di questa diminuzione di valore, i contabili lo riducono o **ammortano** mediante, appunto, una formula di ammortamento.*

AMMORTIZZABILE /ammortid'dzabile/
agg.

che si può ammortizzare

*Soltanto nel caso, piuttosto improbabile, in cui la maggio-
ranza dei conferimenti consistesse in cespiti non **ammortizzabili** si potrebbe ritenere non necessaria la copertura.*

AMMORTIZZARE /ammortid'dzare/
v. tr. Sin. ammortare

dedurre annualmente un importo dai ricavi per compensare la perdita di valore di un bene durevole

*Tutti d'accordo sull'acquisizione di giocatori per 13 miliar-
di, da **ammortizzare** in 4-5 esercizi.*

AMMORTIZZATORE SOCIALE /ammortiddza'tore so'tʃale/
loc. sos. m. pl. ammortizzatori sociali

meccanismo di sovvenzione pubblica volto a diminuire
eventuali difficoltà economiche dei lavoratori dipendenti

*I lavoratori italiani sono stati spesso sostenuti da **ammortizzatori sociali** come la cassa integrazione, che hanno
concesso loro un seppur minimo reddito anche in momenti economici difficili.*

ANAGRAFE TRIBUTARIA /a'nagrafe tribu'tarja/
loc. sos. f. pl. anagrafi tributarie

raccolta di informazioni relative ai contribuenti, ai fini del-
l'applicazione dei tributi

*Si è instaurato un rapporto diretto tra banche e **anagrafe
tributaria** che consente a quest'ultima di entrare in possesso, in tempo reale, di tutti i dati sui versamenti delle imposte.*

ANNO COMMERCIALE /'anno kommer'tʃale/
loc. sos. m. pl. anni commerciali

periodo convenzionale formato da dodici mesi di trenta
giorni, usato per calcoli commerciali

*Per il conto si prenderà in considerazione solamente
l'**anno commerciale** 1994.*

ANNO FISCALE /'anno fis'kale/
loc. sos. m. pl. anni fiscali

periodo di dodici mesi a cui è riferito il bilancio di un'azienda.

La compagnia di bandiera giapponese Jal ha registrato

*nell'**anno fiscale** '92-'93 (al 31 marzo) perdite per 55,7 miliardi di yen.*

ANNO SOLARE /'anno so'lare/
loc. sos. m. pl. anni solari

periodo di dodici mesi su cui è basato il calendario civile

*Il rapporto commerciale tra le due aziende avrà inizio a
partire dal prossimo **anno solare**.*

ANNUALE /annu'ale/
agg.

che ha la durata di un anno

*È andata molto bene l'asta dei boT con scadenza **annuale**.*

ANNUALITÀ /annuali'ta*/
sos. f. inv.

somma di denaro da pagare o riscuotere ogni anno

*Sono state calcolate le **annualità** da versare relativamente
al quinquennio 1988-1993.*

ANTICIPARE (1) /antitʃi'pare/
v. tr.

pagare prima di una scadenza (2)

*Il datore di lavoro a volte **anticipa** lo stipendio al dipendente che ha bisogno urgente di denaro.*

ANTICIPARE (2) /antitʃi'pare/
v. tr.

in banca, concedere in prestito (1) dietro garanzia di titoli o
merci

*L'esportatore, al quale la banca **aveva anticipato** 50 milioni di lire il 22 marzo, deve restituire il valore nominale del-
l'anticipazione il giorno 22 giugno.*

ANTICIPAZIONE (1) /antitʃipat'tsjone/
sos. f.

in banca, concessione di un prestito (2) dietro garanzia di
titoli o merci

*L'**anticipazione** non può prescindere da una seria valutazione delle funzioni che i titoli dati in pegno occupano nella struttura patrimoniale dell'impresa richiedente.*

ANTICIPAZIONE (2) /antitʃipat'tsjone/
sos. f.

in banca, somma di denaro concessa in prestito (1) dietro
garanzia di titoli o merci

*Determiniamo il nuovo valore nominale dell'**anticipazione**
al 14 giugno, giorno in cui il cliente ha ordinato alla banca
di vendere parte delle obbligazioni date in pegno.*

ANTICIPO (1) /an'titʃipo/
sos. m.

operazione con cui una somma di denaro è pagata prima
di una scadenza (2)

*Prima di prendere in considerazione l'ipotesi di un **anticipo**, valutiamo altre soluzioni per affrontare le spese imme-
diate.*

ANTICIPO (2) /an'titʃipo/
sos. m.

somma di denaro pagata prima di una scadenza (2)

*La banca provvede ad accreditare l'importo sul c/c del cliente, contro contestuale addebito dell'**anticipo** su un secondo conto, chiamato appunto conto **Anticipi**.*

ANTIELUSIONE /antielu'zjone/
agg. inv.

V. antielusivo

*Il Governo ha presentato un decreto in cui sono presentate le nuove norme **antielusione** e le precisazioni sugli sgravi Irpef.*

ANTIELUSIVO /antielu'zivo/
agg. Sin. antielusione

relativo alle misure volte a impedire il mancato pagamento delle imposte

*La classificazione del ministero delle Finanze è sicuramente dettata da un'esigenza **antielusiva**.*

ANTIMONOPOLIO /antimono'pɔljo/
agg. inv.

relativo a ciò che è contrario a una forma di mercato in cui esiste un solo venditore (1)

*Abbiamo già notato il singolare fermento alla Commissione **antimonopolio** ogni volta che c'è di mezzo un acquirente straniero.*

ANTINFLAZIONISTICO /antinflattsjo'nistiko/
agg. pl. m. antinflazionistici, pl. f. antinflazionistiche

relativo alle misure volte a diminuire il tasso di inflazione

*Il nuovo provvedimento fiscale del Governo dovrà garantire maggiori entrate per contenere il fabbisogno statale ed impedire così una nuova pericolosa fiammata **antinflazionistica**.*

ANTITRUST /anti'trʌst/
agg. inv. Prov. inglese

relativo alle misure volte a impedire le concentrazioni costituite per creare situazioni di monopolio

*L'autorità **antitrust** ha ufficialmente comunicato l'apertura delle tre istruttorie nei confronti delle Ferrovie e del sistema "Alta velocità".*

APERTURA DI CREDITO /aper'tura di 'kredito/
loc. sos. f. pl. aperture di credito

contratto con cui la banca si obbliga a tenere a disposizione del cliente una somma di denaro

*L'**apertura di credito** in conto corrente presuppone che al richiedente sia concesso un fido da utilizzare tecnicamente come un normale conto corrente. Per ogni versamento effettuato dal correntista la banca fornisce nuovi fondi, nella misura del fido accordato.*

APPALTANTE (1) /appal'tante/
sos. m./f. Sin. committente(1)

chi dà un lavoro in appalto

*L'appalto si estingue per recesso unilaterale dell'**appaltante**, per decesso dell'appaltatore o per fallimento di una delle due parti.*

APPALTANTE (2) /appal'tante/

agg. Sin. committente (2)

che dà un lavoro in appalto

*Chi ha lavorato alle dipendenze dell'appaltatore può agire nei confronti della parte **appaltante** per ottenere i pagamenti che gli spettano.*

APPALTARE /appal'tare/
v. tr.

dare in appalto

*L'amministrazione comunale **ha appaltato** a un'impresa tedesca la realizzazione dell'intera opera.*

APPALTATORE (1) /appalta'tore/
sos. m. f. appaltatrice

chi prende un lavoro in appalto

*Il sistema, nel momento stesso in cui viene accettato e inserito dagli **appaltatori** nella loro gestione di cantiere, non permette sotterfugi: in ogni istante possono controllare i tempi di lavorazione e il numero di persone al lavoro.*

APPALTATORE (2) /appalta'tore/
agg. f. appaltatrice

che prende un lavoro in appalto

*La ditta **appaltatrice** svolge la sua attività senza subordinazione nei confronti dell'appaltante.*

APPALTO /ap'palto/
sos. m.

contratto con cui un'azienda si assume il compito di svolgere un lavoro dietro un compenso (1)

*La Lega delle cooperative ha sollecitato la necessità di profonde riforme del mercato degli **appalti** pubblici e una più efficiente capacità di controllo della Pubblica amministrazione.*

APPRENDISTATO /apprendis'tato/
sos. m.

V. tirocinio

*L'**apprendistato** presso un'azienda specializzata all'estero è un'ottima base di partenza.*

APPREZZAMENTO /apprettsa'mento/
sos. m. Contr. deprezzamento

aumento di valore

*L'**apprezzamento** della lira nei confronti di quasi tutte le divise estere trova la sua spiegazione più logica nell'ottimismo della relazione annuale del Governatore di Bankitalia.*

APPROPRIAZIONE INDEBITA /approprjat'tsjone in'debita/
loc. sos. f.

reato commesso da chi si impossessa di beni altrui di cui ha avuto momentaneamente la disponibilità

*Gli impiegati di banca, in caso di abusiva erogazione di fidi ai clienti, rischiano la condanna per **appropriazione indebita**.*

APPROVVIGIONAMENTO /approvvidʒona'mento/
sos. m.

operazione con cui un'azienda è rifornita di mezzi e materiali necessari alla produzione (1)

Sono appena iniziati gli **approvvigionamenti** *per la nuova fabbrica piemontese.*

A PREMIO /a* 'prεmjo/
loc. agg./avv.

relativamente a un <u>contratto</u> di <u>borsa</u>, con <u>pagamento</u> di un <u>premio</u>(2)
Si tratta di un acquisto **a premio**, *con il dont scambiabile liberamente e quotato ufficialmente.*

A PRONTI /a* 'pronti/
loc. agg./avv.

relativamente a un <u>contratto</u> di <u>borsa</u>, con <u>pagamento</u> di <u>titoli</u> appena questi sono consegnati
Ieri la quotazione dello stagno **a pronti** *ha chiuso in rialzo per la prima volta dopo due settimane.*

A RATE /a* 'rate/
loc. agg./avv.

con divisione in <u>rate</u>
Se si hanno problemi di liquidità è possibile pagare **a rate**.

ARBITRAGGIO /arbi'traddʒo/
sos. m. pl. arbitraggi

in <u>borsa</u>, <u>acquisto</u>(1) a scopo <u>speculativo</u>
Un grosso operatore ha venduto due milioni di titoli acquistando sei milioni di diritti. Si tratta di una classica operazione di **arbitraggio** *resa possibile dallo spread esistente tra la quotazione del diritto e quella del titolo ordinario in fase di aumento di capitale.*

ARCHIVIARE /arki'vjare/
v. tr.

mettere in <u>archivio</u>(2)
Le fatture degli anni anteriori alla data segnalata **sono state** *debitamente* **archiviate**.

ARCHIVIO (1) /ar'kivjo/
sos. m. pl. archivi

insieme di documenti raccolti per determinati scopi
L'azienda conserva un **archivio** *di oltre ventimila documenti tutti relativi alla clientela degli ultimi anni di attività.*

ARCHIVIO (2) /ar'kivjo/
sos. m. pl. archivi

luogo in cui un <u>archivio</u>(1) è conservato
La segretaria regolarmente deposita i certificati in **archivio**.

AREA MONETARIA /'area mone'tarja/
loc. sos. f. pl. aree monetarie

zona geografica in cui è utilizzata la stessa <u>moneta</u>(2)
*Alcuni economisti ritengono che l'estensione geografica di un'***area monetaria** *possa essere definita in base a criteri di efficienza economica.*

A REVOCA /a* 'rεvoka/
loc. agg./avv.

relativamente a un ordine di <u>borsa</u>, a una data e a un <u>prezzo</u> stabiliti
L'ordine **a revoca** *è spesso usato quando il limite di prez-zo si scosta molto da quello di mercato, ma si vuole mantenere la possibilità di approfittare di improvvise oscillazioni delle quotazioni.*

A RISPOSTA IMMEDIATA /a* ris'posta imme'djata/
loc. agg./avv.

relativamente a un ordine di <u>borsa</u>, entro un'ora
Gli ordini **a risposta immediata** *ammettono la possibilità di essere modificati o annullati in qualsiasi momento purché la comunicazione giunga all'intermediario prima dell'inizio dell'esecuzione degli ordini stessi.*

ARMATORE /arma'tore/
sos. m. f. armatrice

chi <u>gestisce</u> una <u>compagnia di navigazione</u>
*Tornando alle passate crisi del porto, incluse quelle nel terminal dell'***armatore** *Musso, risulta difficile pensare a una soluzione indolore.*

ARRETRATO /arre'trato/
sos. m.

<u>importo</u> relativo a <u>pagamenti</u> <u>incassati</u> in ritardo
Con una disponibilità finanziaria di 5.000 miliardi e un ipotetico stanziamento di 10.000 miliardi sarà difficile gestire un **arretrato** *stimato in circa 28mila miliardi.*

ARTICOLO /ar'tikolo/
sos. m.

oggetto in <u>vendita</u>
Si sta registrando un vero e broprio boom nella vendita degli **articoli** *sportivi, soprattutto quelli relativi agli sport invernali.*

ARTIGIANALE /artidʒa'nale/
agg.

V. artigiano(2)
L'attività **artigianale** *è in calo ovunque; come conseguenza i prezzi del settore sono in costante aumento.*

ARTIGIANATO (1) /artidʒa'nato/
sos. m.

attività <u>produttiva</u>(1) svolta dagli <u>artigiani</u>(1)
Su bancarelle improvvisate lavorano i senegalesi, che propongono **artigianato** *africano.*

ARTIGIANATO (2) /artidʒa'nato/
sos. m.

insieme degli <u>artigiani</u>(1)
*L'***artigianato** *è colpito più di altre categorie dalla nuova politica economica governativa.*

ARTIGIANO (1) /arti'dʒano/
sos. m.

<u>titolare</u> di un'<u>impresa</u> <u>artigiana</u>(2)
*Abbiamo chiesto all'***artigiano** *toscano come pensa di far sopravvivere la propria azienda dopo queste nuove imposte.*

ARTIGIANO (2) /arti'dʒano/
agg. Sin. artigianale

che <u>produce</u> <u>beni</u> o offre <u>servizi</u> utilizzando più il lavoro manuale che il <u>capitale</u>(1) <u>investito</u>

Le imprese artigiane ebbero gravi difficoltà nell'assumere manodopera in formazione a causa degli scarsi incentivi fiscali.

A SALDO /a* 'saldo/

loc. agg./avv.

con lo scopo di estinguere un debito

Tutti gli importi dovuti, a saldo e/o per rateazioni, per gli acquisti effettuati nell'arco di un mese verranno addebitati sul c/c bancario 15 gg dopo la data di emissione dell'estratto conto.

ASPETTATIVA /aspetta'tiva/

sos. f.

periodo di libertà dal lavoro a cui ha diritto il lavoratore dipendente che ne faccia richiesta

In seguito alla nascita del figlio, la dipendente ha chiesto all'azienda un'aspettativa di sei mesi.

ASSEGNO /as'seɲɲo/

sos. m.

titolo di credito utilizzato come mezzo di pagamento in sostituzione del denaro

La moneta elettronica consente addebiti e accrediti senza la necessità dei consueti mezzi di pagamento quali il contante e gli assegni.

ASSEGNO ANTIDATATO /as'seɲɲo antida'tato/

loc. sos. m. pl. assegni antidatati

titolo di credito con data anteriore a quella effettiva

Il cassiere ha fatto notare al funzionario la presenza in cassa di assegni antidatati.

ASSEGNO BANCARIO /as'seɲɲo ban'karjo/

loc. sos. m. pl. assegni bancari Sin. assegno di conto corrente

titolo di credito con cui un correntista ordina a una banca di pagare una somma indicata

Quando è emesso all'ordine di un beneficiario determinato, l'assegno bancario si trasferisce mediante girata sul retro del titolo.

ASSEGNO CIRCOLARE /as'seɲɲo tʃirko'lare/

loc. sos. m. pl. assegni circolari

titolo di credito emesso da una banca, che si assume l'obbligo di pagare a vista la somma indicata

L'assegno circolare è un mezzo di pagamento particolarmente sicuro che viene generalmente accettato da chiunque e, senz'altro, preferito all'assegno bancario.

ASSEGNO DI CONTO CORRENTE /as'seɲɲo di 'konto kor'rɛnte/

loc. sos. m. pl. assegni di conto corrente

V. assegno bancario

Tra i requisiti formali dell'assegno di conto corrente non figura il nome del beneficiario.

ASSEGNO FAMILIARE /as'seɲɲo fami'ljare/

loc. sos. m. pl. assegni familiari

integrazione allo stipendio a cui hanno diritto i lavoratori dipendenti con carico familiare

È stata proposta l'istituzione di un assegno familiare di L. 4-500.000 mensili per il coniuge a carico; infatti al Sud e al Centro le famiglie monoreddito sono molto più numerose che al Nord.

ASSEGNO FUORI PIAZZA /as'seɲɲo 'fwɔri 'pjattsa/

loc. sos. m. pl. assegni fuori piazza

titolo di credito incassato in una località diversa da quella in cui ha sede la banca emittente (2)

Il nuovo metodo di compensazione degli assegni fuori piazza ha accorciato i tempi di regolamento con notevoli vantaggi per la clientela.

ASSEGNO NON TRASFERIBILE /as'seɲɲo non trasfe'ribile/

loc. sos. m. pl. assegni non trasferibili

titolo di credito che può essere pagato solo alla persona indicata

Se la clausola è apposta dal traente, essa impedisce del tutto la circolazione dell'assegno non trasferibile.

ASSEGNO POSTDATATO /as'seɲɲo postda'tato/

loc. sos. m. pl. assegni postdatati

titolo di credito con data posteriore a quella effettiva

L'emissione di assegni postdatati è illecita e soggetta a severe sanzioni. Sono ammesse tuttavia eccezioni, come nel caso degli assegni pagabili fuori piazza, per cui è ammessa una postdatazione di pochi giorni.

ASSEGNO SBARRATO /as'seɲɲo zbar'rato/

loc. sos. m. pl. assegni sbarrati

titolo di credito che obbliga la banca trattaria (2) a eseguire il pagamento solo a un proprio cliente o a un'altra banca

Il possessore di un assegno sbarrato, per ottenere il pagamento, non può rivolgersi direttamente alla banca trattaria (se non ne è correntista) ma deve presentarlo per l'incasso presso un'altra banca.

ASSEGNO SU PIAZZA /as'seɲɲo su 'pjattsa/

loc. sos. m. pl. assegni su piazza

titolo di credito incassato nella località in cui ha sede la banca emittente (2)

Il fornitore, pagato con un assegno su piazza dell'importo di 4 milioni di lire, si è recato in banca per l'incasso.

ASSEGNO TURISTICO /as'seɲɲo tu'ristiko/

loc. sos. m. pl. assegni turistici

titolo di credito emesso da una banca nazionale su una sua corrispondente estera

Gli assegni turistici sono una buona garanzia contro i rischi di furto o smarrimento.

ASSEMBLEA /assem'blɛa/

sos. f.

riunione stabilita per affrontare determinate questioni

Durante l'assemblea, che si è svolta nei locali della Camera di commercio, i rappresentanti delle associazioni hanno ribadito la necessità di allentare la morsa fiscale.

ASSEMBLEA DEGLI AZIONISTI /assem'blɛa 'deʎʎi attsjo'nisti/

loc. sos. f. pl. assemblee degli azionisti

riunione <u>societaria</u> a cui partecipano i <u>soci</u> che possiedono <u>azioni</u>

*Agnelli all'**assemblea degli azionisti** ha definito entusiasmante il suo ultimo anno alla guida della casa torinese.*

ASSEMBLEA ORDINARIA /assem'blɛa ordi'narja/
loc. sos. f. pl. assemblee ordinarie

riunione <u>societaria</u> in cui è approvato il <u>bilancio</u> ed è nominato il <u>consiglio di amministrazione</u>

*Si avvertono i Signori Azionisti che l'**Assemblea ordinaria** della Società si svolgerà in seconda convocazione il giorno 2 novembre alle ore 11.00 a Milano, Piazza della Repubblica n. 20, presso l'Hotel Palace.*

ASSEMBLEA STRAORDINARIA /assem'blɛa straordi'narja/
loc. sos. f. pl. assemblee straordinarie

riunione <u>societaria</u> in cui sono decise modifiche allo <u>statuto</u>

*Alcuni degli azionisti che potrebbero essere i più colpiti dal disastro del mercato assicurativo chiedono un'**assemblea straordinaria**.*

ASSEMBLEARE /assemble'are/
agg.

relativo all'<u>assemblea</u>

*Si è conclusa la campagna **assembleare** per l'approvazione del bilancio '93.*

ASSICURARE /assiku'rare/
v. tr.

<u>garantire</u> con un'<u>assicurazione (1)</u>

*La compagnia italiana di assicurazioni ha presentato il suo piano per **assicurare** i rischi alle società del gruppo che operano all'estero.*

ASSICURATIVO /assikura'tivo/
agg.

relativo all'<u>assicurazione (1)</u>

*In campo **assicurativo**, la grande azienda poteva contare su un rapporto molto stretto con le più importanti società di intermediazione.*

ASSICURATO (1) /assiku'rato/
sos. m.

nell'<u>assicurazione (1)</u>, chi paga un <u>premio (1)</u> per trasferire all'<u>assicuratore (1)</u> un proprio rischio

*L'omissione della dichiarazione da parte dell'**assicurato** di una circostanza eventualmente aggravante il rischio, se in buona fede, non pregiudica il diritto all'indennizzo dei danni.*

ASSICURATO (2) /assiku'rato/
agg.

nell'<u>assicurazione (1)</u>, che paga un <u>premio (1)</u> per trasferire all'<u>assicuratore (1)</u> un proprio rischio

*La compagnia **assicurata** dovrà d'ora in poi pagare un premio più alto, visto il maggior grado di rischio connesso alle nuove attività.*

ASSICURATORE (1) /assikura'tore/
sos. m. f. assicuratrice

nell'<u>assicurazione (1)</u>, chi si assume il rischio dell'<u>assicurato (1)</u> dietro il <u>pagamento</u> di un <u>premio (1)</u>

*L'**assicuratore** garantisce anche fabbricati in corso di costruzione, a particolari garanzie.*

ASSICURATORE (2) /assikura'tore/
agg. f. assicuratrice

nell'<u>assicurazione (1)</u>, che si assume il rischio dell'<u>assicurato (1)</u> dietro il <u>pagamento</u> di un <u>premio (1)</u>

*Qualora il fabbricato venga occupato, l'assicurato si impegna a darne avviso alla società **assicuratrice** e a pagare l'aumento di premio previsto.*

ASSICURAZIONE (1) /assikurat'tsjone/
sos. f.

<u>contratto</u> con cui una <u>parte</u> promette all'altra di <u>risarcirle</u> un danno dietro il <u>pagamento</u> di un <u>premio (1)</u>

*La Fondiaria ridefinisce le sue strategie di mercato, concentrando le risorse nel settore delle **assicurazioni**.*

ASSICURAZIONE (2) /assikurat'tsjone/
sos. f. Sin. compagnia di assicurazioni, agenzia di assicurazioni

<u>società</u> che fa <u>assicurazioni (1)</u>

*L'**assicurazione**, con un capitale sociale di oltre 10 miliardi di lire, ha sede e direzione a Torino.*

ASSICURAZIONE SULLA VITA /assikurat'tsjone 'sulla 'vita/
loc. sos. f. pl. assicurazioni sulla vita

<u>assicurazione (1)</u> con cui l'<u>assicuratore (1)</u> promette di pagare una determinata somma di denaro a una data futura stabilita o al momento della morte dell'<u>assicurato (1)</u>

*Per quanto riguarda le **assicurazioni sulla vita**, il Governo sta pensando di diminuire l'imposizione fiscale.*

ASSOCIAZIONE BANCARIA ITALIANA /assotʃat'tsjone ban'karja ita'ljana/
loc. sos. f. Sigla Abi

associazione che raggruppa <u>società finanziarie</u> italiane

*Preoccupata l'**Associazione bancaria italiana** per l'eccessiva proliferazione di sportelli che si sta verificando su tutto il territorio nazionale.*

ASSOCIAZIONE DI CATEGORIA /assotʃat'tsjone di kate'go'ria/
loc. sos. f. pl. associazioni di categoria

organismo che protegge i diritti di una determinata categoria di <u>lavoratori (1)</u>

*Fra le **associazioni di categoria** ricordiamo quella dei commercianti, quella degli artigiani e quella degli industriali.*

ASSUMERE /as'sumere/
v. tr.

offrire un <u>contratto</u> di lavoro a una persona

*L'azienda triestina ha promesso di **assumere** trenta nuovi dipendenti nel corso di quest'anno.*

ASSUNZIONE /assun'tsjone/
sos. f.

atto con cui un contratto di lavoro è offerto a una persona
Da anni ormai le assunzioni nel settore dell'Università sono bloccate, a causa del calo vistoso delle iscrizioni.

ASTA /'asta/
sos. f.
vendita pubblica di beni
È stato messo all'asta un pregevole quadro di un pittore toscano del 1800. L'opera è stata venduta per ottanta milioni di lire.

ASTA GIUDIZIARIA /'asta dʒudit'tsjarja/
loc. sos. f. pl. aste giudiziarie
vendita pubblica di beni provenienti da un fallimento (2)
La procedura fallimentare è giunta così alla fase dell'asta giudiziaria, in cui sono stati messi in vendita al migliore offerente i beni immobili di proprietà dell'industriale.

A TERMINE /a* 'tɛrmine/
loc. agg./avv.
entro una data futura stabilita
In questa operazione di vendita a termine, il primo vantaggio è il rendimento, dai 30 ai 50 centesimi superiore a quello dei boT a tre mesi.

ATM /a* ti* 'ɛmme/
sos. m. Prov. inglese Sigla Sciogl. automated teller machine
in banca, apparecchiatura automatica utilizzata dalla clientela per effettuare determinate operazioni
Alla fine della giornata, l'edicolante estrarrà la sua carta e inserendola in un atm qualsiasi potrà versare sul suo conto corrente i guadagni della giornata prelevando automaticamente dai conti di chi ha fatto gli acquisti.

ATTIVITÀ /attivi'ta*/
sos. f. inv. Sin. attivo
insieme di beni e crediti (2)
Quando la transazione determina un aumento delle passività o una riduzione delle attività verso l'estero dei residenti, si ha una registrazione di segno positivo; nei casi opposti si ha una registrazione di segno negativo.

ATTIVITÀ CONSOLIDATE /attivi'ta* konsoli'date/
loc. sos. f. pl.
insieme di crediti (2) a medio termine e a lungo termine
Tra le attività consolidate del gruppo spiccano i crediti di finanziamento e le partecipazioni in società estere.

ATTIVITÀ CORRENTI /attivi'ta* kor'rɛnti/
loc. sos. f. pl.
insieme di crediti (2) a breve termine
Se consideriamo lo stato patrimoniale, fra le cosiddette attività correnti figurano cassa, crediti a breve, titoli quotati e magazzino.

ATTIVITÀ ECONOMICA /attivi'ta* eko'nɔmika/
loc. sos. f. pl. attività economiche
produzione (1) di beni e servizi volta a soddisfare bisogni economici
L'attività economica del Paese, appena uscito da un de-

cennio di congiuntura difficile, sembra avviata a una rapida crescita.

ATTIVITÀ FISSE /attivi'ta* 'fisse/
loc. sos. f. pl.
V. immobilizzazioni tecniche
Quando si parla di attività fisse, si intende ad esempio terreni, immobili, beni capitali.

ATTIVITÀ LIQUIDA /attivi'ta* 'likwida/
loc. sos. f. pl. attività liquide Sin. liquidità Contr. attività non liquida
risorsa immediatamente trasformabile in denaro
La moneta, attività liquida per eccellenza, ha un potere d'acquisto utilizzabile in ogni momento.

ATTIVITÀ NON LIQUIDA /attivi'ta* non 'likwida/
loc. sos. f. pl. attività non liquide Contr. attività liquida, liquidità
risorsa non immediatamente trasformabile in denaro
Il premio per la liquidità coincide con l'interesse pagato su un'attività non liquida chiamata genericamente "titoli".

ATTIVO /at'tivo/
sos. m.
V. attività
L'attivo ammonta a oltre 15 miliardi di lire, dovuto specialmente ai realizzi in seguito alla vendita di beni immobili.

ATTO COSTITUTIVO /'atto kostitu'tivo/
loc. sos. m. pl. atti costitutivi
documento con cui una società dichiara pubblicamente la propria costituzione
L'atto costitutivo può stabilire che le azioni privilegiate abbiano diritto di voto solo nelle assemblee straordinarie.

AUMENTO DI CAPITALE /au'mento di kapi'tale/
loc. sos. m. pl. aumenti di capitale Sin. capitalizzazione (3)
emissione (1) di nuove azioni da parte di una società per azioni
È stato varato un aumento di capitale che porterà alla società mezzi freschi per 130 miliardi.

AUREO (1) /'aureo/
agg.
relativo all'oro
I critici del sistema aureo concordano che l'oro fornisce un ancoraggio, ma secondo loro una nave ancorata è spesso più pericolosa di una che naviga.

AUREO (2) /'aureo/
agg.
in oro
La moneta aurea in passato era il mezzo di pagamento più pregiato.

AUTARCHIA /autar'kia/
sos. f.
condizione di autosufficienza di un sistema economico
Uno sviluppo basato su politiche di autarchia implicherebbe un rallentamento nella crescita.

AUTARCHICO /au'tarkiko/
agg. pl. m. autarchici, pl. f. autarchiche
relativo all'autarchia
*L'economia di tipo **autarchico** da anni ormai ha portato il piccolo Paese asiatico a un completo isolamento. Si spera in un cambio di rotta alle prossime elezioni politiche, attese con ansia anche da molti operatori finanziari e commerciali europei.*

AUTOFINANZIAMENTO /autofinantsja'mento/
sos. m.
operazione con cui una parte dei profitti è investita nell'azienda
*L'ingente volume di investimenti, in presenza di un **autofinanziamento** (5.400 miliardi) pressoché costante, ha comportato un aumento dell'indebitamento.*

AUTOFINANZIARSI /autofinan'tsjarsi/
v. rifl.
investire nell'azienda una parte dei profitti
*La Gaic potrà tutt'al più partecipare in parte all'operazione, vendendo una grossa quota di diritti d'opzione per **autofinanziarsi**.*

AUTOGESTIONE /autodʒe'stjone/
sos. f.
gestione di un'azienda da parte dei lavoratori (1)
*Importanti esperienze di **autogestione** sono state quelle dell'Algeria (negli anni 1963-1965) e di Israele.*

AUTOGESTIRE /autodʒes'tjone/
v. tr.
gestire un'azienda attraverso la partecipazione dei lavoratori (1)
*L'impresa è **autogestita** dai lavoratori che per nessun motivo intendono abbandonare l'attività.*

AUTONOMO /au'tɔnomo/
sos. m.
V. lavoratore autonomo
*Il sindacato degli **autonomi** ha proclamato uno sciopero generale di quattro ore per lunedì prossimo.*

AVALLANTE (1) /aval'lante/
sos. m./f.
nell'avallo, chi garantisce
*In caso di mancato pagamento, il creditore può rivolgersi all'**avallante**.*

AVALLANTE (2) /aval'lante/
agg.
nell'avallo, che garantisce
*Il soggetto **avallante** è obbligato nello stesso modo di colui per il quale l'avallo è dato.*

AVALLARE /aval'lare/
v. tr.
garantire con avallo
*Supponiamo che un cliente **abbia avallato** un pagherò di 30 milioni di lire rilasciato da un altro cliente alla banca a fronte di una sovvenzione cambiaria.*

AVALLATO (1) /aval'lato/
sos. m.
nell'avallo, chi è garantito
*L'avallante che paga la cambiale o l'assegno bancario acquista i diritti contro l'**avallato**.*

AVALLATO (2) /aval'lato/
agg.
nell'avallo, che è garantito
*Si ha apertura di credito per avallo quando, in operazioni di compravendita con l'estero, la banca presta garanzia sotto forma di avallo, ad esempio su pagherò rilasciati dal cliente **avallato**.*

AVALLO /a'vallo/
sos. m.
garanzia di pagamento di una cambiale o di un assegno bancario altrui in caso di insolvenza
*Nel momento in cui presta l'**avallo**, la banca chiede che l'effetto sia domiciliato presso un suo sportello, così da poter immediatamente controllare che il debitore rispetti il suo impegno.*

AVANT BOURSE /a'vã burs/
loc. sos. m. inv. Prov. francese
in borsa, contrattazioni precedenti all'orario di apertura
*Oltre ai prezzi che si formano in apertura e in chiusura di seduta, ci sono anche operazioni di acquisto e vendita prima delle 10, nel cosiddetto **avant bourse**.*

AVANZO /a'vantso/
sos. m. Contr. disavanzo, deficit, rosso
eccedenza delle entrate sulle uscite
*Clinton avrebbe voluto indicare specifici tetti sia per il disavanzo pubblico dei Paesi membri che per l'**avanzo** commerciale.*

AVERE /a'vere/
sos. m. inv.
parte di un conto in cui sono registrati ricavi e crediti (2)
*Facendo un'analisi delle voci del dare e dell'**avere** del conto, è possibile evidenziare alcuni errori gestionali.*

A VISTA /a* 'vista/
loc. agg./avv.
con pagamento alla presentazione
*La tendenza è quella di contrarre la remunerazione dei depositi **a vista**, incoraggiando i depositi a più lungo termine.*

A VUOTO /a* 'vwɔto/
loc. agg. Sin. allo scoperto (1)
relativo all'assegno emesso senza copertura
*Se non sussistono nel conto i fondi necessari al pagamento, l'assegno è da considerarsi senza copertura, o, come si usa dire, **a vuoto**.*

AVVISO /av'vizo/
sos. m.
documento formale a scopo di avvertimento
*Il sottoscritto mandò alla ditta compratrice un primo **avviso** di pagamento, in data 3 dicembre '93.*

AZIENDA /ad'dzjɛnda/
sos. f. Sin. impresa, ditta(1), casa
organismo che produce beni o servizi
*È stata la prima **azienda** a insediarsi nell'area industriale di Melfi, grazie ai contributi per il Mezzogiorno.*

AZIENDA DI CREDITO /ad'dzjɛnda di 'kredito/
loc. sos. f. pl. aziende di credito Sin. istituto di credito, ente creditizio
V. banca
*Le **aziende di credito** dovranno concorrere in prima persona alla rivoluzione economica che ha avuto avvio con il processo delle privatizzazioni.*

AZIENDALE /addzjen'dale/
agg.
relativo all'azienda
*Negli anni scorsi i manager avevano modernizzato l'organizzazione **aziendale**.*

AZIENDA PRIVATA /ad'dzjɛnda pri'vata/
loc. sos. f. pl. aziende private
azienda di proprietà di persone non investite di cariche pubbliche
*Le **aziende private** si stanno dimostrando molto più forti del previsto e stanno superando brillantemente la congiuntura sfavorevole, specie quelle di piccole dimensioni.*

AZIENDA PUBBLICA /ad'dzjɛnda 'pubblika/
loc. sos. f. pl. aziende pubbliche
azienda di proprietà dello Stato
*Si è proceduto l'anno passato alla privatizzazione di numerose **aziende pubbliche**.*

AZIONARIATO /attsjona'rjato/
sos. m.
insieme degli azionisti(1) di una società
*Per la prima volta una holding familiare si trasformerà in una "public company" ad **azionariato** diffuso.*

AZIONARIO /attsjo'narjo/
agg. pl. m. azionari, pl. f. azionarie
relativo all'azione
*Con l'occasione del pagamento del dividendo si provvederà alla sostituzione dei certificati **azionari** provvisori con certificati **azionari** definitivi.*

AZIONE /at'tsjone/
sos. f. Sin. titolo azionario
titolo che rappresenta una quota(1) del capitale sociale
*Poiché i fondi disponibili ammontano a un miliardo di lire, il capitale sociale passerà da 2 a 3 miliardi; ciò significa che la società dovrà emettere un milione di nuove **azioni** del valore nominale unitario di mille lire.*

AZIONE DI RISPARMIO /at'tsjone di ris'parmjo/
loc. sos. f. pl. azioni di risparmio Sin. risparmio(2)
azione che dà al proprietario(1) il diritto di preferenza nella suddivisione degli utili
*All'assemblea degli azionisti i consiglieri proporranno la distribuzione di un dividendo di 8 lire per le sole **azioni di risparmio**, a fronte della precedente cedola di 40 lire incassata dai soci ordinari l'anno scorso.*

AZIONE ORDINARIA /at'tsjone ordi'narja/
loc. sos. f. pl. azioni ordinarie
azione che non dà al proprietario(1) alcun tipo di privilegio
*Il risultato è stato tale da consentire la distribuzione di un dividendo di 200 lire per ogni **azione ordinaria** e di 240 per quelle di risparmio.*

AZIONE PRIVILEGIATA /at'tsjone privile'dʒata/
loc. sos. f. pl. azioni privilegiate Sin. privilegiata
azione che dà al proprietario(1) il diritto di preferenza nella suddivisione degli utili e il diritto al rimborso del capitale(2) allo scioglimento della società
*Per gli azionisti portatori di **azioni privilegiate** il costo dei benefici generalmente è dato dalla loro esclusione dalla gestione ordinaria della società.*

AZIONISTA (1) /attsjo'nista/
sos. m./f. pl. m. azionisti
chi possiede azioni
*Gli **azionisti** hanno deliberato di destinare 9,5 miliardi alla riserva legale e 58,5 miliardi a quella straordinaria riportando a nuovo il residuo di 251 milioni.*

AZIONISTA (2) /attsjo'nista/
agg. pl. m. azionisti, pl. f. azioniste
che possiede azioni
*Le sim bancarie non hanno grandi problemi di bilancio: la banca **azionista** può sopportare relativamente bene qualche miliardo di perdita della sua affiliata.*

BANCA /'banka/
sos. f. pl. banche Sin. azienda di credito, istituto di credito, ente creditizio
istituto che raccoglie fondi in forma di depositi(2) e li distribuisce in forma di prestiti(2)
*Il numero dei risparmiatori che si è rivolto alle **banche** per questo tipo di servizio è aumentato.*

BANCA CENTRALE /'banka tʃen'trale/
loc. sos. f. pl. Banche Centrali Sin. Banca di emissione
istituto che controlla l'attività delle banche di un Paese ed emette banconote
*Nella prossima riunione la **Banca Centrale** tedesca esaminerà la possibilità di abbassare il tasso di sconto.*

BANCA CENTRALE EUROPEA /'banka tʃen'trale euro'pɛa/
loc. sos. f.

istituto che controlla l'attività delle banche dei Paesi della Cee

*I Paesi della Comunità si sarebbero di fatto già accordati per stazionare a Francoforte prima l'Istituto monetario europeo e in un secondo tempo la **Banca Centrale europea**.*

BANCA COMMERCIALE /'banka kommer'tʃale/
loc. sos. f. pl. banche commerciali Sin. istituto di credito ordinario

V. banca di credito ordinario

*Gli esportatori dovranno affidare il denaro alle **banche commerciali** che poi lo venderanno alle borse valutarie.*

BANCA DI CREDITO ORDINARIO /'banka di 'kredito ordi'narjo/
loc. sos. f. pl. banche di credito ordinario Sin. istituto di credito ordinario, banca commerciale

banca che raccoglie fondi e li impiega prevalentemente in operazioni a breve termine

*La **banca di credito ordinario** ha aperto una nuova sede a Milano. Sono stati assunti trenta nuovi impiegati, in previsione di un notevole aumento delle operazioni allo sportello e nel settore della gestione patrimoniale.*

BANCA DI CREDITO SPECIALE /'banka di 'kredito spe't-ʃale/
loc. sos. f. pl. banche di credito speciale Sin. istituto di credito speciale

banca che raccoglie fondi e li impiega prevalentemente in operazioni a medio termine e a lungo termine

*Tranne alcune eccezioni, le **banche di credito speciale** sono strettamente collegate al sistema delle aziende di credito dal punto di vista giuridico e organizzativo.*

BANCA DI DIRITTO PUBBLICO /'banka di di'ritto 'pubbliko/
loc. sos. f. pl. banche di diritto pubblico Sin. istituto di credito di diritto pubblico

banca costituita in forma di ente pubblico

*Il ministero del Tesoro nominava, su designazione del Governo, gli organi direttivi e di controllo delle **banche di diritto pubblico**.*

BANCA DI EMISSIONE /'banka di emis'sjone/
loc. sos. f. pl. banche di emissione

V. Banca Centrale

*La **Banca di emissione** non si è ancora decisa a mutare la propria politica monetaria; ciò sta provocando un raffreddamento delle speranze degli operatori europei e in particolare tedeschi.*

BANCA DI INTERESSE NAZIONALE /'banka di inte'rɛsse nattsjo'nale/
loc. sos. f. pl. banche di interesse nazionale

banca con un'organizzazione di carattere nazionale, costituita in forma di società per azioni

*La qualifica di **banca di interesse nazionale** era riconosciuta alle istituzioni creditizie che avevano stabilito filiali in almeno trenta province.*

BANCA D'ITALIA /'banka di'talja/
loc. sos. f. Sin. Bankitalia

Banca Centrale italiana

*Il tasso di aggiudicazione dei buoni del Tesoro, reso noto dalla **Banca d'Italia** tramite comunicato stampa, deve essere indicato negli avvisi esposti nei locali aperti al pubblico.*

BANCA EUROPEA DEGLI INVESTIMENTI /'banka euro'pɛa 'deʎʎi investi'menti/
loc. sos. f. Sigla Bei

istituto di credito internazionale che concede finanziamenti (2) ai Paesi della Cee

*La **Banca europea degli investimenti** è stata istituita con il trattato di Roma del 1957 ed è dotata di personalità giuridica autonoma.*

BANCA MONDIALE /'banka mon'djale/
loc. sos. f.

istituto di credito internazionale che concede finanziamenti (2) ai Paesi in via di sviluppo

*Secondo un rappresentante della **Banca mondiale** a Mosca, questi prestiti serviranno ad aumentare la produttività dei raggruppamenti petroliferi che operano nella regione di Tioumeni.*

BANCA PRIVATA /'banka pri'vata/
loc. sos. f. pl. banche private

banca costituita in forma di società per azioni

*Appartengono alla categoria delle **banche private** le aziende non controllate direttamente dall'Amministrazione pubblica; non sono comprese, invece, le aziende trasformatesi in società per azioni.*

BANCARIO (1) /ban'karjo/
sos. m. pl. bancari

chi lavora in banca

*Molti sono i **bancari** preoccupati per la privatizzazione degli istituti di credito in cui lavorano.*

BANCARIO (2) /ban'karjo/
agg. pl. m. bancari, pl. f. bancarie

che lavora in banca

*Alcuni impiegati **bancari** hanno avuto la concessione del part time e lavorano dalle otto e venti alle tredici e venti.*

BANCARIO (3) /ban'karjo/
agg. pl. m. bancari, pl. f. bancarie

relativo alla banca

*L'anno passato ha registrato forti incrementi dei margini di interesse **bancari**.*

BANCAROTTA /banka'rotta/
sos. f.

in caso di fallimento (1), reato commesso dall'imprenditore che altera il proprio patrimonio

*Il Governo giapponese dovrà valutare la situazione delle singole aziende che hanno un debito netto nei confronti di altre, stabilendo se è opportuno salvarle, oppure se applicare la legge sulla **bancarotta**.*

BANCA SOTTO FORMA DI SOCIETÀ PER AZIONI /'ban-ka 'sotto 'forma di sotʃe'ta* per at'tsjoni/
loc. sos. f. pl. banche sotto forma di società per azioni
banca trasformata in società per azioni
Per effetto del decreto legge 14.12.1992 n. 481, a partire dal 1º gennaio 1993 sono sorte due nuove categorie giuridiche: le banche sotto forma di società per azioni e le banche private.

BANCHIERE /ban'kjɛre/
sos. m.
responsabile di alto livello dell'amministrazione (1) di una banca
I banchieri sostengono che non è possibile fornire l'indicazione di una performance complessiva della gestione di una banca.

BANCHIZZAZIONE /bankiddzat'tsjone/
sos. f.
rapporto tra numero di conti correnti e abitanti di un Paese
Va ricordato, quale freno alla diffusione della moneta elettronica, anche il basso livello di banchizzazione che caratterizza l'Italia: il rapporto tra numero dei conti correnti – sia bancari sia postali – e abitanti è nel nostro Paese di 0,4 contro l'1 in Germania e Belgio e il 3,4 in Svezia.

BANCOMAT /'bankomat/
sos. m.
sistema che permette al correntista di prelevare contante (1) presso i distributori automatici di banconote
Presso alcuni sportelli Bancomat è possibile ritirare contante in valuta estera.

BANCONOTA /banko'nɔta/
sos. f. Sin. biglietto di banca
moneta (2) di carta emessa dalla Banca Centrale
Le banconote e le monete metalliche saranno strumenti di pagamento sempre meno utilizzati, sia per il rischio di perdita o furto, sia per la scarsa praticità in un mondo ormai in mano all'elettronica.

BANDA DI FLUTTUAZIONE /'banda di fluttuat'tsjone/
loc. sos. f. pl. bande di fluttuazione
campo di variazione consentito ai cambi (2) delle valute (2) del Sistema monetario europeo
Gli accordi di cambio del Sistema monetario europeo prevedono il rafforzamento della sorveglianza sul mercato dei cambi, la disponibilità a utilizzare più ampiamente la banda di fluttuazione e un uso più flessibile dei tassi d'interesse.

BANKITALIA /banki'talja/
sos. f.
V. Banca d'Italia
Secondo il rappresentante della Confindustria, Bankitalia dovrebbe procedere ad un ulteriore sostanzioso abbassamento del tasso di sconto.

BARATTARE /barat'tare/
v. tr.
scambiare un bene o un servizio con un altro bene o servizio, senza utilizzare moneta (2)

Barattare diventava sempre più complicato, per via dell'impossibilità di determinare il valore esatto delle merci scambiate. Così fece la sua comparsa la moneta.

BARATTO /ba'ratto/
sos. m.
scambio di un bene o servizio con un altro bene o servizio, senza utilizzazione di moneta (2)
Diventava necessario procedere a uno scambio di pelli contro, ad esempio, grano. Lo scambio assumeva in genere la forma del baratto.

BARILE /ba'rile/
sos. m.
unità di misura del petrolio equivalente a 158,98 litri
Il Brent a Londra è sceso del 3,3% a 17,65 dollari al barile.

BASE DEL PREMIO /'baze del 'prɛmjo/
loc. sos. f. pl. basi del premio
in borsa, prezzo in base al quale è stipulato un contratto a premio
Per ciò che riguarda un eventuale dividendo, la base del premio è tagliata di tutto il relativo importo lordo, indipendentemente dall'aliquota e dal tipo di imposta cedolare.

BASE IMPONIBILE /'baze impo'nibile/
loc. sos. f. pl. basi imponibili
ciò su cui è applicata l'aliquota di un'imposta
Se il problema è quello di rimediare un po' di soldi, allora il Governo dovrebbe allargare la base imponibile includendo redditi che oggi sono trattati in modo differenziato.

BASE MONETARIA /'baze mone'tarja/
loc. sos. f. pl. basi monetarie
insieme delle risorse finanziarie immediatamente trasformabili in mezzi legali di pagamento
Nell'esercizio della funzione di banchiere delle banche, Bankitalia influenza l'ammontare della base monetaria, alterando così la quantità di moneta bancaria che può essere fornita dagli istituti di credito.

BEI /'bɛi/
sos. f. Sigla Sciogl. Banca europea degli investimenti
V. Banca europea degli investimenti
Dall'inizio del 1993 la Bei ha concesso all'Italia finanziamenti per un totale di 3.100 miliardi di lire; circa metà dei fondi sono stati destinati a progetti per lo sviluppo del Mezzogiorno.

BENCHMARK /'bentʃmaːk/
sos. m. inv. Prov. inglese
in borsa, titolo guida oggetto di ampie negoziazioni
È il cambio che assume grande importanza nell'investimento poiché i rendimenti offerti dai bond esteri sono stati finora molto inferiori a quanto offerto dai titoli italiani, come si rileva dal confronto dei rendimenti effettivi dei benchmark.

BENE /'bɛne/
sos. m.
tutto ciò che è utilizzato per soddisfare i bisogni dell'uomo

*Viene modificato il comma 2 dell'articolo 34 che riguarda l'effettuazione di operazioni diverse a partire dal prossimo 1º ottobre. In precedenza, quando l'agricoltore cedeva **beni** non compresi nella prima tabella allegata al Dpr 633/72 l'Iva dovuta era ridotta.*

BENE CAPITALE /'bɛne kapi'tale/
loc. sos. m. pl. beni capitali

bene utilizzato per produrre altri beni o servizi

*Ma il capitale (termine usato frequentemente per denotare i **beni capitali** in generale) è un tipo diverso di fattore produttivo, poiché è a sua volta un prodotto del sistema economico.*

BENE DEMANIALE /'bɛne dema'njale/
loc. sos. m. pl. beni demaniali

bene di proprietà di un ente pubblico territoriale

*Molto complicata appare la cessione di **beni demaniali**. La società incaricata non ha ancora una mappa completa dei beni che possono essere ceduti.*

BENE DI CONSUMO /'bɛne di kon'sumo/
loc. sos. m. pl. beni di consumo

V. bene finale

*Per giungere al **bene di consumo** pane, si sono dovute compiere diverse operazioni: acquisto del grano, molitura, cernita, impasto e cottura.*

BENE DUREVOLE /'bɛne du'revole/
loc. sos. m. pl. beni durevoli Contr. bene non durevole

bene utilizzabile più volte

*Gli ordini di **beni durevoli** sono aumentati del 5 per cento nel mese di ottobre.*

BENEFICIARIO /benefi'tʃarjo/
sos. m. pl. beneficiari

chi trae vantaggio da un'operazione economica

*Indubbiamente i maggiori **beneficiari** della vendita sono i toscani, che tornano a casa con due miliardi netti.*

BENE FINALE /'bɛne fi'nale/
loc. sos. m. pl. beni finali Sin. bene di consumo

bene acquistato e utilizzato dal consumatore(1)

*In seguito al calo dell'inflazione, il prezzo dei **beni finali** ha registrato un arresto, in alcuni casi addirittura si trovano prodotti a prezzi inferiori.*

BENEFIT /'benifit/ (It. /'bɛnefit/)
sos. m. inv. Prov. inglese

ricompensa data dal datore di lavoro ai dirigenti(1) dell'azienda, oltre allo stipendio di base, per la qualità del lavoro svolto

*Tra i **benefit** più diffusi ricordiamo le agevolazioni sul prezzo di beni o servizi prodotti dall'azienda, il concorso alle spese di trasporto, la possibilità di usare privatamente auto aziendali.*

BENE FUNGIBILE /'bɛne fun'dʒibile/
loc. sos. m. pl. beni fungibili Contr. bene infungibile

bene facilmente sostituibile

*Il denaro è un ottimo esempio di **bene fungibile**.*

BENE IMMOBILE /'bɛne im'mɔbile/
loc. sos. m. pl. beni immobili Sin. immobile Contr. bene mobile

bene che non si può trasferire fisicamente

*Il finanziamento 'Credimaior' si basa su garanzia ipotecaria prestata su **beni immobili** e consente la concessione di fidi di importi elevati.*

BENE INFUNGIBILE /'bɛne infun'dʒibile/
loc. sos. m. pl. beni infungibili Contr. bene fungibile

bene che ha una propria individualità e per questo non è facilmente sostituibile

*La differenza tra beni fungibili e **beni infungibili** (ad esempio, un' opera d'arte) è molto importante per quanto riguarda molti aspetti giuridici, come il deposito o il pegno.*

BENE INTERMEDIO /'bɛne inter'mɛdjo/
loc. sos. m. pl. beni intermedi

bene utilizzato per produrre o completare beni finali

*È importante distinguere tra i settori che producono materie prime e **beni intermedi** (settori a monte) e i settori che producono beni finali (settori a valle).*

BENE LAVORATO /'bɛne lavo'rato/
loc. sos. m. pl. beni lavorati

bene che ha subito una lavorazione

*Si nota in questi ultimi tempi una ripresa dell'esportazione di **beni lavorati** verso il mercato statunitense.*

BENE MOBILE /'bɛne 'mɔbile/
loc. sos. m. pl. beni mobili Contr. bene immobile, immobile

bene che si può trasferire fisicamente

*Per alcuni aspetti, ai beni immobili sono equiparati i **beni mobili** registrati la cui circolazione non è libera; pensiamo per esempio alle automobili o agli aerei.*

BENE NON DUREVOLE /'bɛne non du'revole/
loc. sos. m. pl. beni non durevoli Contr. bene durevole

bene che si esaurisce dopo la prima utilizzazione

*John Law (1671-1729) individuò l'ipotesi su cui regge quella tesi, cioè che i prezzi non varino in misura consistente al variare della domanda. Ma Law limitò solo ai **beni non durevoli** la validità di questa ipotesi.*

BENE PATRIMONIALE /'bɛne patrimo'njale/
loc. sos. m. pl. beni patrimoniali

bene di proprietà di un ente pubblico

*Le foreste, i parchi regionali e i parchi nazionali sono definiti dal codice civile come **beni patrimoniali** indisponibili.*

BENE PUBBLICO /'bɛne 'pubbliko/
loc. sos. m. pl. beni pubblici

bene che può essere sfruttato contemporaneamente da più individui

*Poiché lo Stato può ottenere entrate per mezzo dell'imposizione fiscale, esso soltanto è in grado di finanziare la provvista di **beni pubblici**.*

BENE RIFUGIO /'bɛne ri'fudʒo/
loc. sos. m. pl. beni rifugio

bene che mantiene inalterato il proprio potere d'acquisto nel tempo

*Ancora ci sono numerose famiglie che in momenti di crisi economica ricorrono al tradizionale **bene rifugio**, l'oro.*

BENESSERE /be'nɛssere/
sos. m.
utilità o soddisfazione ottenuta nello svolgimento di un'attività di consumo (1)
*Un soggetto che non riesce a massimizzare il suo **benessere** avrà domande personali in eccesso per alcuni beni e offerte in eccesso per altri beni.*

BENI CULTURALI /'bɛni kultu'rali/
loc. sos. m. pl.
insieme dei beni che rappresentano una testimonianza materiale della civiltà e della civilizzazione di un Paese
*A proposito dei finanziamenti per i **beni culturali**, si è polemizzato sul caso della ristrutturazione di un castello in Calabria.*

BERS /'bɛrs/
sos. f. Sigla Sciogl. Banca europea per la ricostruzione e lo sviluppo
istituto di credito internazionale che concede finanziamenti (2) ai Paesi in via di sviluppo dell'Europa centrale e orientale
*Il Governo russo potrà utilizzare i crediti che sono stati appena sbloccati dalla **Bers** per un ammontare di 250 milioni di dollari.*

BIGLIETTO DI BANCA /biʎ'ʎetto di 'banka/
loc. sos. m. pl. biglietti di banca
V. banconota
*Alcune banche furono autorizzate a emettere una specie di assegno circolare che aveva la caratteristica di poter essere pagato al portatore e a vista. Questo assegno che poteva essere usato al posto della moneta non era altro che il **biglietto di banca**.*

BIGLIETTO DI STATO /biʎ'ʎetto di 'stato/
loc. sos. m. pl. biglietti di Stato
banconota emessa dallo Stato
*Un esempio di **biglietto di Stato** in Italia è stato rappresentato dalle 500 lire di carta, che adesso non sono più in circolazione.*

BILANCIA COMMERCIALE /bi'lantʃa kommer'tʃale/
loc. sos. f. pl. bilance commerciali
parte della bilancia dei pagamenti in cui sono registrati i movimenti relativi a merci
*Il deficit della **bilancia commerciale** britannica si è assestato a quota 769 milioni di sterline nel mese di maggio.*

BILANCIA DEI PAGAMENTI /bi'lantʃa 'dei paga'menti/
loc. sos. f. pl. bilance dei pagamenti
conto in cui sono registrati i pagamenti avvenuti in un certo periodo tra un Paese e l'estero
*La **bilancia dei pagamenti** è un documento che ha come scopo primario quello di informare l'autorità pubblica sulla posizione economica internazionale del Paese.*

BILANCIA DELLE PARTITE CORRENTI /bi'lantʃa 'delle par'tite kor'rɛnti/
loc. sos. f. pl. bilance delle partite correnti Sin. bilancia in conto corrente
parte della bilancia dei pagamenti in cui sono registrati i movimenti relativi a beni e servizi
*Se la bilancia commerciale si ridurrà da 170mila a 130mila miliardi di dollari, la **bilancia delle partite correnti** registrerà un peggioramento rispetto al deficit dello scorso anno.*

BILANCIA DELLE PARTITE INVISIBILI /bi'lantʃa 'delle par'tite invi'zibili/
loc. sos. f. pl. bilance delle partite invisibili
parte della bilancia dei pagamenti in cui sono registrati i movimenti relativi a servizi
*Per quanto riguarda la **bilancia delle partite invisibili**, prendiamo in considerazione, ad esempio, i servizi nel settore dei trasporti e delle assicurazioni.*

BILANCIA IN CONTO CAPITALE /bi'lantʃa in 'konto kapi'tale/
loc. sos. f. pl. bilance in conto capitale
parte della bilancia dei pagamenti in cui sono registrati gli investimenti (2)
*Nella **bilancia in conto capitale** sono registrati in uscita gli aumenti di attività finanziaria e in entrata gli aumenti di passività finanziaria.*

BILANCIA IN CONTO CORRENTE /bi'lantʃa in 'konto kor'rɛnte/
loc. sos. f. pl. bilance in conto corrente
V. bilancia delle partite correnti
*La **bilancia in conto corrente** è divisa solitamente in bilancia commerciale e bilancia delle partite invisibili.*

BILANCIA VALUTARIA /bi'lantʃa valu'tarja/
loc. sos. f. pl. bilance valutarie
conto in cui sono registrati i pagamenti avvenuti in un certo periodo tra un Paese e l'estero, al momento del loro regolamento
*A queste notizie va aggiunto il dato relativo alla **bilancia valutaria** dei pagamenti, che ha registrato nello stesso mese un passivo di quasi 2mila miliardi, contro un attivo di oltre mille miliardi dell'anno passato.*

BILANCIO /bi'lantʃo/
sos. m. pl. bilanci
documento in cui sono registrate le attività, le passività e il patrimonio netto di un'azienda in un determinato momento
*Il **bilancio** si è chiuso in pareggio: entrate e spese si sono fermate a 600 miliardi.*

BILANCIO CONSOLIDATO /bi'lantʃo konsoli'dato/
loc. sos. m. pl. bilanci consolidati
bilancio unico di imprese partecipanti a uno stesso gruppo
*Il **bilancio consolidato** si è chiuso con una perdita di 15,2 miliardi contro i 2 miliardi di utile dello scorso anno, su un fatturato in crescita del 14%.*

BILANCIO CONSUNTIVO /bi'lantʃo konsun'tivo/
loc. sos. m. pl. bilanci consuntivi

bilancio in cui sono registrate le entrate e le uscite effettive dell'esercizio precedente

*Nel **bilancio consuntivo** dell'azienda genovese relativo allo scorso anno, la linea destinata alla nautica da diporto ha raggiunto l'8% dei 70 miliardi del giro d'affari totale.*

BILANCIO DI ESERCIZIO /bi'lantʃo di ezer'tʃittsjo/
loc. sos. m. pl. bilanci di esercizio

bilancio in cui è registrato il reddito di un'impresa alla fine dell'esercizio

*Si rende noto che il **bilancio di esercizio** sarà depositato a partire dal 22 luglio presso la Sede Sociale e sarà trasmesso presso il Consiglio di Borsa di Milano e tutte le sedi secondarie, a disposizione di chiunque ne farà richiesta.*

BILANCIO DI PREVISIONE /bi'lantʃo di previ'zjone/
loc. sos. m. pl. bilanci di previsione

V. bilancio preventivo

*Anche per questo, in relazione alle previsioni per l'anno successivo, è corretto che il **bilancio di previsione** e la legge finanziaria siano formulati e presentati alla fine di settembre.*

BILANCIO PREVENTIVO /bi'lantʃo preven'tivo/
loc. sos. m. pl. bilanci preventivi Sin. bilancio di previsione

bilancio in cui sono registrate le entrate e le uscite previste per l'esercizio successivo

*Nella fase di redazione del **bilancio preventivo**, è da sottolineare l'accento preoccupato posto sull'aumento delle passività dovuto alla posizione debitoria nei confronti delle banche.*

BLUE CHIP /bluː tʃip/
loc. sos. f. inv. Prov. inglese

V. titolo guida

*Ce li ricordiamo ancora gli italiani con gli occhi incollati ai terminali delle banche che trasmettevano la chiusura del listino di Borsa, in coda per seguire le quotazioni delle **blue chip**.*

BOARD /bɔːd/
sos. m. inv. Prov. inglese

gruppo di persone a cui è affidato un incarico

*È stato allestito in breve tempo un **board** di banche che dovrà decidere in merito alla preoccupante esposizione nei confronti della multinazionale olandese.*

BOC /bɔk/
sos. m. Sigla Sciogl. buono ordinario del Comune

V. buono ordinario del Comune

*Il sindaco di Milano ha promesso l'emissione dei **boC** per risanare il bilancio comunale.*

BOICOTTAGGIO /boikot'taddʒo/
sos. m. pl. boicottaggi

forma di lotta economica che consiste nel sottrarre ad un produttore(1) elementi necessari alla produzione(1) di determinati beni o nell'impedirgli la vendita dei beni stessi

*In campo internazionale è **boicottaggio** l'accordo tra determinati Paesi per isolare economicamente un altro Paese attraverso restrizioni del commercio internazionale.*

BOLLA DI ACCOMPAGNAMENTO /'bolla di akkompaɲɲa'mento/
loc. sos. f. pl. bolle di accompagnamento

documento che accompagna la merce nel viaggio dal luogo di partenza al luogo di destinazione

*I tir carichi di bovini provenienti dai Paesi CEE viaggiano con **bolla di accompagnamento** e con l'indicazione dell'Iva al 19%.*

BOLLARE /bol'lare/
v. tr.

mettere un bollo su un documento a fini di registrazione o di imposta

*Se l'apposito documento non **viene bollato** (ai fini fiscali), la contrattazione non ha validità.*

BOLLETTA /bol'letta/
sos. f.

documento inviato periodicamente all'utente, in cui è segnalato l'importo da pagare per un determinato servizio

*La società dei telefoni informa gli utenti che le **bollette** relative al bimestre gennaio-febbraio arriveranno con un mese di ritardo.*

BOLLO /'bollo/
sos. m.

impronta applicata su un documento a fini di registrazione o di imposta

*Trattandosi di operazioni di compravendita fra banchieri e privati, aventi per oggetto titoli azionari e con scadenza inferiore ai 45 giorni, l'ammontare del **bollo** rimane invariato.*

BONIFICO /bo'nifiko/
sos. m. pl. bonifici

V. disposizione di pagamento

*Grazie all'home banking si possono dare alla banca ordini di pagamento di bollette e **bonifici**. I costi sono quelli di una telefonata a tariffa doppia più quelli della convenzione con la banca.*

BONUS /'bɔnus/
sos. m. inv. Prov. latino

somma di denaro data dal datore di lavoro ai dirigenti(1) dell'azienda, oltre allo stipendio di base, come ricompensa per la qualità del lavoro svolto

*I tre grafici individuano per le tre figure principali del management lo stipendio base e i **bonus**.*

BOOM /buːm/
sos. m. inv. Prov. inglese

momento di rapida espansione del ciclo economico

*Il **boom** dell'economia Usa è iniziato nei primi mesi di due anni fa, sull'onda della continua riduzione dei tassi d'interesse.*

BORDEREAU /bɔrdə'ro/
sos. m. inv. Prov. francese

in banca, tipo di distinta

*Nel **bordereau** sono riassunte determinate operazioni bancarie, come i pagamenti e gli incassi, il numero delle banconote versate, il tipo di assegni, ecc.*

BORDEREAU DI SCONTO /bɔrdə'ro di 'skonto/
loc. sos. m. inv. Prov. francese

documento in cui la <u>banca</u> indica le <u>competenze</u> e il <u>netto ricavo</u> dello <u>sconto (2)</u>
*Il **bordereau di sconto** viene attualmente compilato dal Centro elaborazione dati della banca.*

BORSA /'borsa/
sos. f. Sin. borsa valori

insieme delle <u>contrattazioni</u> di <u>valori mobiliari</u>
*La **borsa** oggigiorno è certamente più liquida ed efficiente, ma si sente la mancanza dello scambio umano che c'è sempre stato sul parterre.*

BORSA CONTINUA /'borsa kon'tinua/
loc. sos. f. pl. borse continue

metodo di <u>contrattazioni</u> di <u>valori mobiliari</u> attraverso il circuito telematico
*Il circuito dei computer ha funzionato alla perfezione, reggendo l'urto di tutte le nuove blue chip del listino milanese, che ieri hanno fatto il loro debutto in **borsa continua**, aggiungendosi ai titoli già trattati sul telematico.*

BORSA MERCI /'borsa 'mɛrtʃi/
loc. sos. f. pl. borse merci

insieme delle <u>contrattazioni</u> relative a <u>merci</u>
*Il sistema distributivo statale deve essere frammentato e privatizzato, deve essere stimolata la nascita di piccoli negozi, di **borse merci**.*

BORSA VALORI /'borsa va'lori/
loc. sos. f. pl. borse valori
V. borsa

*In realtà la **borsa valori** è un mercato, il punto d'incontro fra domanda e offerta di titoli, il luogo in cui gli agenti di cambio prestano la loro competenza per rendere possibile questo incontro.*

BORSISTICO /bor'sistiko/
agg. pl. m. borsistici, pl. f. borsistiche
relativo alla <u>borsa</u>

*Mentre le vicende **borsistiche** dei titoli di Foro Buonaparte continuano a tenere con il fiato sospeso operatori e investitori, in via Filodrammatici si mettono a punto i dettagli del piano di ristrutturazione.*

BOT /bɔt/
sos. m. Sigla Sciogl. buono ordinario del Tesoro
V. buono ordinario del Tesoro

*I margini di profitto da svalutazione, oltre a recuperare perdite passate quando il cambio stringeva troppo, devono essere impiegati non nell'acquisto di **boT** e ccT, ma piuttosto nel fare ricerca e progettazione di nuovi prodotti.*

BREAK-EVEN POINT /breik 'i:vən pɔint/
loc. sos. m. inv. Prov. inglese Sin. punto di pareggio

situazione del <u>conto economico</u> in cui il totale dei <u>ricavi</u> pareggia il totale dei <u>costi</u>
*Se nel **break-even point** i costi totali sono uguagliati dai ricavi totali, un aumento delle vendite e quindi dei ricavi produrrà un utile. Al contrario, una diminuzione delle vendite produrrà una perdita.*

BREVETTARE /brevet'tare/
v. tr.
fornire un'invenzione di <u>brevetto</u>

*Ricercatori a scuola di brevetti, per superare il "timore" delle invenzioni e la pretesa di **brevettare** l'universo. La Snia Ricerche ha organizzato un incontro con un avvocato brevettuale considerato il massimo esperto statunitense nelle invenzioni ad alta tecnologia.*

BREVETTO /bre'vetto/
sos. m.

documento che dà il diritto al <u>titolare</u> di sfruttare i vantaggi <u>economici</u> di un'invenzione
*Con una ventina di **brevetti**, l'azienda conta di arrivare in tre anni a 70 miliardi di ricavi.*

BREVETTUALE /brevettu'ale/
agg.
relativo al <u>brevetto</u>

*Troppo spesso ricercatori e dirigenti d'azienda tengono nel cassetto le scoperte, con l'obiettivo di approfondire gli studi. Le imprese italiane sono particolarmente colpite da queste carenze **brevettuali**.*

BROKER /'broukə/ (It. /'brɔker/)
sos. m. inv. Prov. inglese

in <u>borsa</u>, chi <u>contratta</u> <u>valori mobiliari</u> per conto di <u>clienti</u>
*Già da fine ottobre i grandi **broker** suggerivano di concentrarsi sui titoli di qualità.*

BROKERAGGIO /broke'raddʒo/
sos. m.

attività di <u>contrattazione</u> di <u>valori mobiliari</u> svolta dai <u>broker</u>
*Bisogna tenere presente che la semplice attività di **brokeraggio** non basta più. La concorrenza ha fatto crollare il valore dei diritti di intermediazione.*

BT /bi* ti*/
sos. m. Sigla Sciogl. buono del Tesoro
V. buono del Tesoro

*Le operazioni di rinnovo e di collocamento dei **bT** poliennali sono affidate alla Banca d'Italia, che si avvale della collaborazione delle aziende di credito.*

BTP /bi* ti* pi*/
sos. m. Sigla Sciogl. buono del Tesoro poliennale
V. buono del Tesoro poliennale
*Il rendimento dei **bTp** triennali è calato di oltre un punto.*

BUCO /'buko/
sos. m. pl. buchi
V. ammanco
*L'assemblea di bilancio della holding ha rivelato un **buco** imprevisto di 320 miliardi.*

BUDGET /'bʌdʒit/ (It. /'badʒet/)
sos. m. inv. Prov. inglese
<u>spesa</u> programmata
*Il Governo elvetico ha deciso di ridurre del 30% il **budget** di quest'anno destinato all'acquisto di armi.*

BUONO /'bwɔno/
sos. m.

documento che dà determinati diritti al titolare

Sono ancora tremila le famiglie che vivono nei container. Per ottocento di queste si è in attesa del "buono contributo", che dovrebbe arrivare con l'ennesimo rifinanziamento della Legge 219.

BUONO DEL TESORO /'bwɔno del te'zɔro/
loc. sos. m. pl. buoni del Tesoro Sigla bT

titolo di credito emesso dallo Stato per finanziare il debito pubblico

Negli ultimi tempi si ricorre ai buoni del Tesoro soprattutto in base alle esigenze di finanziamento del Tesoro e di controllo della liquidità.

BUONO DEL TESORO POLIENNALE /'bwɔno del te'zɔro polien'nale/
loc. sos. m. pl. buoni del Tesoro poliennali Sigla bTp

bT con scadenza(2) superiore a un anno

Chi non si accontenta di questi rendimenti dovrà spostarsi sui buoni del Tesoro poliennali, che pagano interessi più elevati.

BUONO FRUTTIFERO /'bwɔno frut'tifero/
loc. sos. m. pl. buoni fruttiferi

titolo di credito nominativo

Con l'espressione certificati di deposito viene indicato un aggregato che comprende anche i buoni fruttiferi e altri depositi a medio termine emessi dagli istituti di credito speciale.

BUONO ORDINARIO DEL COMUNE /'bwɔno ordi'narjo del ko'mune/
loc. sos. m. pl. buoni ordinari del Comune Sigla boC

titolo di credito emesso dal Comune per finanziare il debito comunale a breve termine

Qualcuno già pensa ai buoni ordinari del Comune come alternativa ai tradizionali investimenti in titoli pubblici. L'iniziativa è partita da Rivoli, un centro in provincia di Torino.

BUONO ORDINARIO DEL TESORO /'bwɔno ordi'narjo del te'zɔro/
loc. sos. m. pl. buoni ordinari del Tesoro Sigla boT

titolo di credito emesso dallo Stato per finanziare il debito pubblico a breve termine

L'assegnazione dei buoni ordinari del Tesoro avviene attraverso un'asta, a cui talvolta possono partecipare solo operatori specializzati, come aziende di credito, società finanziarie o agenti di cambio.

BUONUSCITA /bwonuʃ'ʃita/
sos. f.

indennità ricevuta dagli statali(1) alla fine del rapporto di lavoro

La buonuscita ha lo scopo di dare al dipendente pubblico un aiuto immediato per superare la fase di passaggio dalla vita attiva alla quiescenza.

BUROCRATE /bu'rɔkrate/
sos. m./f.

chi opera ad alto livello nel settore dell'amministrazione(1) dello Stato

Come spesso accadeva nel nostro Paese, alcuni burocrati senza scrupoli controllavano i finanziamenti e talvolta gestivano ingenti somme di denaro con modalità che potremmo definire oscure. Solo poche volte la Guardia di Finanza è riuscita a smascherare le truffe.

BUROCRATICO /buro'kratiko/
agg. pl. m. burocratici, pl. f. burocratiche

relativo alla burocrazia

Il sistema consentirebbe di rilevare tutti i movimenti bancari effettuati da un soggetto presso tutte le banche italiane senza perdite di tempo dovute ad autorizzazioni, funzionari incapaci, inghippi burocratici.

BUROCRAZIA /burokrat'tsia/
sos. f.

insieme degli individui che operano nel settore dell'amministrazione(1) dello Stato

Gli italiani ormai sono abituati alla burocrazia e a tutte le difficoltà ad essa connesse.

BUSTA PAGA /'busta 'paga/
loc. sos. f. pl. buste paga

documento in cui sono registrate le componenti della retribuzione di un lavoratore dipendente

Busta paga più pesante a partire dal 1º gennaio prossimo: scattano gli aumenti per i dipendenti pubblici.

BUY BACK(1) /bai bæk/
loc. sos. m. inv. Prov. inglese

contratto di carattere internazionale in base al quale una parte fornisce all'altra un impianto e riceve in cambio una certa quantità di beni prodotti con lo stesso impianto

Nulla esclude che l'iniziativa del buy back, circoscritta nei tempi imposti dal codice, possa alla fine rivestire carattere permanente.

BUY BACK(2) /bai bæk/
loc. sos. m. inv. Prov. inglese

acquisto(1) di azioni vendute in precedenza

Via libera al buy back: i soci hanno autorizzato il consiglio ad acquistare azioni proprie fino a un controvalore massimo di quattro miliardi.

BUYER'S CREDIT /'baiəz 'kredit/
loc. sos. m. inv. Prov. inglese

credito(1) concesso da una società finanziaria a un acquirente(1) in relazione a contratti di forniture internazionali

Generalmente nel buyer's credit il finanziamento viene effettuato nella moneta di regolamento della fornitura o, in alternativa, in una moneta forte.

C

CAAF /'kaaf/
sos. m. Sigla Sciogl. Centro autorizzato di assistenza fiscale

ufficio <u>pubblico</u> che assiste i <u>contribuenti</u> nelle procedure relative alla <u>dichiarazione dei redditi</u>

*In teoria i contribuenti avrebbero potuto presentare, entro il 31 marzo, il modello 730 ai **Caaf** o ai datori di lavoro. Ma in realtà la quasi totalità dei datori di lavoro ha dichiarato di non voler prestare l'assistenza fiscale ai dipendenti.*

CALENDARIO DI BORSA /kalen'darjo di 'borsa/
loc. sos. m. pl. calendari di borsa

elenco dei giorni in cui si svolgono le principali <u>operazioni di borsa</u>

*Le riunioni sono regolate da un **calendario di borsa**, unico per tutte le borse valori nazionali, stabilito dalla Consob.*

CALL /kɔːl/
sos. m. inv. Prov. inglese Sin. dont

in <u>borsa</u>, <u>opzione</u> che dà il diritto di <u>acquistare</u> un determinato <u>titolo</u> a una data e a un <u>prezzo</u> stabiliti

*L'opzione **call** consente di posfissare, dietro pagamento di un premio, il prezzo di acquisto di titoli per una data futura, con la possibilità per l'acquirente dell'opzione di effettuare l'operazione solo se il prezzo sarà conveniente.*

CALMIERE /kal'mjɛre/
sos. m.

provvedimento dello Stato che determina il <u>prezzo</u> massimo di alcune <u>merci</u> per evitare aumenti <u>speculativi</u>

*In Italia esiste una vecchia tradizione di **calmieri** legali dei prezzi, che riguardano non solo i servizi pubblici, ma molti beni di consumo.*

CAMBIALE /kam'bjale/
sos. f. Sin. tratta, effetto, cambiale commerciale

<u>titolo di credito</u> in cui una persona ordina a un'altra di pagare una somma di denaro a una terza persona, a una data futura stabilita

*Il secondo tipo di **cambiali** è rappresentato dalle tratte autorizzate, cioè effetti con emissione autorizzata dal trattario per il regolamento di un'operazione di compravendita.*

CAMBIALE COMMERCIALE /kam'bjale kommer'tʃale/
loc. sos. f. pl. cambiali commerciali Sin. tratta, effetto
V. cambiale

*Le **cambiali commerciali** furono dapprima adottate nel commercio interno da parte dei mercanti, che desideravano rivendere le merci prima di provvedere al loro pagamento.*

CAMBIALE ESTERA /kam'bjale 'ɛstera/
loc. sos. f. pl. cambiali estere
V. cambiale internazionale

*A proposito delle cosiddette **cambiali estere**, ricordiamo che la loro effettiva circolazione è ancora difficoltosa.*

CAMBIALE INTERNAZIONALE /kam'bjale internattsjo'nale/

loc. sos. f. pl. cambiali internazionali Sin. cambiale estera

<u>titolo di credito</u> accettato come mezzo di <u>pagamento</u> anche in Paesi esteri rispetto a quello dell'<u>emittente (1)</u>

*Esiste una convenzione che prevede che questa caratteristica della **cambiale internazionale** sia specificata sul titolo.*

CAMBIARIO /kam'bjarjo/
agg. pl. m. cambiari, pl. f. cambiarie
relativo alla <u>cambiale</u>

*È improbabile che un venditore di materia prima figuri come obbligato **cambiario** nei confronti di un imprenditore trasformatore di tale materia.*

CAMBIAVALUTE /kambjava'lute/
sos. m./f. inv.

chi per <u>professione</u> contratta <u>valuta (2)</u>

*I **cambiavalute** si sono dichiarati scontenti dell'attuale situazione dei cambi, situazione che genera indecisioni e timori.*

CAMBIO (1) /'kambjo/
sos. m. pl. cambi

operazione con cui una <u>moneta (2)</u> è scambiata con un'altra <u>moneta (2)</u>

*Il **cambio** manuale riguarda essenzialmente l'acquisto e la vendita di biglietti di banca esteri presso i cambiavalute o presso appositi sportelli delle banche.*

CAMBIO (2) /'kambjo/
sos. m. pl. cambi

<u>prezzo</u> di una <u>moneta (2)</u> espresso attraverso un'altra <u>moneta (2)</u>

*Un intelligente pilotaggio della barca-Italia nel mare della competizione internazionale è indispensabile per non trovarci troppo presto in una situazione sfavorevole. La svalutazione del **cambio** non è una panacea.*

CAMBISTA /kam'bista/
sos. m./f. pl. m. cambisti

chi per <u>professione</u> contratta <u>valuta (2)</u> e <u>titoli</u>

*Secondo la **cambista** intervistata, il mancato abbassamento del tus provocherà un'ondata di vendite in borsa.*

CAMBITAL /'kambital/
sos. m.
V. Ufficio italiano cambi

*Diamo ora la media delle valute rilevata da **Cambital** in base ai cambi di chiusura delle Borse di Roma e di Milano.*

CAMERA DI COMMERCIO /'kamera di kom'mɛrtʃo/
loc. sos. f. pl. Camere di commercio

<u>ente pubblico</u> che svolge funzioni <u>amministrative</u> nei settori del <u>commercio</u>, dell'<u>industria (1)</u>, dell'<u>artigianato (1)</u> e dell'<u>agricoltura</u>

L'esame sarà sostenuto davanti ad una commissione esa-

minatrice in una sala della **Camera di commercio** aperta al pubblico.

CAMPAGNA DI VENDITA /kam'paɲɲa di 'vendita/
loc. sos. f. pl. campagne di vendita
V. campagna pubblicitaria
*In realtà l'alto prezzo dei prodotti che noi ogni giorno consumiamo è dovuto soprattutto alle costose **campagne di vendita** promosse per pubblicizzarli.*

CAMPAGNA PUBBLICITARIA /kam'paɲɲa pubblitʃi'tarja/
loc. sos. f. pl. campagne pubblicitarie Sin. campagna di vendita
operazione commerciale con cui un produttore (1) pubblicizza un proprio prodotto (1)
*Ha provocato un grande scandalo la recente **campagna pubblicitaria** di un noto profumo femminile: tutti hanno potuto vedere ai muri delle nostre città dei grandi manifesti in cui sono rappresentate delle immagini sacre.*

CAMPIONE /kam'pjone/
sos. m.
piccolo quantitativo di merce utilizzato per indicarne le caratteristiche
*Si effettuano periodicamente dei prelevamenti di **campioni** di alimenti e bevande al fine di sottoporli ad analisi per accertare eventuali sofisticazioni.*

CANONE /'kanone/
sos. m.
somma di denaro pagata periodicamente in cambio di un servizio
*L'aumento del fatturato della France Télécom risultò del 5,9%, in leggera diminuzione rispetto all'anno precedente. All'interno del fatturato l'84% è nel settore telefonico, tra abbonamenti e **canoni**.*

CANONE DI LOCAZIONE /'kanone di lokat'tsjone/
loc. sos. m. pl. canoni di locazione
somma di denaro pagata periodicamente in cambio della disponibilità di un bene immobile
*L'aumento dei **canoni di locazione** è dovuto principalmente all'aumento della pressione fiscale sulle abitazioni di proprietà.*

CAP (1) /kap/
sos. m. Sigla Sciogl. codice di avviamento postale
V. codice di avviamento postale
*Il **CAP** si scrive dopo il nome della località.*

CAP (2) /kæp/
sos. m. inv. Prov. inglese
in borsa, contratto che dà il diritto di ricevere la differenza, se positiva, tra un tasso di interesse di mercato e quello stabilito nel contratto stesso
*I contratti **cap** e floor equivalgono a portafogli di opzioni sui tassi d'interesse.*

CAPARRA /ka'parra/
sos. f.
somma di denaro data a garanzia della conclusione di un contratto

*Allego assegno di L. 300.000 quale **caparra** per la presente prenotazione.*

CAPITALE (1) /kapi'tale/
sos. m.
insieme dei beni in cui è investito il denaro
*La tariffa d'ingresso sarà di 10mila sterline, la sottoscrizione al fondo centrale nel '94 sarà dell'1,5% del **capitale** impegnato e, successivamente, dello 0,5% dello stesso per ogni anno successivo.*

CAPITALE (2) /kapi'tale/
sos. m.
ricchezza destinata a dare un guadagno nel tempo
*Le Sim sono in rapporto costante con i broker di tutto il mondo, studiano i mercati e le opportunità migliori, con il solo scopo di far rendere i **capitali** che vengono loro affidati.*

CAPITALE CIRCOLANTE /kapi'tale tʃirko'lante/
loc. sos. m. pl. capitali circolanti
parte degli investimenti (2) di un'azienda consumati nella produzione (1)
*Le attività correnti, in quanto rappresentate da beni che di solito si creano e si esauriscono nel corso dell'esercizio, sono anche definite **capitale circolante**.*

CAPITALE DI CREDITO /kapi'tale di 'kredito/
loc. sos. m. pl. capitali di credito
insieme dei debiti di un'azienda
*Mentre il **capitale di credito** rappresenta una grandezza certa, il valore del capitale netto cambia secondo il valore attribuito alle attività.*

CAPITALE DI RISCHIO /kapi'tale di 'riskjo/
loc. sos. m. pl. capitali di rischio Sin. capitale netto, mezzi propri, patrimonio netto
denaro investito in un'azienda
*Dal punto di vista finanziario il **capitale di rischio** rappresenta in parte i finanziamenti del titolare o dei soci e in parte i finanziamenti che provengono da utili reinvestiti nell'azienda.*

CAPITALE FISSO /kapi'tale 'fisso/
loc. sos. m. pl. capitali fissi
insieme dei beni di un'azienda in cui è investito il denaro
*Assieme al **capitale fisso** e al capitale circolante, il concetto di capitale d'azienda comprende anche le attività monetarie, come ad esempio i crediti, i titoli, le partecipazioni e il denaro di cassa.*

CAPITALE FISSO SOCIALE /kapi'tale 'fisso so'tʃale/
loc. sos. m. pl. capitali fissi sociali
insieme delle infrastrutture a disposizione della collettività
*Quando si parla di **capitale fisso sociale** talvolta ci si riferisce anche alle condizioni sanitarie, le qualificazioni professionali e il grado di istruzione della popolazione.*

CAPITALE NETTO /kapi'tale 'netto/
loc. sos. m. pl. capitali netti Sin. mezzi propri, patrimonio netto
V. capitale di rischio

All'interno dello stato patrimoniale il **capitale netto** *si ottiene sommando il capitale sociale a riserve e utili non distribuiti, poi sottraendo al tutto le perdite di esercizio.*

CAPITALE SOCIALE /kapi'tale so'tʃale/
loc. sos. m. pl. capitali sociali
insieme dei <u>conferimenti</u> dei <u>soci</u> al momento della costituzione di una <u>società</u>
Il Gruppo Torras ha ridotto il **capitale sociale** *da 2,4 miliardi di peseta a 1,9 miliardi a causa delle perdite subite.*

CAPITAL GAIN /'kæpitl gein/
loc. sos. m. inv. Prov. inglese
<u>utili</u> realizzati attraverso la <u>vendita</u> <u>speculativa</u> di un <u>titolo</u>
L'occasione è apparsa molto interessante all'indomani delle nuove indicazioni che il ministro delle Finanze ha dato all'assemblea dell'Assonime sul problema della reintroduzione di un prelievo sui **capital gain**.

CAPITALISMO /kapita'lizmo/
sos. m.
<u>sistema economico</u> basato sulla <u>proprietà</u> <u>privata (2)</u> del <u>capitale (1)</u> e su una <u>distribuzione del reddito</u> determinata dal libero andamento del <u>mercato</u>
Il **capitalismo** *moderno in Italia ha cominciato a svilupparsi con ritardo e ha avuto bisogno fin da principio di interventi pubblici piuttosto robusti.*

CAPITALISTA (1) /kapita'lista/
sos. m./f. pl. m. capitalisti
chi ha grandi <u>risorse</u> <u>finanziarie</u> <u>investite</u> in un'<u>attività economica</u>
Le coalizioni dei **capitalisti** *e la loro capacità di influenzare il Governo cooperano con la concorrenza sul mercato del lavoro per spingere il salario reale al livello di sussistenza.*

CAPITALISTA (2) /kapita'lista/
agg. pl. m. capitalisti, pl. f. capitaliste
che ha grandi <u>risorse</u> <u>finanziarie</u> <u>investite</u> in un'<u>attività economica</u>
L'imprenditore **capitalista** *tende al massimo profitto della sua azienda; talvolta per questo viene a patti con le forze politiche locali per avere favori.*

CAPITALISTA (3) /kapita'lista/
agg. pl. m. capitalisti, pl. f. capitaliste
V. capitalistico
Meno scettico sulla capacità delle economie **capitaliste** *di crescere garantendo la piena occupazione fu Kaldor, il quale fece degli sforzi maggiori di quelli della Robinson per dar conto delle condizioni reali della crescita di stato uniforme.*

CAPITALISTICO /kapita'listiko/
agg. pl. m. capitalistici, pl. f. capitalistiche Sin. capitalista (3)
relativo al <u>capitalismo</u>
Solo in un particolare sistema sociale, che Marx chiamava "modo di produzione **capitalistico**", *i mezzi di produzione diventano capitale.*

CAPITALIZZARE (1) /kapitalid'dzare/

v. tr.
trasformare in <u>capitale (1)</u>
L'imprenditore **ha capitalizzato** *parte degli utili acquistando nuove attrezzature per la lavorazione del legno.*

CAPITALIZZARE (2) /kapitalid'dzare/
v. tr.
trasformare in <u>capitale (2)</u>
Il credito di imposta è rimborsato dopo 5-6 anni e matura interessi al 4,5% semestrale non **capitalizzato** *per un periodo mediamente inferiore alla sua durata di uno o due anni.*

CAPITALIZZARE (3) /kapitalid'dzare/
v. tr.
trasformare le <u>riserve</u> in <u>capitale sociale</u>
I Lloyd's hanno isolato in una società apposita, denominata "newco", **capitalizzata** *con 4 miliardi di sterline, tutte le passività incorse fino al 1985.*

CAPITALIZZARE (4) /kapitalid'dzare/
v. tr.
in <u>borsa</u>, moltiplicare il numero delle <u>azioni</u> <u>emesse</u> da una <u>società</u> per la loro <u>quotazione</u>
Sugli attuali livelli di quotazione l'azienda **capitalizza** *2.200 miliardi, pari a 2,10 volte i mezzi propri.*

CAPITALIZZAZIONE (1) /kapitaliddzat'tsjone/
sos. f.
trasformazione in <u>capitale (1)</u>
La recente **capitalizzazione** *è stata giustificata con l'obsolescenza dei macchinari della ditta.*

CAPITALIZZAZIONE (2) /kapitaliddzat'tsjone/
sos. f.
trasformazione in <u>capitale (2)</u>
L'assemblea ha dato via libera a una **capitalizzazione** *di 5 miliardi da destinare all'acquisto di titoli azionari.*

CAPITALIZZAZIONE (3) /kapitaliddzat'tsjone/
sos. f.
V. aumento di capitale
Il consiglio di amministrazione dell'azienda dovrà decidere anche riguardo alla **capitalizzazione**.

CAPITALIZZAZIONE (4) /kapitaliddzat'tsjone/
sos. f.
in <u>borsa</u>, <u>valore</u> di una <u>società</u> ottenuto moltiplicando il numero delle <u>azioni</u> <u>emesse</u> per la loro <u>quotazione</u>
Nel comparto bancario i titoli a maggior **capitalizzazione** *hanno confermato l'incerto andamento delle sedute precedenti.*

CAPOGRUPPO /kapo'gruppo/
sos. f. inv. Sin. holding
V. società capogruppo
L'utile netto della **capogruppo** *è di 810 miliardi, il 16% in più rispetto all'anno precedente.*

CAPUFFICIO /kapuf'fitʃo/
sos. m./f. inv. Var. capoufficio
chi è responsabile di un ufficio

Il capufficio ha deciso di richiedere al capo del personale un aumento di organico.

CARATO /ka'rato/
sos. m.
misura di peso delle pietre preziose equivalente a 0,2 grammi
I valori medi dei diamanti, riportati in dollari Usa per cara-to, si intendono per la vendita all'ingrosso e all'origine nei Paesi di produzione.

CARNET DI ASSEGNI /kar'nɛ di as'seɲɲi/
loc. sos. m. inv. Prov. francese Var. carnet degli assegni
V. libretto di assegni
Il cliente può collegarsi digitando un codice segreto su un terminale collegato con il calcolatore centrale del banco e richiedere informazioni sui movimenti del conto, carnet di assegni, assegni circolari, ecc.

CARTA ASSEGNI /'karta as'seɲɲi/
loc. sos. f. pl. carte assegni
tessera magnetica di identificazione rilasciata dalla <u>banca</u> al <u>correntista</u> a <u>garanzia</u> dei suoi <u>assegni</u>
Eurocheque è una carta assegni accettata a livello internazionale e viene utilizzata come carta di garanzia di assegni di formato standard; negli ultimi anni è andata evolvendo in carta elettronica.

CARTACEO /kar'tatʃeo/
agg.
in carta
La realizzazione del progetto della carta universale consente pagamenti più veloci e sicuri, riscontri contabili immediati e una drastica eliminazione dei flussi cartacei tra le Poste e l'Inps.

CARTA COMMERCIALE /'karta kommer'tʃale/
loc. sos. f. pl. carte commerciali
V. commercial paper
La carta commerciale consiste, per l'investitore, nell'accettare un riconoscimento di debito emesso dal soggetto che si vuole indebitare.

CARTA DI CREDITO /'karta di 'kredito/
loc. sos. f. pl. carte di credito
tessera magnetica che consente al <u>titolare</u> di <u>prelevare</u> somme di denaro utilizzando una <u>linea di credito</u> concessa da una <u>banca</u>
Un accordo stipulato con due società, Prenoticket e Box Office, consente di chiamare un numero di telefono e comunicare il proprio numero di carta di credito per prenotare il biglietto di ingresso di manifestazioni sportive, culturali e spettacoli teatrali.

CARTA DI DEBITO /'karta di 'debito/
loc. sos. f. pl. carte di debito
tessera magnetica che consente al <u>titolare</u> di <u>prelevare</u> somme di denaro dal proprio <u>conto corrente</u>
Nel nostro Paese il mercato delle carte di credito e delle carte di debito ha ancora dimensioni limitate.

CARTA DI PAGAMENTO /'karta di paga'mento/

loc. sos. f. pl. carte di pagamento
tessera magnetica che consente al <u>titolare</u> di eseguire <u>pagamenti</u> trasferendo l'<u>importo</u> della <u>spesa</u> dal proprio <u>conto corrente</u> a quello del <u>creditore</u>(1)
Esistono diversificazioni strutturali e funzionali tra carte di debito (bancomat), carte di credito (come la Visa o la Cartasì, distribuite dal sistema bancario) e carte di pagamento (come l'American Express).

CARTA MONETA /'karta mo'neta/
loc. sos. f. Sin. moneta cartacea
<u>moneta</u>(2) rappresentata da <u>banconote</u>
Ci si attende che la flessione dello yuan spinga al rialzo il prezzo dell'oro, considerato con crescente simpatia dai cinesi, in alternativa alla loro carta moneta.

CARTELLA DELLE IMPOSTE /kar'tɛlla 'delle im'pɔste/
loc. sos. f. pl. cartelle delle imposte
documento inviato al <u>contribuente</u> per comunicargli l'<u>importo</u> delle <u>imposte</u> da pagare
L'Ufficio delle imposte ha anche il compito di mandare le cartelle delle imposte ai contribuenti.

CARTELLO /kar'tɛllo/
sos. m. Sin. pool
unione tra grandi <u>gruppi</u> volta a fissare i <u>prezzi</u> di un <u>mercato</u>
L'ex presidente dell'Agip ha rivelato il nome della persona che era il punto di riferimento di un cartello di imprese impiantistiche.

CASA /'kasa/
sos. f. Sin. impresa, ditta(1)
V. azienda
Nell'industria automobilistica questi sono gli anni del consolidamento: le case piccole scompariranno a poco a poco.

CASH DISPENSER /kæʃ dis'pensə/
loc. sos. m. inv. Prov. inglese
distributore automatico di <u>banconote</u>
La limitatezza delle operazioni consentite rende la Postcard bella in teoria ma poco utile nella sostanza, anzitutto perché i cash dispenser, anche in prospettiva, non saranno tantissimi.

CASH FLOW /kæʃ flou/
loc. sos. m. inv. Prov. inglese
disponibilità <u>finanziaria</u> data dalla differenza tra <u>incassi</u>(2) e <u>pagamenti</u> di un'<u>azienda</u> in un certo periodo di tempo
La Metecno spa ha fatturato l'anno passato circa 94 miliardi di lire (+10%), con un cash flow di sei.

CASSA(1) /'kassa/
sos. f.
denaro <u>liquido</u>(2) e <u>attività</u> facilmente trasformabili in <u>moneta</u>(1)
Secondo i programmi del Governo, dalla voce privatizzazioni arriveranno alle casse dello Stato 10mila miliardi.

CASSA(2) /'kassa/

sos. f.

ufficio o sportello(2) dove si effettuano e ricevono pagamenti

Per la riscossione degli arretrati di imposta i signori clienti
possono rivolgersi alle **casse** *delle aziende bancarie indi-*
cate nell'avviso.

CASSA CONTINUA /'kassa kon'tinua/
loc. sos. f.

in banca, servizio che permette al correntista di eseguire
versamenti(1) per 24 ore al giorno e per tutti i giorni del-
l'anno

L'uso del servizio di **cassa continua** *viene concesso ai*
clienti che lo richiedono attraverso la compilazione di
un'apposita lettera-contratto.

CASSA DI COMPENSAZIONE E GARANZIA /'kassa di
kompensat'tsjone e* garan'tsia/
loc. sos. f. pl. casse di compensazione e garanzia

società per azioni che garantisce le operazioni in future e
opzioni e la compensazione dei contratti

La **Cassa di compensazione e garanzia** *svolge le proprie*
funzioni sulla base di disposizioni emanate dalla Consob e
dalla Banca d'Italia.

CASSA DI RISPARMIO /'kassa di ris'parmjo/
loc. sos. f. pl. Casse di risparmio

tipo di banca istituita principalmente per favorire il piccolo
risparmio(1) e concedere prestiti(2) a piccole imprese

L'istituto di Via Veneto ha condotto in porto con la **Cassa di**
risparmio *di Roma una trattativa per la cessione della*
maggioranza assoluta del Banco di Santo Spirito.

CASSA INTEGRAZIONE /'kassa integrat'tsjone/
loc. sos. f. Var. cassa integrazione guadagni

fondo utilizzato dallo Stato per integrare le retribuzioni dei
lavoratori dipendenti in alcuni casi di riduzione o sospensione dell'attività lavorativa

Non è possibile alcun accordo che preveda **cassa inte-**
grazione *a zero ore, dichiarazione di esuberi o chiusure*
di stabilimenti.

CASSA RURALE E ARTIGIANA /'kassa ru'rale e* arti'dʒa-
na/
loc. sos. f. pl. Casse rurali e artigiane

tipo di banca istituita principalmente per concedere credi-
to(1) ad agricoltori e artigiani(1)

La **Cassa rurale e artigiana** *di Asciano (in provincia di Sie-*
na) ha recentemente collaborato con l'Università per Stra-
nieri di Siena alla creazione di tre borse di studio da met-
tere in concorso tra gli studenti che frequentano i corsi in-
vernali.

CASSETTA DI SICUREZZA /kas'setta di siku'rettsa/
loc. sos. f. pl. cassette di sicurezza

in banca, contenitore metallico riservato alla custodia di
oggetti, a disposizione della clientela dietro pagamento
di un canone

La Guardia di Finanza ha trovato un fascicolo contenente
boT e certificati di deposito falsi; erano custoditi in una
cassetta di sicurezza *di una banca lussemburghese.*

CASSETTISTA /kasset'tista/
sos. m./f. pl. m. cassettisti

in borsa, chi acquista titoli a scopo di investimento(1)

Si tratta di un titolo progettato con caratteristiche tali da
risultare interessanti sia per il **cassettista** *che per le ge-*
stioni, come investimento di portafoglio non finalizzato al
trading.

CASSIERE /kas'sjɛre/
sos. m.

chi lavora alla cassa(2)

È stata attuata una razionalizzazione del servizio, consen-
tendo lo svolgimento delle operazioni presso un unico
sportello, dove opera un **cassiere**.

CASSINTEGRATO /kassinte'grato/
sos. m. Var. cassaintegrato

lavoratore dipendente che beneficia della cassa integrazione

L'Italia ha ottenuto di aggiungere ai disoccupati i **cassinte-**
grati *in uno dei parametri centrali per la distribuzione dei*
fondi.

CASTELLETTO /kastel'letto/
sos. m.

ammontare(2) massimo del fido concesso da una banca
a un cliente per le operazioni di sconto(2)

A titolo di esempio presentiamo una scheda di **castelletto**
intestata a un certo cliente a cui la banca ha concesso un
fido utilizzabile per sconto di effetti per 80 milioni.

CATALOGO /ka'talogo/
sos. m. pl. cataloghi

elenco scritto di merci accompagnato da una loro descri-
zione

Vi preghiamo di farci pervenire al più presto un **catalogo**
dei Vostri macchinari.

CATASTALE /katas'tale/
agg.

relativo al catasto

L'importo da versare dovrà essere calcolato dal proprieta-
rio sulla base dei dati **catastali** *relativi all'immobile.*

CATASTO /ka'tasto/
sos. m.

registrazione dei beni immobili di un Paese

Il numero dei fabbricati si riferisce alle unità immobiliari per
cui viene effettuato il versamento, ivi compresa l'abitazio-
ne principale, che sono iscritte nel **catasto** *edilizio urbano.*

CAUSALE /kau'zale/
sos. f.

in un documento contabile(2), voce in cui è indicato il motivo di un'operazione

Non occorre compilare la **causale** *del versamento, in*
quanto la stessa è già indicata nella parte anteriore del ta-
gliando.

CAUZIONALE /kautsjo'nale/
agg.

relativo alla cauzione

*L'importo ha valuta corrispondente al giorno di liquidazione. Le scritturazioni in c/c si presentano però più complicate a causa del deposito **cauzionale**.*

CAUZIONE /kaut'tsjone/

sos. f.

somma di denaro depositata come garanzia

*L'importo della **cauzione** non può essere inferiore all'ammontare dell'imposta dovuta.*

CAVEAU /ka'vo/

sos. m. inv. Prov. francese

in banca, locale blindato in cui sono custodite grandi quantità di denaro

*In prestigioso immobile ristrutturato affittasi filiale di banca, con sottosuolo adatto per **caveau** e uffici di rappresentanza ai piani superiori.*

CCT /tʃi* tʃi* ti*/

sos. m. Sigla Sciogl. certificato di credito del Tesoro

V. certificato di credito del Tesoro

*Sono in arrivo i **ccT** per rimborsare i crediti Irpef maturati tra il 1986 e il 1989.*

CED BORSA /tʃɛd 'borsa/

loc. sos. m.

società che si occupa dei sistemi elettronici utilizzati in borsa

*Ieri la giornata al **Ced Borsa** è stata intensa. Dopo le ultime messe a punto, è partita la fase di preapertura e il telematico ha cominciato a ricevere le proposte di negoziazione delle Sim.*

CEDENTE (1) /tʃe'dɛnte/

sos. m./f.

chi trasferisce un diritto a un nuovo proprietario (1)

*L'imposta sarà versata direttamente dal notaio, che dovrà rilasciare al **cedente** un'attestazione del versamento.*

CEDENTE (2) /tʃe'dɛnte/

agg.

che trasferisce un diritto a un nuovo proprietario (1)

*La parte **cedente** si obbliga a far fronte ai propri impegni specie per quanto riguarda tasse e imposte.*

CEDERE /'tʃɛdere/

v. tr.

trasferire un diritto a un nuovo proprietario (1)

*Il socio che vuole uscire dalla società **cede** la propria partecipazione a uno o più degli altri soci.*

CEDOLA /'tʃɛdola/

sos. f. Sin. coupon (1)

parte di un titolo che indica gli interessi

*Il rendimento effettivo lordo annuo delle obbligazioni risulta variabile e determinato in relazione al prezzo, alla **cedola** in corso, alle ipotesi sulle **cedole** future, alla maggiorazione sul capitale e alla durata.*

CEDOLARE (1) /tʃedo'lare/

sos. f.

imposta sugli utili delle società di capitali

*Annunciato il rinvio della revisione delle agevolazioni tributarie. Il ministro delle Finanze auspica più **cedolari** secche e meno progressività fiscale.*

CEDOLARE (2) /tʃedo'lare/

agg.

relativo alla cedola

*Per le obbligazioni indicizzate il tasso è variabile. Il rendimento è considerato al netto dell'eventuale ritenuta **cedolare**.*

CEE /'tʃɛɛ/

sos. f. Sigla Sciogl. Comunità economica europea

comunità di Paesi europei istituita per creare un mercato comune

*Logiche, tradizioni, regole dividono ancora fortemente i Paesi della **Cee** e il processo civile ne è un esempio eclatante.*

CENTRO COMMERCIALE /'tʃɛntro kommer'tʃale/

loc. sos. m. pl. centri commerciali

raggruppamento di negozi in una stessa area

*Il nuovo **centro commerciale**, all'imbocco del raccordo autostradale Siena-Firenze, dispone di negozi di abbigliamento, negozi di articoli da regalo, cartoleria, bar, panificio, una tabaccheria e un negozio specializzato in fotografia.*

CERTIFICATO DI CREDITO DEL TESORO /tʃertifi'kato di 'kredito del te'zɔro/

loc. sos. m. pl. certificati di credito del Tesoro

titolo di credito emesso dallo Stato, con rendimento indicizzato

*L'asta dei **certificati di credito del Tesoro** ha avuto un gran successo.*

CERTIFICATO DI DEPOSITO /tʃertifi'kato di de'pɔzito/

loc. sos. m. pl. certificati di deposito

titolo di credito emesso da una banca

*La banca fornirà le istruzioni necessarie per ottenere il duplicato del **certificato di deposito** smarrito, sottratto o distrutto.*

CESPITE /'tʃɛspite/

sos. m.

fonte di reddito

*Si corre il rischio di impostare un'equazione sbagliata. Di questo tipo: le banche hanno i soldi e possono investire nell'industria. Quindi, si diano da fare sia per salvare quelle in difficoltà, sia per accompagnare verso il settore privato i **cespiti** dell'area pubblica che il mercato non è in grado di assorbire.*

CESSIONARIO (1) /tʃessjo'narjo/

sos. m. pl. cessionari

chi, in seguito a una cessione, diventa il nuovo proprietario (1)

*La fattura relativa all'acquisto intracomunitario deve essere numerata e integrata dal **cessionario** con l'indicazione del controvalore in lire del corrispettivo.*

CESSIONARIO (2) /tʃessjo'narjo/

agg. pl. m. cessionari, pl. f. cessionarie

che, in seguito a una cessione, diventa il nuovo proprietario(1)

*L'affare è stato concluso ieri a tarda sera, ed il finanziere **cessionario** si è detto soddisfatto, nonostante il prezzo elevato che lo ha costretto ad esporsi con più di un'azienda di credito.*

CESSIONE /tʃes'sjone/

sos. f.

trasferimento(2) di un diritto a un nuovo proprietario(1)

*Per le **cessioni** di beni effettuate dalla data di entrata in vigore del nuovo decreto legge, tutte le imprese agricole applicheranno il regime speciale Iva.*

CESSIONE DELLO STIPENDIO /tʃes'sjone 'dello sti'pɛndjo/

loc. sos. f. pl. cessioni dello stipendio

restituzione in rate mensili di un prestito(2) ottenuto dal datore di lavoro

*Attraverso il meccanismo della **cessione dello stipendio** il dipendente pubblico può restituire gradualmente e senza grossi traumi una somma di denaro avuta in precedenza.*

CICLICO /'tʃikliko/

agg. pl. m. ciclici, pl. f. cicliche

relativo al ciclo

*L'intesa prevede un consolidamento delle esposizioni delle società controllate per un tempo adeguato alle prospettive di recupero connesse all'evoluzione **ciclica** del mercato immobiliare.*

CICLO /'tʃiklo/

sos. m.

successione di operazioni o fenomeni destinati a ripetersi

*La spallata salariale costituì la motivazione di fondo per la ristrutturazione del sistema industriale, e per il nuovo **ciclo** di investimenti.*

CICLO BORSISTICO /'tʃiklo bor'sistiko/

loc. sos. m. pl. cicli borsistici

in borsa, periodo tra due liquidazioni(3) successive

*Comincia in borsa un nuovo **ciclo borsistico**, quello di agosto, nel quale partiranno tre aumenti di capitale a pagamento e uno gratuito, per una richiesta complessiva di mezzi freschi per 470 miliardi.*

CICLO ECONOMICO /'tʃiklo eko'nɔmiko/

loc. sos. m. pl. cicli economici

andamento del sistema economico in cui si alternano periodi di sviluppo economico e di depressione

*L'obiettivo che il Governo si prefigge è di mantenere il disavanzo entro i 150.000 miliardi di lire: colpa del **ciclo economico** più negativo di quanto si pensasse.*

CICLO PRODUTTIVO /'tʃiklo produt'tivo/

loc. sos. m. pl. cicli produttivi

periodo di tempo tra l'acquisto(1) dei fattori di produzione e la vendita dei beni

*In termini reali il fondo salari è una parte dei beni prodotti in un **ciclo produttivo** che serve per sostentare i lavoratori impiegati nel **ciclo produttivo** successivo.*

CICR /tʃikr/

sos. m. Sigla Sciogl. Comitato interministeriale per il credito e il risparmio

organo dello Stato che controlla i settori del risparmio(1) e del credito(1)

*Via libera del **Cicr** alla partecipazione diretta delle banche anche in imprese industriali.*

CIP /tʃip/

sos. m. Sigla Sciogl. Comitato interministeriale prezzi

V. Comitato interministeriale prezzi

*La decisione è stata presa dopo che il **Cip** aveva deciso di fissare le nuove tariffe.*

CIRCA /'tʃirka/

agg. inv.

relativo a un ordine di borsa da eseguire a un prezzo inferiore o superiore a quello stabilito

*La clausola del prezzo **circa** può essere resa più restrittiva dimezzando il margine di oscillazione (piccolo **circa**) oppure allargata raddoppiando tale margine (largo **circa**).*

CIRCOLANTE /tʃirko'lante/

sos. m.

insieme dei mezzi di pagamento utilizzati in un Paese in un determinato momento

*Si tratta di valori che hanno un **circolante** molto limitato, per cui si prestano facilmente a strumentalizzazioni.*

CIRCUITO ECONOMICO /tʃir'kuito eko'nɔmiko/

loc. sos. m. pl. circuiti economici

schema che rappresenta le relazioni economiche tra famiglie, aziende e pubblica amministrazione

*Attraverso il **circuito economico** si riproducono i flussi monetari che intercorrono ad esempio tra le imprese, che producono beni e servizi, e le famiglie che poi acquistano questi beni e servizi.*

CLAUSOLA /'klauzola/

sos. f.

proposizione autonoma inserita in un contratto per volontà delle parti

*Già dai trattati più antichi si possono trovare numerosi esempi di **clausola** della nazione più favorita, adottata però solo in materia di insediamento degli stranieri.*

CLEARING /'kliəriŋ/

sos. m. inv. Prov. inglese

procedura con cui sono regolate le transazioni tra operatori di Paesi diversi, allo scopo di evitare variazioni della valuta(2)

*C'è bisogno di una base più sicura per poter concordare speciali procedure di **clearing** e di compensazione, oltre a costituire un'apposita agenzia centrale di coordinamento europeo.*

CLIENTE /kli'ɛnte/

sos. m./f.

chi compra solitamente dallo stesso negoziante o fornitore(1), o chi si serve solitamente della stessa banca

La diffusione degli sportelli drive-in negli Stati Uniti d'America è dovuta principalmente all'abitudine delle banche di operare nel centro delle città, il che ha comportato per i **clienti** *notevoli difficoltà di parcheggio.*

CLIENTELA /klien'tɛla/
sos. f.

insieme dei clienti

I tassi d'interesse corrisposti alla **clientela** *subiscono frequenti variazioni in base alle condizioni del mercato monetario e di quello finanziario.*

CLUP /klup/
sos. m. Sigla Sciogl. costo del lavoro per unità di prodotto

rapporto fra il costo del lavoro e la produzione(2) ottenuta in una determinata unità di tempo

L'inflazione, sospinta dall'accelerazione del costo del lavoro (che nelle previsioni viaggia, in termini di **clup**, *ben oltre il 3%) potrebbe erodere il recupero di competitività.*

CODICE DI AVVIAMENTO POSTALE /'kɔditʃe di avvja'mento pos'tale/
loc. sos. m. pl. codici di avviamento postale Sigla CAP

nella corrispondenza postale, numero da associare ad ogni località per un più rapido recapito

I numeri di **codice di avviamento postale** *sono cambiati in Germania da alcuni anni, in seguito all'unificazione.*

COGESTIONE /kodʒes'tjone/
sos. f.

collaborazione tra dipendenti e datori di lavoro alla gestione di un'azienda

Alla Fiat di Melfi azienda e sindacati potranno sperimentare nuove forme di dialogo fino ai limiti della **cogestione**. *Intanto è partito il turno di notte, dalle ventidue alle sei.*

COGESTIRE /kodʒes'tire/
v. tr.

gestire un'azienda attraverso la collaborazione tra dipendenti e datori di lavoro

Quando i dipendenti **cogestiscono** *una società, una loro rappresentanza entra a far parte del consiglio di amministrazione.*

COINTESTARE /kointe'stare/
v. tr.

registrare a nome di più titolari

Se il mutuo è **cointestato** *a più persone, ciascuna può detrarre solo la propria quota di interessi.*

COLLEGA /kol'lɛga/
sos. m./f. pl. m. colleghi, pl. f. colleghe

compagno di lavoro

I **colleghi** *si sono complimentati per la promozione appena ottenuta.*

COLLEGATA /kolle'gata/
sos. f.

V. società collegata

La società controllante deve indicare in bilancio i crediti e i debiti verso le controllate e le **collegate**.

COLLEGIO SINDACALE /kol'lɛdʒo sinda'kale/
loc. sos. m. pl. collegi sindacali

organo che controlla la gestione nelle società di capitali e nelle cooperative

La legge impone agli amministratori di società con azioni quotate in borsa l'obbligo di comunicare al **collegio sindacale** *una relazione sull'andamento della gestione.*

COLLO /'kɔllo/
sos. m.

pacco contenente merce da trasportare

I **colli** *sono di grosse dimensioni e contengono lampade da tavolo.*

COLLOCAMENTO /kolloka'mento/
sos. m.

vendita o sottoscrizione di titoli

Il **collocamento** *avviene tramite procedura d'asta riservata alle banche e ad altri operatori autorizzati.*

COLLOCARE /kollo'kare/
v. tr.

vendere o far sottoscrivere titoli

Uno degli obiettivi delle finanziarie di investimento è proprio quello di **collocare** *le azioni.*

COLOSSO /ko'lɔsso/
sos. m.

società di grandi dimensioni

L'Ifil ha deciso di costituire una holding con il **colosso** *alimentare francese.*

COMITATO /komi'tato/
sos. m.

gruppo di persone organizzato per difendere determinati interessi

Per risolvere i problemi legati alla nuova unione doganale, è stato costituito un **Comitato** *di cooperazione di cui fanno parte cinque rappresentanti per la Cee e cinque per San Marino.*

COMITATO DIRETTIVO DEGLI AGENTI DI CAMBIO /komi'tato diret'tivo 'deʎʎi a'dʒɛnti di 'kambjo/
loc. sos. m.

uno degli organi di controllo della borsa

Al termine di ogni riunione il **Comitato direttivo degli agenti di cambio** *procede alla rilevazione dei prezzi di chiusura dei titoli quotati ufficialmente. per poter compilare il listino.*

COMITATO INTERMINISTERIALE PREZZI /komi'tato interministe'rjale 'prɛttsi/
loc. sos. m. Sigla Cip

organo dello Stato che controlla l'andamento dei prezzi

Finalmente il **Comitato interministeriale prezzi** *ha dato il via libera alla riduzione del prezzo della benzina di 15 lire al litro.*

COMMERCIALE /kommer'tʃale/

agg.

relativo al commercio

*Aumenti dei prezzi si sono registrati nel settore dell'acciaio e in quello del legname, a causa delle politiche **commerciali** e delle nuove regolamentazioni sull'ambiente.*

COMMERCIALISTA /kommertʃa'lista/
sos. m./f. pl. m. commercialisti

chi per professione si occupa di questioni commerciali, finanziarie e tributarie

*Chi vuole stare sul sicuro ricorre a un **commercialista**, visto che la sua parcella verrà pagata dal fisco.*

COMMERCIALIZZARE /kommertʃalid'dzare/
v. tr.

mettere in commercio

*Si è aperta l'istruttoria per valutare se la società telefonica abbia abusato della sua posizione dominante nel mercato delle telecomunicazioni nel **commercializzare** il nuovo sistema cellulare europeo.*

COMMERCIALIZZAZIONE /kommertʃaliddzat'tsjone/
sos. f.

operazione con cui si commercializza

*La **commercializzazione** dei prodotti agricolo-zootecnici continua a presentare in questa campagna un tono depresso.*

COMMERCIAL PAPER /kə'mə:ʃəl 'peipə/
loc. sos. m. inv. Prov. inglese Sin. carta commerciale

titolo a breve termine emesso da un'azienda

*Generalmente le emissioni di **commercial paper** sono sostenute da linee di credito che garantiscono la solvibilità del prenditore. Il principale mercato di questo strumento resta tuttora quello degli Stati Uniti.*

COMMERCIANTE /kommer'tʃante/
sos. m./f.

chi esercita il commercio

*I **commercianti** del settore si sono dichiarati soddisfatti dell'andamento delle vendite, che continuano a crescere nonostante la difficile situazione generale; qualcuno teme un riaccendersi dell'inflazione.*

COMMERCIO /kom'mertʃo/
sos. m. pl. commerci

attività economica fondata sullo scambio di merce con denaro o con altre merci

*Il **commercio** con l'estero ha subito una improvvisa impennata grazie alla svalutazione della lira; numerose imprese del settore alimentare hanno raddoppiato il volume delle esportazioni.*

COMMESSA /kom'messa/
sos. f.

incarico che un'azienda riceve da un cliente per la produzione(1) di beni o servizi

*La Galvamet sta già lavorando a due ordini importanti: una **commessa** del ministero dell'Educazione per costruire scuole e una per realizzare uno stabilimento Nissan.*

COMMESSO /kom'messo/
sos. m.

chi in un negozio si occupa delle vendite

*Verrà assunta una nuova **commessa**, vista la crescente attività del negozio di abbigliamento.*

COMMISSIONARIO /kommissjo'narjo/
sos. m. pl. commissionari

chi compra o vende per conto terzi in cambio di commissioni

*Anche nel mercato borsistico possiamo incontrare i **commissionari**, che vendono e acquistano non in nome proprio, ma per conto di committenti.*

COMMISSIONE /kommis'sjone/
sos. f.

compenso(1) che spetta all'intermediario(1) per un servizio prestato

*All'ufficio titoli il compito di investire, anche speculando; al cliente un solo impegno, quello di pagare le **commissioni**.*

COMMITTENTE (1) /kommit'tɛnte/
sos. m./f.

V. appaltante(1)

*Il **committente** può essere un soggetto privato, o anche un ente pubblico, come ad esempio è avvenuto nella nostra regione per la costruzione di numerose strade.*

COMMITTENTE (2) /kommit'tɛnte/
agg.

V. appaltante(2)

*Si è trattato di un lavoro portato a termine con assoluto rispetto dei costi preventivati, in assoluta trasparenza. Una trasparenza dovuta a un project management di base fornito dalla parte **committente** e sul quale la ditta italiana ha sviluppato i programmi di cantiere.*

COMMITTENZA /kommit'tɛntsa/
sos. f.

insieme dei committenti(1)

*Gli episodi indagati riguardano solo i comparti di attività esposti con la **committenza** pubblica le cui vendite totali rappresentano il 3 per cento dell'attività del gruppo.*

COMMODITY /kə'mɔditi/ (It. /ko'mɔditi/)
sos. f. inv. Prov. inglese

società che opera nei settori minerario, cartario, petrolifero o edilizio

*Sempre all'interno di questo aggiustamento di portafoglio, molti money manager incrementano il peso relativo dei settori più sensibili al rialzo dei prezzi delle **commodity**.*

COMODATO /komo'dato/
sos. m.

contratto con cui un bene mobile o un bene immobile è prestato per un tempo e uno scopo determinati

*Nel diritto romano il **comodato** si contrapponeva al mutuo e aveva come elemento caratteristico la gratuità. Se chi riceveva la cosa pagava un prezzo, il **comodato** si trasformava in locazione.*

COMPAGNIA /kompaɲ'nia/
sos. f.

società commerciale

Tutte le **compagnie** garantiscono i rischi con il proprio capitale e con le riserve di bilancio.

COMPAGNIA DI ASSICURAZIONI /kompaɲ'nia di assiku-rat'tsjoni/
loc. sos. f. pl. compagnie di assicurazioni Var. compagnia di assicurazione Sin. agenzia di assicurazioni

V. assicurazione(2)

Per il momento la **compagnia di assicurazioni** milanese ha avviato la commercializzazione unicamente attraverso gli sportelli della Comit di un solo prodotto, Programma di risparmio.

COMPAGNIA DI BANDIERA /kompaɲ'nia di ban'djɛra/
loc. sos. f. pl. compagnie di bandiera

società di navigazione aerea sostenuta dallo Stato di cui batte bandiera

L'Alitalia, la **compagnia di bandiera** italiana, ha stipulato un accordo con il gruppo Taca, che riunisce le sei principali compagnie aeree del Centro America.

COMPAGNIA DI NAVIGAZIONE /kompaɲ'nia di navigat't-sjone/
loc. sos. f. pl. compagnie di navigazione

società di navigazione marittima sostenuta dallo Stato di cui batte bandiera

La **compagnia di navigazione** Premuda ha ottenuto un buon risultato d'esercizio malgrado la riduzione del fatturato.

COMPARTO /kom'parto/
sos. m.

settore

È preoccupante il sensibile incremento negli ultimi mesi delle ore di cassa integrazione nel **comparto** della costruzione dei mezzi di trasporto.

COMPENSAZIONE /kompensat'tsjone/
sos. f.

annullamento di debiti e crediti(2) reciproci

Il regolamento può aver luogo in **compensazione**, cioè mediante scritturazione contabile delle posizioni di debito e credito sui conti accentrati presso la Banca d'Italia o sui conti correnti di corrispondenza.

COMPENSO(1) /kom'pɛnso/
sos. m. Sin. competenze

somma di denaro dovuta per la prestazione di un servizio

Il meccanismo ha permesso al gruppo di iscrivere nel bilancio consolidato una plusvalenza di 143 miliardi a fronte di un utile netto di 168 miliardi. Il finanziere romano, dal canto suo, esce dall'operazione con un **compenso** in qualità di consulente.

COMPENSO(2) /kom'pɛnso/
sos. m.

in borsa, operazione con cui è regolata la differenza fra acquisti(1) e vendite di titoli

Il giorno dei **compensi** è l'ultimo giorno in cui possono essere dati e accettati ordini di **compenso** da eseguire in liquidazione tramite Stanza di compensazione.

COMPETENZE /kompe'tɛntse/
sos. f. pl.

V. compenso(1)

All'importo dello sconto si aggiungono le commissioni e i diritti di avviso d'incasso. Il totale delle **competenze** è quindi di L. 1.200.000.

COMPETITIVITÀ /kompetitivi'ta*/
sos. f. inv.

capacità di competere con la concorrenza(3)

L'azienda italiana ha dovuto ridurre il numero dei dipendenti per aumentare la propria **competitività** nel mercato europeo.

COMPETITIVO /kompeti'tivo/
agg.

che ha la capacità di competere con la concorrenza(3)

I nostri produttori vitivinicoli sono adesso molto più **competitivi** che nel passato, proprio in seguito all'accordo del giugno scorso.

COMPRATORE(1) /kompra'tore/
sos. m. f. compratrice

chi compra

Con l'abbattimento delle barriere doganali, la cerchia dei **compratori** si è allargata a tutti quei commercianti europei che prima esitavano a comprare a causa delle complesse formalità doganali.

COMPRATORE(2) /kompra'tore/
agg. f. compratrice

che compra

La ditta **compratrice** si impegna ad adempiere i propri obblighi entro l'anno.

COMPRAVENDITA /kompra'vendita/
sos. f.

operazione con cui la proprietà di un bene è trasferita in cambio di una somma di denaro

Dopo l'escalation di **compravendite** e prezzi, che negli ultimi anni ha rappresentato il maggiore flusso di acquisti nella zona, il mercato immobiliare è entrato in crisi.

COMPROPRIETÀ /komproprje'ta*/
sos. f. inv.

proprietà di un bene divisa tra più parti

La cliente ha la **comproprietà** al 50 per cento di un immobile. L'altro comproprietario è il fratello, che abita nell'immobile. In questo caso non si applica l'aumento di un terzo sugli immobili adibiti a dimora abituale anche di uno solo dei comproprietari.

COMPROPRIETARIO /komproprje'tarjo/
sos. m. pl. comproprietari

chi è proprietario(1) di un bene assieme ad altri

Per più proprietari che abitano nella stessa casa, la detrazione dell'Ici va suddivisa in parti uguali, indipendente-

mente dalle quote di possesso (marito e moglie, se **comproprietari***, detrarranno 40.500 lire ciascuno*).

COMUNISMO /komu'nizmo/
sos. m.

sistema economico fondato sulla proprietà privata (2) del capitale (1) e su una distribuzione del reddito determinata dai bisogni di ogni individuo

I sostenitori del **comunismo** *erano certi che la politica di equa distribuzione di redditi avrebbe funzionato.*

COMUNISTA (1) /komu'nista/
sos. m./f. pl. m. comunisti

chi segue il comunismo

In polemica con i **comunisti***, gli imprenditori sostenevano che l'unica salvezza per l'economia era offerta dalle privatizzazioni.*

COMUNISTA (2) /komu'nista/
agg. pl. m. comunisti, pl. f. comuniste

che segue il comunismo

Il settore dei metalli è in crisi in tutto l'Occidente. La domanda è stata condizionata sia dalla debolezza dell'economia, sia dai nuovi equilibri politici nell'ex blocco **comunista***.*

COMUNITARIO /komuni'tarjo/
agg. pl. m. comunitari, pl. f. comunitarie

relativo alla Cee

Si è verificata una perdita di competitività delle produzioni **comunitarie***, che si misura nel 20% rispetto agli USA solo negli ultimi cinque anni.*

CONCAMBIO /kon'kambjo/
sos. m. pl. concambi

nella fusione, operazione con cui le società interessate determinano il valore delle nuove quote (1) di partecipazione

L'assemblea dovrà ratificare l'operazione, che prevede l'assegnazione di un'azione ordinaria del valore nominale di 3.000 lire della Cantoni per ogni 10 titoli della stessa categoria da nominali 500 lire della Kernel. Seguirà un aumento di capitale della Cantoni riservato al **concambio***.*

CONCENTRAZIONE /kontʃentrat'tsjone/
sos. f.

insieme di imprese che controlla una grande parte del mercato

Quale ruolo assumono, in relazione all'Unione europea, le fusioni, le **concentrazioni** *e le acquisizioni, che finora hanno stentato a decollare?*

CONCESSIONARIO (1) /kontʃessjo'narjo/
sos. m. pl. concessionari

chi per contratto è autorizzato a vendere per conto di un'impresa produttrice (2)

Nel settore autostradale è necessario un riordino generale con l'accorpamento delle **concessionarie** *e un articolato regime delle tariffe per favorire l'autofinanziamento dei nuovi programmi.*

CONCESSIONARIO (2) /kontʃessjo'narjo/
agg. pl. m. concessionari, pl. f. concessionarie

che per contratto è autorizzato a vendere per conto di un'impresa produttrice (2)

Il piano ufficiale prevede un circuito di autofinanziamento imperniato sulla società **concessionaria** *dei lavori.*

CONCESSIONARIO (3) /kontʃessjo'narjo/
sos. m. pl. concessionari

chi è autorizzato a riscuotere tributi per conto dello Stato

Le aliquote applicate da ogni Comune e l'elenco dei **concessionari** *per la riscossione, con i relativi numeri di conto corrente, sono a disposizione presso tutti i Comuni.*

CONCESSIONE /kontʃes'sjone/
sos. f.

contratto con cui un'impresa produttrice (2) autorizza un operatore a vendere i propri prodotti (1) in una determinata zona

Il bollettino va intestato al concessionario della riscossione, con l'indicazione del numero di conto corrente postale e della **concessione***.*

CONCORDATO FALLIMENTARE /konkor'dato fallimen'tare/
loc. sos. m. pl. concordati fallimentari

accordo tra debitori (1) e creditori (1) per concludere la procedura di fallimento (2)

Il **concordato fallimentare** *viene approvato se riporta il consenso della maggioranza numerica dei creditori aventi diritto di voto che rappresentino almeno i due terzi della somma dei crediti.*

CONCORRENTE (1) /konkor'rɛnte/
sos. m./f.

chi opera in una situazione di concorrenza (1)

È una sfida ai **concorrenti** *europei, costretti ad accelerare la trasformazione manageriale e strutturale per non rimanere strozzati dalla guerra dei prezzi.*

CONCORRENTE (2) /konkor'rɛnte/
agg.

che opera in una situazione di concorrenza (1)

Le imprese **concorrenti** *dovranno fare i conti con le difficoltà interne provocate dalle tensioni sociali.*

CONCORRENZA (1) /konkor'rɛntsa/
sos. f. Sin. concorrenza perfetta

situazione di mercato in cui i venditori (1) e gli acquirenti (1) sono numerosi e i prodotti (1) offerti sono omogenei nella qualità e nel prezzo

Gli economisti sanno che un sistema economico regolato dalla **concorrenza** *porta a un'allocazione efficiente dei fattori produttivi e dei prodotti.*

CONCORRENZA (2) /konkor'rɛntsa/
sos. f.

insieme di azioni che diversi operatori svolgono per vendere lo stesso prodotto (1) o prodotti (1) simili

La società pubblica editoriale, a causa dell'agguerrita **concorrenza** *televisiva, ha perso lo scorso anno 30 miliardi.*

CONCORRENZA (3) /konkor'rɛntsa/
sos. f.

l'operatore o gli operatori con cui si compete

Nel settore dei veicoli commerciali, nel mese di maggio, l'industria nazionale ha perso meno della concorrenza straniera.

CONCORRENZA IMPERFETTA /konkor'rɛntsa imper'fɛtta/
loc. sos. f.

situazione di mercato in cui almeno un venditore (1) è così forte da influenzare il prezzo di un prodotto (1)

L'intera vita economica è una miscela di elementi concorrenziali ed elementi di monopolio: la forma prevalente è la concorrenza imperfetta.

CONCORRENZA PERFETTA /konkor'rɛntsa per'fɛtta/
loc. sos. f.

V. concorrenza (1)

Lo stesso Smith riconobbe che le virtù del meccanismo di mercato si realizzano completamente solo in presenza della concorrenza perfetta.

CONCORRENZIALE (1) /konkorren'tsjale/
agg.

relativo alla concorrenza (1)

Il mercato concorrenziale porta a una maggiore efficienza del sistema globale, a una migliore qualità dei servizi offerti ai cittadini.

CONCORRENZIALE (2) /konkorren'tsjale/
agg.

relativo alla concorrenza (2)

Si tratta di capire quali sono le contromisure da prendere in vista del prevedibile intervento concorrenziale di importanti gruppi stranieri nel mercato nazionale.

CONCORRENZIALE (3) /konkorren'tsjale/
agg.

relativo alla concorrenza (3)

Gli operatori si stupiscono della qualità delle proposte concorrenziali, specie a proposito del mercato bancario, dove si prevedono grossi cambiamenti dopo l'apertura delle frontiere.

CONCORSO /kon'korso/
sos. m.

selezione tra più candidati per l'assegnazione di posti di lavoro

Al concorso per vigili urbani hanno partecipato oltre 2.000 candidati, tra cui numerosi laureati.

CONDONO /kon'dono/
sos. m.

provvedimento dello Stato che rende legali alcune forme di evasione, attraverso il pagamento di una tassa

Scadono domani i termini per il condono relativo al mancato pagamento della tassa sulla nettezza urbana.

CONFERENZA STAMPA /konfe'rɛntsa 'stampa/
loc. sos. f. pl. conferenze stampa

intervista rilasciata a un gruppo di giornalisti

L'amministratore delegato della Fiat in una conferenza stampa ha illustrato la strategia dell'azienda per il prossimo triennio.

CONFERIMENTO /konferi'mento/
sos. m.

contributo di un socio al capitale sociale in forma di denaro o altri beni

Il socio che non adempie il conferimento stabilito può essere anche escluso dalla società di cui fa parte.

CONFERIRE /konfe'rire/
v. tr.

contribuire al capitale sociale in forma di denaro o altri beni

Il ramo d'azienda conferito è costituito dalle attività editoriali e commerciali, compresi i marchi, le proprietà letterarie e le partecipazioni in società operative.

CONFINDUSTRIA /konfin'dustrja/
sos. f.

principale associazione italiana degli industriali (3)

Il Presidente dei giovani imprenditori lombardi è in sintonia con la linea ufficiale della Confindustria.

CONFIRMING /kən'fəːmiŋ/
sos. m. inv. Prov. inglese

contratto con cui un importatore (1) affida a una società finanziaria del proprio Paese l'impegno di pagare l'esportatore (1) dopo la spedizione delle merci

Nel momento in cui la società specializzata in confirming consegna i documenti, l'importatore estero provvede al pagamento immediato o al rilascio di effetti.

CONGELAMENTO /kondʒela'mento/
sos. m.

atto con cui un pagamento è sospeso

Da più parti si invoca il congelamento del debito pubblico.

CONGELARE /kondʒe'lare/
v. tr.

sospendere un pagamento

La Fiat non paga per rivalersi dei crediti con l'Efim e i debiti congelati provocano altri buchi.

CONGIUNTURA /kondʒun'tura/
sos. f.

fase del ciclo economico attraversata da un Paese in un dato momento

Se il provvedimento sugli aiuti alla Borsa dovesse disincagliarsi dalle sabbie mobili in cui è finito da qualche mese, allora la congiuntura borsistica potrebbe davvero trasformarsi in quel trend favorevole di lunga durata che da almeno un anno Piazza Affari cerca.

CONGIUNTURALE /kondʒuntu'rale/
agg.

relativo alla congiuntura

Sul piano congiunturale, il problema principale è quello di abbassare i tassi di interesse.

CONGUAGLIO (1) /kon'gwaʎʎo/
sos. m. pl. conguagli

in contabilità, operazione con cui è calcolata la parte mancante di un importo dovuto

*Il nostro responsabile, altamente qualificato, ha eseguito personalmente il **conguaglio**. Assicuriamo pertanto che non vi sono errori nel calcolo dell'importo da versare.*

CONGUAGLIO (2) /kon'gwaʎʎo/

sos. m. pl. conguagli

parte mancante di un <u>importo</u> dovuto

*L'accordo, che prevede lo scambio tra le attività Du Pont nelle fibre acriliche e quelle Ici nel nylon, ha subito alcune modifiche relative al **conguaglio** che Du Pont dovrà pagare al gruppo inglese.*

CONIARE /ko'njare/

v. tr.

<u>fabbricare</u> <u>monete metalliche</u>

*La Zecca **ha coniato** di recente la nuova moneta da 500 lire.*

CON LIMITE DI PREZZO /kon 'limite di 'prɛttso/

loc. agg./avv.

relativamente a un ordine di <u>borsa</u>, a un <u>prezzo</u> stabilito

*Eccezionalmente l'ordine **con limite di prezzo**, se il prezzo di apertura o di chiusura corrispondono al limite dato, può restare ineseguito.*

CONSEGNA TITOLI /kon'seɲɲa 'titoli/

loc. sos. f. pl. consegne titoli Var. consegna dei titoli

in <u>borsa</u>, consegna dei <u>titoli</u> presso la <u>Stanza di compensazione</u>

*Ottenuta la quadratura contabile della liquidazione mensile, nel giorno di **consegna titoli** gli associati procedono appunto alla consegna dei titoli alla Stanza a cui fa seguito, nel giorno di liquidazione previsto, il versamento del saldo da parte dei debitori.*

CONSIGLIERE /konsiʎ'ʎɛre/

sos. m.

chi fa parte di un <u>consiglio</u>

*Di fronte ai giudici si sceglierà la linea di distinguere i **consiglieri** - gestori dagli altri non operativi. C'è da scommettere che d'ora in poi i consigli dureranno di più.*

CONSIGLIO /kon'siʎʎo/

sos. m. pl. consigli

organo direttivo formato da più persone

*L'operazione ha avuto riflessi anche sul **consiglio**, con cambiamenti non proprio irrilevanti.*

CONSIGLIO DI AMMINISTRAZIONE /kon'siʎʎo di amministrat'tsjone/

loc. sos. m. pl. consigli di amministrazione

gruppo di persone che ha la direzione di una <u>società</u>

*Il **consiglio di amministrazione** del Banco di Sardegna ha approvato ieri il bilancio consolidato per l'esercizio trascorso, che presenta una crescita del 9% degli impieghi.*

CONSOB /'kɔnsob/

sos. f. Sigla Sciogl. Commissione nazionale per le società e la borsa

uno degli organi di controllo della <u>borsa</u>

*Per l'esercizio delle proprie attribuzioni la **Consob** si avvale di personale dell'amministrazione dello Stato e di enti pubblici.*

CONSOCIATA /konso'tʃata/

sos. f.

V. società consociata

*Lo stabilimento appartiene ad una **consociata** del gruppo torinese.*

CONSOLIDAMENTO /konsolida'mento/

sos. m.

operazione con cui un <u>debito</u> <u>a breve termine</u> è trasformato in uno <u>a lungo termine</u>

*La società chiederà alle banche un incontro nei prossimi giorni per definire il piano di **consolidamento** del debito.*

CONSOLIDARE /konsoli'dare/

v. tr.

trasformare un <u>debito</u> <u>a breve termine</u> in uno <u>a lungo termine</u>

*Saranno **consolidati** 300-350 miliardi circa del debito finanziario della Silgest, operazione che consentirà al gruppo di superare questo momento di difficoltà senza l'intervento del tribunale.*

CONSOLIDATO /konsoli'dato/

agg.

relativo a un <u>gruppo</u>

*Il peggioramento del risultato **consolidato** è dovuto ai rilevanti oneri straordinari legati al programma di ristrutturazione del gruppo.*

CONSORZIO /kon'sɔrtsjo/

sos. m. pl. consorzi

associazione di <u>imprenditori</u> che intendono svolgere assieme alcune fasi della propria <u>attività economica</u>

*La West Midlands Power Transport Authority ha ratificato l'assegnazione al **consorzio** italo-inglese Centram della commessa per la realizzazione e la gestione della linea uno della metropolitana di Birmingham.*

CONSORZIO BANCARIO /kon'sɔrtsjo ban'karjo/

loc. sos. m. pl. consorzi bancari

associazione di <u>banche</u> che intendono svolgere assieme alcune fasi della propria <u>attività economica</u>

*Si pensa alla creazione di un **consorzio bancario** che abbia maggiori potenzialità all'interno del mercato europeo.*

CONSULENTE /konsu'lɛnte/

sos. m./f.

chi per <u>professione</u> dà consigli e informazioni relativi a un determinato settore di sua competenza

*Questa norma danneggia molti professionisti (soprattutto dottori e **consulenti** del lavoro) che si avvalgono della collaborazione di personale dipendente.*

CONSULENZA /konsu'lɛntsa/

sos. f.

<u>servizio</u> prestato da un <u>consulente</u>

*Il colosso bancario Usa ha annunciato la costituzione di una società indipendente, che ne gestirà il portafoglio di investimenti con un contratto di **consulenza** esclusiva.*

CONSULENZIALE /konsulent'tsjale/

agg.

relativo alla consulenza

I consulenti Gamma International hanno maturato significative esperienze sia in ambito aziendale che **consulenziale** *e sono quindi in grado di rispondere adeguatamente alle complesse esigenze del management italiano.*

CONSUMARE /konsu'mare/
v. tr.

utilizzare un bene o un servizio per soddisfare un bisogno

I dati delle ultime statistiche evidenziano che le fasce a reddito medio-alto **consumano** *meno generi alimentari rispetto alle fasce a reddito basso. In particolare, chi ha redditi più alti* **consuma** *meno carne e meno dolciumi.*

CONSUMATORE (1) /konsuma'tore/
sos. m. f. consumatrice

chi utilizza un bene o un servizio per soddisfare un bisogno

Ogni anno i **consumatori** *europei spendono per le vacanze quasi 127mila miliardi di lire.*

CONSUMATORE (2) /konsuma'tore/
agg. f. consumatrice

che utilizza un bene o un servizio per soddisfare un bisogno

I cittadini **consumatori** *di beni di questo tipo avranno una brutta sorpresa al ritorno dalle vacanze. Si prevede infatti un deciso aumento dell'aliquota Iva.*

CONSUMISMO /konsu'mizmo/
sos. m.

tendenza a un consumo (1) eccessivo, non determinato da un bisogno reale

Lo sfrenato **consumismo** *degli anni passati fu in parte stimolato dalle aziende di pubblicità, che introdussero sottilmente negli italiani il desiderio di possedere beni spesso inutili.*

CONSUMO (1) /kon'sumo/
sos. m.

processo attraverso il quale chi utilizza un bene o un servizio ne ricava i vantaggi

Il **consumo** *di energia elettrica durante i giorni lavorativi è superiore del 3,5% rispetto al giugno dell'anno scorso.*

CONSUMO (2) /kon'sumo/
sos. m.

spesa per beni e servizi

I **consumi** *delle famiglie italiane sono cresciuti solo dell'1,8% rispetto allo stesso mese dello scorso anno.*

CONSUMO INTERNO /kon'sumo in'tɛrno/
loc. sos. m.

consumo (2) all'interno di un Paese

Le previsioni indicano la produzione cinese di zucchero raffinato a 5,2 milioni di tonnellate, il **consumo interno** *dovrebbe altresì salire a 7,5 milioni di tonnellate.*

CONTABILE (1) /kon'tabile/
sos. m./f.

chi per professione si occupa di questioni amministrative

Tutto l'equivoco nacque a causa di un errore di registrazione del **contabile***, che inserì i dati in un file diverso.*

CONTABILE (2) /kon'tabile/
agg.

relativo alla contabilità

La rilevanza ai fini dell'Iva dei "conferimenti" effettuati dai soci comporterà un aumento del volume d'affari da parte degli agricoltori, con le conseguenti implicazioni di natura **contabile***.*

CONTABILITÀ /kontabili'ta*/
sos. f. inv.

insieme dei documenti in cui sono registrati i dati relativi alla gestione

Da due anni la **contabilità** *della ditta è affidata a un ufficio romano che dispone di cinque esperti commercialisti, due fiscalisti e tre ragionieri.*

CONTABILITÀ NAZIONALE /kontabili'ta* nattsjo'nale/
loc. sos. f.

insieme dei documenti in cui è registrato il risultato dell'attività economica di un Paese

La produzione industriale si mantiene su buoni livelli, e questo è confermato dai dati di **contabilità nazionale** *sulla vivacità della domanda interna.*

CONTABILIZZARE /kontabilid'dzare/
v. tr.

registrare in contabilità

Ogni transazione dà luogo a un credito o a un debito verso il Paese estero e questi crediti e debiti **vengono contabilizzati** *con il sistema della partita doppia.*

CONTABILIZZAZIONE /kontabiliddzat'tsjone/
sos. f.

operazione con cui si registra in contabilità

Il valore della quota è quello ricavato dal prospetto giornaliero del Fondo, la cui data coincide con quella di **contabilizzazione** *ai prezzi di mercato delle attività del Fondo.*

CONTANTE (1) /kon'tante/
sos. m. Sin. liquido (1)

denaro immediatamente disponibile

È di grande attualità il problema del riciclaggio internazionale di **contante** *e oro proveniente dal Medio Oriente.*

CONTANTE (2) /kon'tante/
agg. Sin. liquido (2)

relativo a denaro immediatamente disponibile

CartaSi business è una carta di credito studiata per rispondere alle esigenze di aziende, professionisti, imprenditori; è una carta aziendale comoda e pratica come il denaro **contante***, in più offre molti altri vantaggi.*

CONTINGENTAMENTO /kontindʒenta'mento/
sos. m.

limitazione alla quantità o al valore della merce da importare o da esportare

Si è proceduto a un **contingentamento** *per quanto riguarda l'importazione di prodotti alimentari di origine animale.*

CONTINGENZA /kontin'dʒɛntsa/
sos. f.

aumento della retribuzione mensile dei lavoratori dipendenti dovuto all'aumento del costo della vita

Gli scatti di contingenza venivano rimandati, così le retribuzioni degli operai si assottigliavano sempre più, a fronte di un costante aumento dei prezzi.

CONTITOLARE /kontito'lare/
sos. m./f.

chi è proprietario(1) di un bene assieme ad altri

Occorre molta attenzione nel compilare il quadro della dichiarazione relativo ai contitolari di terreni o fabbricati.

CONTO /'konto/
sos. m.

documento in cui sono registrate modifiche, di quantità o valore, subite da un oggetto della gestione

Con la crisi che c'era in giro, per le aziende era sempre più difficile avere conti in attivo, alcune addirittura hanno dichiarato fallimento.

CONTO CIFRATO /'konto tʃi'frato/
loc. sos. m. pl. conti cifrati

in banca, conto corrente intestato a un nominativo in codice

La Guardia di Finanza ha scoperto numerosi conti cifrati appartenenti a politici di primo piano. Su tali conti veniva trasferito il denaro proveniente dalle tangenti sugli appalti relativi alle autostrade.

CONTO CORRENTE /'konto kor'rɛnte/
loc. sos. m. pl. conti correnti Sin. conto corrente di corrispondenza, conto corrente bancario

in banca, conto in cui sono regolati i rapporti di debito e credito(2) con i clienti

Le spese vengono addebitate direttamente sul conto corrente alla fine del mese in cui sono avvenute. Questo comporta per il cliente un considerevole risparmio in giorni di valuta.

CONTO CORRENTE BANCARIO /'konto kor'rɛnte ban'karjo/
loc. sos. m. pl. conti correnti bancari Sin. conto corrente di corrispondenza

V. conto corrente

Praticamente tutte le forme di pagamento, di prestiti, di mutui, di accrediti e bonifici passano attraverso un conto corrente bancario.

CONTO CORRENTE DI CORRISPONDENZA /'konto kor'rɛnte di korrispon'dɛntsa/
loc. sos. m. pl. conti correnti di corrispondenza Sin. conto corrente bancario

V. conto corrente

I conti correnti di corrispondenza, che nella loro tipica configurazione evidenziano normalmente saldi a favore del cliente e si dicono perciò anche conti correnti passivi (cioè conti passivi per la banca), sono movimentati da operazioni di vario tipo.

CONTO CORRENTE POSTALE /'konto kor'rɛnte pos'tale/
loc. sos. m. pl. conti correnti postali

conto utilizzato dal titolare per inviare e ricevere denaro attraverso gli uffici postali

La ricevuta del versamento in conto corrente postale, in tutti i casi in cui tale sistema di pagamento è ammesso, ha valore liberatorio per la somma pagata con effetto dalla data in cui il versamento è stato eseguito.

CONTO DEI PROFITTI E DELLE PERDITE /'konto 'dei pro'fitti e* 'delle 'pɛrdite/
loc. sos. m. pl. conti dei profitti e delle perdite Var. conto profitti e perdite

V. conto economico

Dal conto dei profitti e delle perdite si rileva che la gestione del denaro presenta un saldo di 22,4 miliardi, con un aumento del 3,8%.

CONTO DI LIQUIDITÀ /'konto di likwidi'ta*/
loc. sos. m. pl. conti di liquidità

in banca, conto corrente che permette l'investimento(1) automatico in titoli di una parte di liquidità stabilita dal correntista

L'obiettivo dei conti di liquidità è quello di utilizzare al meglio la liquidità in eccesso sul conto corrente, senza rinunciare alla caratteristica di disponibilità propria di una giacenza di conto corrente.

CONTO ECONOMICO /'konto eko'nɔmiko/
loc. sos. m. pl. conti economici Sin. conto dei profitti e delle perdite

documento in cui sono registrate le entrate e le uscite di un'azienda nel corso di un esercizio

L'analisi del conto economico mette in luce una leggera contrazione del margine lordo e della gestione denaro che è passato in valori assoluti da 297 a 295 miliardi.

CONTO LIQUIDAZIONE TITOLI /'konto likwidat'tsjone 'titoli/
loc. sos. m. pl. conti liquidazione titoli

in banca, conto corrente in cui sono registrati debiti e crediti(2) relativi a operazioni di borsa di un cliente

La banca dovrà registrare nel conto liquidazione titoli le quattro operazioni di compravendita, due a debito del cliente (acquisti) e due a suo credito (vendite); inoltre dovrà registrare i rimborsi dei tre depositi Consob che vanno portati a credito del cliente.

CONTO MONETARIO /'konto mone'tarjo/
loc. sos. m. pl. conti monetari

parte della bilancia dei pagamenti in cui sono registrati i movimenti monetari(1)

Nel conto monetario vengono riportate le variazioni di attività o passività a breve termine degli organismi preposti a far bilanciare i conti con l'estero (Bankitalia e Ufficio italiano cambi).

CONTRABBANDARE /kontrabban'dare/
v. tr.

esportare o importare merci senza pagare i tributi dovuti per legge

Nell'operazione sono stati contrabbandati 10 quintali di sigarette estere.

CONTRABBANDIERE /kontrabban'djεre/

sos. m.

chi esporta o importa merci senza pagare i tributi dovuti per legge

I contrabbandieri di preziosi sono stati colti in flagrante e arrestati dalla Guardia di Finanza.

CONTRABBANDO /kontrab'bando/

sos. m.

esportazione (1) o importazione (1) di merci senza il pagamento dei tributi dovuti per legge

Ivanov ha affermato che uno dei motivi prioritari della nuova legge è la prevenzione del contrabbando e degli abusi che fioriscono nelle regioni produttrici di oro.

CONTRAENTE (1) /kontra'εnte/

sos. m./f.

chi partecipa a un contratto

Come casi di esonero si intendono gli impedimenti insormontabili, indipendenti dalla volontà dei contraenti.

CONTRAENTE (2) /kontra'εnte/

agg.

che partecipa a un contratto

Informiamo i signori contraenti che il pagamento avverrà a mezzo di un credito documentario irrevocabile.

CONTRASSEGNO /kontras'seɲɲo/

loc. avv. Var. contro assegno

con pagamento al ritiro della merce

Esiste la possibilità di acquistare le riviste contrassegno, senza modifica del prezzo.

CONTRATTARE /kontrat'tare/

v. tr. Sin. negoziare

svolgere operazioni di acquisto (1) o di vendita

Le quotazioni dei titoli che sono stati contrattati a Piazza Affari danno l'idea del nervosismo dei mercati, all'indomani dell'annuncio del Governatore della Banca d'Italia.

CONTRATTAZIONE /kontrattat'tsjone/

sos. f. Sin. negoziazione

operazione di acquisto (1) o di vendita

Le contrattazioni di ieri hanno fissato il listino a 30.000 lire il quintale per il frumento.

CONTRATTO /kon'tratto/

sos. m.

accordo fra parti

Siglato la notte scorsa l'accordo sul rinnovo del contratto nazionale collettivo di lavoro.

CONTRATTO A DOPPIO PREMIO /kon'tratto a* 'doppjo 'prεmjo/

loc. sos. m. pl. contratti a doppio premio

V. stellage

Il contratto a doppio premio è uno strumento utilizzato in presenza di situazioni economiche o politiche fluide, aperte a soluzioni diverse, capaci quindi di influire sensibilmente sulla quotazione del titolo contrattato.

CONTRATTO A FERMO /kon'tratto a* 'fermo/

loc. sos. m. pl. contratti a fermo

in borsa, contratto che obbliga ad eseguire la negoziazione, a una data e ad un prezzo stabiliti

Al momento della conclusione del contratto a fermo non è necessario che il venditore possegga i titoli negoziati, né che il compratore abbia il controvalore pattuito, poiché è sufficiente che ciò si verifichi alla scadenza del termine.

CONTRATTO A PREMIO /kon'tratto a* 'prεmjo/

loc. sos. m. pl. contratti a premio

in borsa, contratto che dà il diritto di eseguire o meno la negoziazione, a una data e a un prezzo stabiliti

La speculazione ha tentato di rilanciare il mercato azionario ricorrendo anche ai contratti a premio, ma con scarso successo.

CONTRATTO A TERMINE /kon'tratto a* 'termine/

loc. sos. m. pl. contratti a termine

in borsa, contratto con liquidazione (3) successiva al giorno della stipula

Al termine del ciclo operativo in corso ha luogo la liquidazione dei cosiddetti contratti a termine, uno strumento finanziario utilizzato in particolare per la negoziazione di titoli azionari.

CONTRATTO DI AGGIUNTA /kon'tratto di ad'dʒunta/

loc. sos. m. pl. contratti di aggiunta

V. noch

Il contratto di aggiunta ammette anche l'esecuzione parziale, ma siccome l'operazione iniziale avviene sul mercato del termine fermo si capisce come la parziale esecuzione può essere effettuata solo sulla parte aggiuntiva.

CONTRATTUALE /kontrattu'ale/

agg.

relativo al contratto

Il Governo si è impegnato ad aprire a giugno la stagione contrattuale nel settore pubblico.

CONTRIBUENTE /kontribu'εnte/

sos. m./f.

chi è tenuto a pagare le imposte

I contribuenti che hanno percepito solo i redditi di lavoro dipendente sono esonerati dall'obbligo di presentare il redditometro.

CONTRIBUTI SOCIALI /kontri'buti so'tʃali/

loc. sos. m. pl.

denaro che i datori di lavoro o i lavoratori (1) pagano periodicamente per finanziare il sistema di previdenza sociale

Assieme alle entrate tributarie dello Stato occorre considerare anche i contributi sociali, riscossi tramite l'Inps o trattenuti dallo Stato.

CONTRIBUTIVO /kontribu'tivo/

agg.

relativo al contributo

Ciascun soggetto deve contribuire alle entrate dello Stato secondo le proprie capacità contributive.

CONTRIBUTO /kontri'buto/
sos. m.

somma di denaro dovuta a un <u>ente</u> in cambio di un <u>servizio</u> di <u>pubblica</u> utilità
La classificazione dei **contributi** *previdenziali come tasse o* **contributi** *speciali o come imposte dipende dalla concezione riguardo alla funzione del sistema di previdenza sociale.*

CONTRIBUZIONE /kontribut'tsjone/
sos. f.

<u>pagamento</u> di <u>imposte</u>
Lo Stato si fonda sul principio della **contribuzione** *secondo le capacità di ciascuno.*

CONTROLLANTE /kontrol'lante/
sos. f.

V. società controllante
Al voto parteciperà un custode cautelare, in rappresentanza del 47% di Ciga nel portafoglio di Fimpar di cui i creditori della **controllante** *hanno ottenuto il congelamento.*

CONTROLLATA /kontrol'lata/
sos. f.

V. società controllata
A grandi passi procede lo sviluppo in Italia del gruppo Bouygues, che opera attraverso la **controllata** *Saur.*

CONTROVALORE /kontrova'lore/
sos. m.

somma di denaro equivalente a una determinata quantità di <u>valuta (2)</u>
Allo sportello del cambio l'impiegato ha calcolato un **controvalore** *di due milioni di lire.*

CONVENZIONATO /konventsjo'nato/
agg.

che <u>ha stipulato</u> un accordo
La prima rata deve essere versata con un unico bollettino valido per gli uffici postali e per gli istituti di credito **convenzionati**.

CONVENZIONE /konven'tsjone/
sos. f.

accordo
Ieri pomeriggio si è dato un seguito alla **convenzione** *firmata fra la Confindustria e la Sace per la diffusione dell'informazione sui problemi assicurativi.*

CONVERTIBILE /konver'tibile/
agg.

che si può <u>scambiare</u> con altre <u>valute (2)</u> o con <u>oro</u>
Alla fine del XIX secolo lo Stato decise che i biglietti di banca non erano più **convertibili**, *e introdusse il corso forzoso.*

CONVERTIBILITÀ /konvertibili'ta*/
sos. f. inv.

possibilità di essere oggetto di <u>scambio</u> con altre <u>valute (2)</u> o con <u>oro</u>
Per la valuta il requisito della **convertibilità** *è indispensabi-*

le affinché venga accettata nei pagamenti internazionali senza difficoltà.

CONVERTIRE /konver'tire/
v. tr.

<u>scambiare</u> con altre <u>valute (2)</u> o con <u>oro</u>
Finora le società esportatrici erano obbligate a **convertire** *in rubli il 50 per cento dei loro redditi valutari, di cui il 30 per cento doveva essere venduto alla Banca Centrale.*

COOPERARE /koope'rare/
v. intr.

collaborare
Gli americani hanno ripreso l'iniziativa grazie a una serie di interventi statali e al fatto che quelli che erano dei concorrenti si sono accordati per **cooperare**.

COOPERATIVA /koopera'tiva/
sos. f.

<u>società</u> che <u>gestisce</u> un'<u>attività economica</u> non <u>a fini di lucro</u> ma per ottenere <u>beni</u>, <u>servizi</u> o lavoro a condizioni vantaggiose
Chi ha versato soldi a **cooperative** *finite nel nulla ha ben poco da sperare.*

COOPERATIVA DI ABITAZIONE /koopera'tiva di abitat'tsjone/
loc. sos. f. pl. cooperative di abitazione
V. cooperativa edilizia
Le **cooperative di abitazione** *consentono a tanti di entrare in possesso di una casa a prezzi migliori (circa il 20% in meno) rispetto a quelli ottenibili sul mercato.*

COOPERATIVA DI CONSUMO /koopera'tiva di kon'sumo/
loc. sos. f. pl. cooperative di consumo

<u>cooperativa</u> che <u>acquista</u> <u>merci</u> e le <u>rivende</u> a condizioni vantaggiose
Le **cooperative di consumo** *nacquero con lo scopo di procurare alle classi meno abbienti più favorevoli condizioni di alimentazione, cioè derrate sane, non sofisticate e a buon mercato.*

COOPERATIVA DI CREDITO /koopera'tiva di 'kredito/
loc. sos. f. pl. cooperative di credito

<u>cooperativa</u> che fornisce <u>credito (1)</u> ai propri <u>soci</u> a condizioni vantaggiose
Il campo d'azione delle **cooperative di credito** *è prevalentemente il credito a breve termine, particolarmente a favore delle piccole e medie imprese.*

COOPERATIVA DI LAVORO /koopera'tiva di la'voro/
loc. sos. f. pl. cooperative di lavoro

<u>cooperativa</u> che assume <u>appalti</u> per dare lavoro ai propri <u>soci</u> a condizioni vantaggiose
Peculiarità della **cooperativa di lavoro** *è che essa riunisce nelle stesse mani capitale e lavoro.*

COOPERATIVA EDILIZIA /koopera'tiva edi'littsja/
loc. sos. f. pl. cooperative edilizie Sin. cooperativa di abitazione

<u>cooperativa</u> che costruisce abitazioni per offrirle ai propri <u>soci</u> a condizioni vantaggiose

Per chi acquista la prima casa da una cooperativa edilizia il prelievo fiscale è ancora agevolato.

COOPERATIVISTICO /kooperati'vistiko/
agg. pl. m. cooperativistici, pl. f. cooperativistiche
relativo alla cooperativa
Le Banche popolari svilupparono dapprima un'attività creditizia a favore dei propri soci, ma poi estesero la loro azione anche nei confronti di altri operatori sicché, adesso, l'elemento cooperativistico è presente solo nella forma sociale.

COOPTARE /koop'tare/
v. tr.
chiamare a far parte del consiglio di amministrazione
Sono stati nominati due consiglieri, già cooptati il 20 marzo scorso.

COPERTURA /koper'tura/
sos. f.
somma di denaro a garanzia dei rischi a cui è soggetta un'operazione finanziaria
Una opportunità che la banca può offrire al titolare di un deposito a risparmio o di un conto corrente è l'abbinamento al conto, dietro pagamento di un piccolo premio, di una copertura assicurativa.

COPRIRE /ko'prire/
v. tr.
garantire un rischio a cui è soggetta un'operazione finanziaria
L'assicurazione, come si legge nel contratto, copre il cliente fino a un tetto massimo da stabilire con la banca.

CORBEILLE /kɔr'bɛːj/
sos. f. inv. Prov. francese
V. recinto alle grida
Il giorno prima Ferfin e Montedison si erano presentate in corbeille dopo la giornata di sospensione.

CORDATA /kor'data/
sos. f.
gruppo di operatori che assieme acquistano ripetutamente azioni di una società allo scopo di ottenerne il controllo
Nel caso della Comit c'è un acquirente predestinato: la cordata dei nomi nobili dell'imprenditoria italiana guidata da Mediobanca.

CORE BUSINESS /kɔː 'biznis/
loc. sos. m. inv. Prov. inglese
settore principale dell'attività di un'azienda
La concorrente di Chicago, avventuratasi in una diversificazione alla fine degli anni '80 e distratta dal suo core business, è stata colta in contropiede, e ha dovuto licenziare quasi 50mila dipendenti in un anno.

CORONA /ko'rona/
sos. f.
unità monetaria (2) di Danimarca, Norvegia e Svezia
La corona danese ha perso terreno nei confronti di tutte le altre valute, probabilmente a causa dell'incertezza politica degli ultimi giorni.

CORPORATE BANKING /'kɔːpərit 'bæŋkiŋ/
loc. sos. m. inv. Prov. inglese
sistema di collegamento informatizzato tra una banca e un'azienda
Nell'ambito del corporate banking assume particolare importanza il servizio di cash management, finalizzato a mettere a disposizione delle imprese una serie di informazioni sullo stato dei rapporti tra esse e la banca che fornisce il servizio.

CORRENTE /kor'rɛnte/
agg.
in uso nel momento attuale
Nel corrente esercizio, per il terzo anno consecutivo, la crescita economica non sarà soddisfacente nei 24 Paesi membri.

CORRENTISTA /korren'tista/
sos. m./f. pl. m. correntisti
titolare di un conto corrente
La riservatezza fa della Svizzera il paradiso dei correntisti in cerca di privacy.

CORREZIONE ERRORI /korret'tsjone er'rori/
loc. sos. f. pl. correzioni errori
in borsa, correzione di eventuali errori dopo la presentazione della situazione contabile (2) alla Stanza di compensazione
Il giorno dopo quello della correzione errori, il calendario dispone che avvenga la consegna presso la Stanza di compensazione, il pagamento dei saldi a debito e la riscossione di quelli a credito.

CORSO /'korso/
sos. m. Sin. quotazione ufficiale
V. quotazione
Il sensibile apprezzamento dei corsi ha fatto scattare una serie di programmi di vendita di origine tecnica, diffusi in diverse aree del listino azionario.

CORSO FORZOSO /'korso for'tsoso/
loc. sos. m. pl. corsi forzosi
situazione in cui uno Stato rende obbligatoria come mezzo di pagamento una moneta (2) non convertibile
Una moneta a corso forzoso può essere più o meno bene accolta dagli operatori solo fino a quando non perde troppo repentinamente di valore a causa di eccessive emissioni.

CORSO SECCO /'korso 'sekko/
loc. sos. m. pl. corsi secchi
in borsa, quotazione di un titolo con esclusione degli interessi maturati
Presso le Borse Valori sono quotati al corso secco i titoli che fruttano interessi, mentre le azioni sono quotate tel quel.

CORSO TEL QUEL /'korso tɛl kɛl/
loc. sos. m. pl. corsi tel quel Prov. francese
in borsa, quotazione di un titolo con inclusione degli interessi maturati

*Il rendimento effettivo corrisponde al tasso che al lordo dell'imposizione fiscale fornisce come valore attuale il **corso tel quel** (corso secco più rateo interessi).*

CORTE DEI CONTI /'korte 'dei 'konti/
loc. sos. f.

organo dello Stato che controlla la contabilità pubblica

*La Sezione enti locali della **Corte dei conti** riferirà al Parlamento sui risultati della gestione finanziaria dell'anno appena concluso.*

COSTI DI PRODUZIONE /'kɔsti di produt'tsjone/
loc. sos. m. pl.

insieme delle spese sostenute da un imprenditore per la produzione (1)

*I fornitori del gruppo Volkswagen sono tornati a casa con la speranza di ottenere un periodo di tempo più lungo per poter ridurre i loro **costi di produzione**.*

COSTO /'kɔsto/
sos. m.

spesa sostenuta per acquistare un bene o un servizio

*La continua crescita della quantità di dati contenuta nella dichiarazione dei redditi ha prodotto anche l'ascesa del **costo** complessivo del servizio per il ministero delle Finanze.*

COSTO DELLA VITA /'kɔsto 'della 'vita/
loc. sos. m.

insieme delle spese sostenute da una famiglia tipo per i consumi (1) fondamentali

*Dall'incrocio tra l'andamento delle retribuzioni e l'andamento del **costo della vita** emerge una buona tenuta delle retribuzioni nell'industria, nel commercio e nel credito.*

COSTO DEL LAVORO /'kɔsto del la'voro/
loc. sos. m.

insieme delle spese sostenute dal datore di lavoro per retribuire e assicurare i propri dipendenti

*La perdita di competitività dell'industria europea non è figlia solo dell'alto **costo del lavoro**, dell'eccesso di garantismo, dei troppi vincoli ad un uso flessibile della forza lavoro.*

COSTO DEL LAVORO PER UNITÀ DI PRODOTTO /'kɔsto del la'voro per uni'ta* di pro'dotto/
loc. sos. m. Sigla clup

V. clup

*Il **costo del lavoro per unità di prodotto** è un indice molto importante per stabilire la capacità della nostra economia di affrontare le prossime sfide internazionali.*

COTTIMISTA /kotti'mista/
sos. m./f. pl. m. cottimisti

chi per il proprio lavoro è retribuito a cottimo

*Il progetto prevede l'assunzione di trenta giovani catalogatori, **cottimisti**, che riceveranno una quota per ogni opera d'arte schedata e inserita nella banca dati.*

COTTIMO /'kɔttimo/
sos. m.

retribuzione determinata in base al risultato ottenuto da chi esegue il lavoro

*Il sistema più semplice di **cottimo** è quello "al pezzo", che consiste nel pagare il lavoratore con una quantità fissa di denaro per ogni unità prodotta.*

COUPON (1) /ku'põ/
sos. m. inv. Prov. francese

V. cedola

*Il titolo viene ceduto insieme con il **coupon** in corso di maturazione, cioè con godimento regolare. In questo caso, molto frequente, il compratore dovrà dare al venditore il valore capitale del titolo con gli interessi che sono maturati.*

COUPON (2) /ku'põ/
sos. m. inv. Prov. francese

tagliando che dà diritto a ricevere un bene o un servizio a prezzo ridotto o gratuitamente

*È stato elaborato un pacchetto di proposte fatte di sconti e facilitazioni al turista, che sarà raccolto in un catalogo generale con tanto di **coupon**.*

CRACK /kræk/ (It. /krak/)
sos. m. inv. Prov. inglese

fallimento (1) improvviso

*L'ex direttore finanziario è ora in prigione per il **crack** della nota azienda a partecipazioni statali.*

CREDITIZIO (1) /kredi'tittsjo/
agg. pl. m. creditizi, pl. f. creditizie

relativo al credito (1)

*Proprio all'inizio di quest'anno l'istituto **creditizio** Mediocredito centrale di Roma (che rappresenta il primo punto di riferimento finanziario per piccole e medie imprese) ha aperto una nuova sede a Bruxelles.*

CREDITIZIO (2) /kredi'tittsjo/
agg. pl. m. creditizi, pl. f. creditizie Sin. creditorio Contr. debitorio

relativo al credito (2)

*La situazione **creditizia** del fornitore, che si protrae da tempo ormai, non permette ulteriori dilazioni dei pagamenti.*

CREDITO (1) /'kredito/
sos. m.

disponibilità di denaro altrui, con obbligo della sua restituzione generalmente con un interesse

*Proprio i **crediti** erogati all'azienda lombarda poi fallita sono stati la fonte di maggiori perdite per la banca nell'esercizio 1993, che si è chiuso con un crollo degli utili.*

CREDITO (2) /'kredito/
sos. m. Contr. debito

somma di denaro a cui un'organizzazione o una persona ha diritto

*Il **credito** del fornitore ammontava a svariate decine di milioni di lire; l'imprenditore decise di vendere una delle sue case per risolvere la questione.*

CREDITO AGEVOLATO /'kredito adʒevo'lato/
loc. sos. m. pl. crediti agevolati

finanziamento (2) concesso a un tasso di interesse vantaggioso

Chi avvierà un'attività commerciale nelle regioni depresse del Paese godrà di **crediti agevolati***; questa decisione del Consiglio dei ministri pare aprire la strada a una nuova politica economica.*

CREDITO AGRARIO /'kredito a'grarjo/
loc. sos. m. pl. crediti agrari
finanziamento (2) concesso per l'attività agricola
Il Tesoro ha deciso il ribasso anche per i tassi relativi al **credito agrario** *per le operazioni di durata fino a dodici mesi.*

CREDITO AL CONSUMO /'kredito al kon'sumo/
loc. sos. m. pl. crediti al consumo
finanziamento (2) concesso per l'acquisto (1) di beni finali
Il **credito al consumo** *può essere concesso anche dal venditore di beni di consumo per i quali è richiesto il finanziamento.*

CREDITO BANCARIO /'kredito ban'karjo/
loc. sos. m. pl. crediti bancari
finanziamento (2) concesso da una banca
I **crediti bancari** *hanno caratteristiche diverse in relazione alla loro durata, alle eventuali garanzie date dal cliente e ai modi della loro utilizzazione.*

CREDITO COMMERCIALE /'kredito kommer'tʃale/
loc. sos. m. pl. crediti commerciali
rinvio di pagamento concesso da un fornitore (1) a un cliente
L'erogazione di **crediti commerciali** *è molto diffusa soprattutto nel campo del commercio internazionale, nell'esportazione di merci ad esempio.*

CREDITO DI ACCETTAZIONE /'kredito di attʃettat'tsjone/
loc. sos. m. pl. crediti di accettazione
apertura di credito concessa a un cliente da una banca che si impegna ad accettare tratte emesse su di lei
Nel caso del **credito di accettazione** *il beneficiario deve mettere a disposizione della banca i fondi necessari all'estinzione delle tratte qualche giorno prima della loro scadenza.*

CREDITO DI CASSA /'kredito di 'kassa/
loc. sos. m. pl. crediti di cassa
apertura di credito utilizzata dal cliente per prelevare somme di denaro
Il credito di accettazione può anche trasformarsi in **credito di cassa** *se alla scadenza della tratta l'affidato non è temporaneamente in grado di fornire i mezzi per l'estinzione.*

CREDITO DI FIRMA /'kredito di 'firma/
loc. sos. m. pl. crediti di firma
apertura di credito concessa da una banca che si assume il rischio di garantire le obbligazioni (2) del cliente
Le accettazioni fanno parte dei **crediti di firma***: solo quelle acquistate da altre banche danno luogo a un'effettiva erogazione di fondi da parte del sistema bancario.*

CREDITO DI IMPOSTA /'kredito di im'pɔsta/
loc. sos. m. pl. crediti di imposta
somma di denaro destinata a chi ha pagato più imposte del dovuto

Dalla Presidenza è stato puntualizzato che si affermerà il principio del rimborso dei **crediti di imposta** *per i soggetti in particolari condizioni di bisogno.*

CREDITO DOCUMENTARIO /'kredito dokumen'tarjo/
loc. sos. m. pl. crediti documentari
apertura di credito concessa da una banca a un esportatore (1), che può utilizzarlo solo dopo la consegna alla banca stessa dei documenti rappresentativi della merce venduta
Il beneficiario del **credito documentario***, per poter disporre dell'anticipo, deve consegnare alla banca i documenti comprovanti il deposito delle merci e la loro assicurazione per il periodo del deposito.*

CREDITO FONDIARIO /'kredito fon'djarjo/
loc. sos. m. pl. crediti fondiari
finanziamento (2) a lungo termine concesso per l'acquisto (1) o il miglioramento di beni immobili
La forma tecnica utilizzata per il **credito fondiario** *è stata quella del conto corrente garantito da ipoteca di primo grado sull'abitazione da acquistare o da ristrutturare.*

CREDITO IN BIANCO /'kredito in 'bjanko/
loc. sos. m. pl. crediti in bianco
finanziamento (2) concesso da una banca senza la richiesta di garanzie specifiche
Spesso, a fronte della concessione di **crediti in bianco***, le banche si fanno rilasciare delle cambiali, che solo impropriamente possono definirsi "effetti a garanzia".*

CREDITORE (1) /kredi'tore/
sos. m. f. creditrice Contr. debitore (1)
chi ha diritto di ricevere una somma di denaro o una prestazione
La polizza è costituita da una lettera di riconoscimento del debito, indirizzata dal debitore al **creditore***, in cui sono stabiliti la scadenza del finanziamento e l'interesse praticato.*

CREDITORE (2) /kredi'tore/
agg. f. creditrice Contr. debitore (2)
che ha diritto di ricevere una somma di denaro o una prestazione
Scade oggi il termine entro il quale i concessionari della riscossione devono versare alle tesorerie degli enti **creditori** *l'importo delle rate riscosse.*

CREDITORIO /kredi'tɔrjo/
agg. pl. m. creditori, pl. f. creditorie Contr. debitorio
V. creditizio (2)
La posizione **creditoria** *di numerose banche preoccupa non poco chi come noi si occupa di finanza da anni.*

CRESCITA ECONOMICA /'kreʃʃita eko'nɔmika/
loc. sos. f. Sin. sviluppo economico
aumento in termini quantitativi del sistema economico
Da lungo tempo le nazioni considerano la propria **crescita economica** *come un obiettivo economico fondamentale.*

CRESCITA ZERO /'kreʃʃita *'dzɛro/
loc. sos. f.
situazione economica di un Paese caratterizzata da un

aumento nullo della popolazione e del prodotto interno lordo

Alcuni economisti indicarono la **crescita zero** *come soluzione per limitare il problema dell'esaurimento delle risorse non rinnovabili.*

CURANDO /ku'rando/
agg. inv.

relativo a un ordine di borsa da eseguire al momento e al prezzo più opportuni

L'amministratore delegato della sim spiega che per seguire gli ordini **curando** *si è costretti a lavorare contemporaneamente su due postazioni.*

CURATORE FALLIMENTARE /kura'tore fallimen'tare/
loc. sos. m. pl. curatori fallimentari

nel fallimento (2), chi amministra il patrimonio del fallito (1) su incarico del tribunale

Al termine della sua gestione il **curatore fallimentare** *presenta il conto, che deve essere approvato; quindi viene liquidato il compenso, in base all'attivo realizzato.*

CURRENCY SWAP /'kʌrənsi swɔp/
loc. sos. m. inv. Prov. inglese

operazione con cui due parti si impegnano a scambiarsi due serie di pagamenti denominati in valute (2) differenti

Il **currency swap** *è un contratto regolato in lire il cui effetto economico è come quello di un acquisto o vendita a termine di una valuta.*

CURVA /'kurva/
sos. f.

rappresentazione grafica che illustra l'andamento di un fenomeno economico

Tale aumento improvviso del costo delle materie prime costituì uno shock da offerta. Si può rappresentarlo con un rapido spostamento verso l'alto della **curva.**

CURVA DI DOMANDA /'kurva di do'manda/
loc. sos. f. pl. curve di domanda

curva che rappresenta la relazione tra il prezzo di un bene e la quantità dello stesso bene che gli acquirenti (1) sono disposti a comprare

Oltre al prezzo di un bene, esistono altre quattro determinanti della **curva di domanda,** *la più importante delle quali è il reddito medio dei consumatori.*

CURVA DI DOMANDA AGGREGATA /'kurva di do'manda aggre'gata/
loc. sos. f. pl. curve di domanda aggregata

curva che rappresenta la relazione tra il livello generale dei prezzi e la quantità di beni che gli acquirenti (1) sono

disposti a comprare

La **curva di domanda aggregata** *è inclinata verso il basso perché i consumatori riescono ad ampliare ulteriormente il loro reddito e la loro ricchezza a un livello più basso di quello dei prezzi.*

CURVA DI INDIFFERENZA /'kurva di indiffe'rɛntsa/
loc. sos. f. pl. curve di indifferenza

curva che rappresenta la relazione tra la quantità consumata di due beni differenti

La **curva di indifferenza** *è disegnata in modo tale che se voi doveste scegliere tra due punti qualsiasi di essa, non sapreste quale punto scegliere; tutti sarebbero ugualmente desiderabili per voi e vi sarebbe indifferente quale combinazione ricevere.*

CURVA DI LORENZ /'kurva di 'lɔrents/
loc. sos. f. pl. curve di Lorenz

curva che rappresenta la relazione tra la popolazione e il reddito che questa ha percepito

Per rappresentare graficamente il grado di diseguaglianza, usiamo un diagramma detto **curva di Lorenz.**

CURVA DI OFFERTA /'kurva di of'fɛrta/
loc. sos. f. pl. curve di offerta

curva che rappresenta la relazione tra il prezzo di un bene e la quantità dello stesso bene che i produttori (1) sono disposti a vendere

Un periodo di maltempo riduce la quantità offerta dagli agricoltori in corrispondenza di ogni prezzo di mercato, determinando uno spostamento verso sinistra della **curva di offerta.**

CURVA DI OFFERTA AGGREGATA /'kurva di of'fɛrta aggre'gata/
loc. sos. f. pl. curve di offerta aggregata

curva che rappresenta la relazione tra il livello generale dei prezzi e la quantità di beni che i produttori (1) sono disposti a vendere

Possiamo vedere le **curve di offerta aggregata** *inclinate verso l'alto. Notate che, quando ci spostiamo dal 1981 al 1984, la curva OA si sposta verso l'esterno, rispecchiando la crescita del prodotto potenziale.*

CURVA DI PHILLIPS /'kurva di 'filips/
loc. sos. f. pl. curve di Phillips

curva che rappresenta la relazione tra disoccupazione (1) e inflazione

Abbiamo bisogno delle informazioni fornite dalla **curva di Phillips** *per decidere quanto dell'aumento del pnl nominale si trasferisce nel pnl reale e quanto è costituito solo da aumenti dei prezzi.*

D

DARE /'dare/
sos. m. inv.

parte di un conto in cui sono registrati costi e debiti

L'accensione del riporto determina un ricavo pari a L.

22.000.000, che viene registrato in Avere del Conto liquidazione titoli di aprile. Il riacquisto dà luogo invece a un costo pari a 22.600.000 e sarà registrato in **Dare** *del Conto liquidazione titoli di maggio.*

DATORE DI LAVORO /da'tore di la'voro/

loc. sos. m. pl. datori di lavoro

persona alle cui dipendenze un lavoratore(1) svolge la propria attività

In seguito alla protesta degli operai della fabbrica, il datore di lavoro ha accettato di consultare le organizzazioni sindacali per il rinnovo del contratto.

DAZIO /'dattsjo/

sos. m. pl. dazi

tributo applicato sulle merci importate quando attraversano la dogana

Il caso più facile da analizzare è quello di un dazio proibitivo, cioè così alto da scoraggiare completamente qualsiasi importazione.

DEALER /'diːlə/ (It. /'diler/)

sos. m. inv. Prov. inglese

agente di cambio che può acquistare i titoli che tratta

I dealer scommettono su una prossima riduzione del tus.

DEBITO /'debito/

sos. m. Contr. credito(2)

somma di denaro che un'organizzazione o una persona deve a un'altra

Per rifinanziare i propri debiti e approfittare della buona fase della Borsa, le aziende americane continuano ad emettere con ritmi da record ondate di azioni e obbligazioni.

DEBITO CONSOLIDATO /'debito konsoli'dato/

loc. sos. m. pl. debiti consolidati

debito pubblico che lo Stato non può restituire a una data stabilita

La situazione riassuntiva dei debiti pubblici interni italiani elenca il debito consolidato, ormai quasi completamente annullato, e il debito redimibile. In aggiunta, il debito fluttuante, che in senso stretto costituisce un indebitamento della Tesoreria.

DEBITO FLUTTUANTE /'debito fluttu'ante/

loc. sos. m. pl. debiti fluttuanti

debito pubblico a breve termine

C'è stata una forte espansione del debito fluttuante, che ormai non ha più solamente l'originaria funzione di finanziare scompensi provvisori fra entrate e uscite.

DEBITO PUBBLICO /'debito 'pubbliko/

loc. sos. m. pl. debiti pubblici

debito che lo Stato contrae periodicamente per far fronte al disavanzo

Tra i Sette grandi dell'Occidente industrializzato l'Italia ha il debito pubblico più elevato, ma le famiglie italiane sono quelle che hanno gli indici di indebitamento più bassi.

DEBITORE(1) /debi'tore/

sos. m. f. debitrice Contr. creditore(1)

chi è tenuto a pagare una somma di denaro o a fornire una prestazione

Il rischio di cui si preoccupa il risparmiatore è soprattutto quello dell'insolvenza del debitore.

DEBITORE(2) /debi'tore/

agg. f. debitrice Contr. creditore(2)

che è tenuto a pagare una somma di denaro o a fornire una prestazione

In questo caso le aziende debitrici dovranno chiedere l'aiuto delle banche.

DEBITO REDIMIBILE /'debito redi'mibile/

loc. sos. m. pl. debiti redimibili

debito pubblico a medio termine e a lungo termine

Il debito redimibile è formato da titoli a medio e lungo termine per i quali è prevista una data di scadenza; appartengono a questa categoria, ad esempio, i buoni poliennali del Tesoro.

DEBITORIO /debi'tɔrjo/

agg. pl. m. debitori, pl. f. debitorie Contr. creditorio, creditizio(2)

relativo al debito

L'alleanza firmata ieri consente all'azienda di tagliare la propria esposizione debitoria e migliorare i propri equilibri finanziari.

DEBORDANT /debɔr'dã/

agg. inv. Prov. francese

relativo a un ordine di borsa da eseguire solo se la quotazione del titolo raggiunge il livello fissato dal cliente

In questa fase di assestamento l'operatore può passare un ordine di acquisto debordant a un prezzo superiore a quello della quotazione corrente.

DEDUCIBILE /dedu'tʃibile/

agg.

che si può dedurre

Per un contribuente separato o divorziato, sono interamente deducibili dalle tasse gli assegni corrisposti per il mantenimento del coniuge e dei figli.

DEDUCIBILITÀ /dedutʃibili'ta*/

sos. f. inv.

possibilità di essere deducibile

Il ministro del Bilancio ha parlato del gettito fiscale relativo all'Irpef, riferendosi in particolare all'inasprimento delle aliquote per i redditi superiori a 30 milioni e alla esclusione della deducibilità di alcune spese.

DEDURRE /de'durre/

v. tr.

sottrarre dal reddito imponibile per determinare l'importo da pagare

Le spese relative a opere di beneficenza sono dedotte dall'importo complessivo imponibile.

DEDUZIONE /dedut'tsjone/

sos. f.

V. deduzione di imposta

Le deduzioni si riferiscono soltanto alle spese relative alla ristrutturazione di beni immobili destinati ad abitazione.

DEDUZIONE DI IMPOSTA /dedut'tsjone di im'pɔsta/

loc. sos. f. pl. deduzioni di imposta Sin. deduzione

somma di denaro sottratta dal reddito imponibile per determinare l'importo da pagare

*Ma da quest'anno molte di queste voci non sono più deducibili (la **deduzione di imposta** è un abbattimento del reddito imponibile), ma sono state trasformate in detrazioni di imposta.*

DEFICIT /'dɛfitʃit/
sos. m. inv. Prov. latino Sin. rosso Contr. avanzo
V. disavanzo

*Quanto alla bilancia commerciale, il surplus potrebbe toccare lo 0,8% del pil e il **deficit** della bilancia corrente potrebbe aumentare fino a raggiungere i 29mila miliardi.*

DEFICITARIO /defitʃi'tarjo/
agg. pl. m. deficitari, pl. f. deficitarie
che ha un disavanzo

*Governo prima e Parlamento poi hanno giudicato intollerabile per la collettività il costo ulteriore necessario per tenere in piedi un complesso **deficitario** (per la cui liquidazione si è dovuto stanziare nel bilancio di quest'anno una somma di 9mila miliardi).*

DEFISCALIZZARE /defiskalid'dzare/
v. tr. Contr. fiscalizzare
esentare dagli obblighi fiscali

*L'attenzione degli imprenditori si sposta su Camera e Senato, dove arriveranno i disegni di legge per **defiscalizzare** gli aumenti salariali futuri e le nuove norme sul mercato del lavoro.*

DEFISCALIZZAZIONE /defiskaliddzat'tsjone/
sos. f. Contr. fiscalizzazione
esenzione dagli obblighi fiscali

*Da una parte si creeranno circa 250mila posti di lavoro, dall'altra lo Stato contribuirà al pagamento delle pensioni anticipate e alla **defiscalizzazione** degli oneri sociali alle imprese.*

DEFLATIVO /defla'tivo/
agg. Contr. inflativo
che determina deflazione

*Sono state da poco adottate delle misure **deflative** che dovrebbero portare il tasso dell'inflazione al 2%.*

DEFLAZIONE /deflat'tsjone/
sos. f. Contr. inflazione
diminuzione del livello dei prezzi

*È ormai accettata come caratteristica delle economie contemporanee la coesistenza di inflazione e **deflazione**.*

DEFLAZIONISTICO /deflatsjo'nistiko/
agg. pl. m. deflazionistici, pl. f. deflazionistiche Contr. inflazionistico
relativo alla deflazione

*Un motivo spesso invocato per adottare una politica **deflazionistica** è la volontà di ridurre l'inflazione: ma la possibilità di raggiungere questo obiettivo attraverso riduzioni della domanda è credibile solo se si accetta che l'inflazione ha origine da uno squilibrio fra domanda e offerta globali.*

DEINDICIZZARE /deinditʃid'dzare/
v. tr. Contr. indicizzare
liberare dalle variazioni di un determinato indice di riferimento

*Il costo del lavoro **è stato deindicizzato** dal tasso di inflazione annuo, d'ora in poi sarà fissato in base a trattative tra le parti sociali.*

DEINDICIZZAZIONE /deinditʃiddzat'tsjone/
sos. f. Contr. indicizzazione
operazione con cui si libera dalle variazioni di un determinato indice di riferimento

*Purificati dalla svalutazione i peccati passati di troppa inflazione, dimostrato il convinto pentimento con un accordo storico sul costo del lavoro che ha dato il via a una massiccia **deindicizzazione**, l'Italia si è incamminata verso la prossima fase espansiva.*

DEINDUSTRIALIZZARE /deindustrjalid'dzare/
v. tr. Contr. industrializzare
trasformare la struttura economica di una regione con la chiusura delle industrie (2) esistenti

*Per definire le aree **deindustrializzate** di recente, possiamo ad esempio tener conto dei tassi di disoccupazione.*

DEINDUSTRIALIZZAZIONE /deindustrjaliddzat'tsjone/
sos. f. Contr. industrializzazione
trasformazione della struttura economica di una regione con la chiusura delle industrie (2) esistenti

*Spolpato da un processo di **deindustrializzazione** galoppante, l'apparato produttivo genovese si affida all'universo delle piccole e medie imprese.*

DELEGA /'dɛlega/
sos. f. pl. deleghe
atto che dà il permesso di agire in sostituzione di altri

*In virtù della **delega** firmata in data 2 ottobre il signore può ritirare l'importo all'ufficio concessionario.*

DELEGARE /dele'gare/
v. tr.
dare il permesso di agire in sostituzione di se stessi

*Essendo impossibilitato a partecipare all'assemblea, **delego** il mio rappresentante, Rag. Silvestri.*

DELEGATO (1) /dele'gato/
sos. m.
chi ha il permesso di agire in sostituzione di altri

*Le operazioni di compensazioni devono essere presentate alla Stanza con una distinta firmata dall'associata o dal suo **delegato**.*

DELEGATO (2) /dele'gato/
agg.
che ha il permesso di agire in sostituzione di altri

*Il consigliere **delegato** si è recato in Francia per una prima consultazione con i soci esteri.*

DEMANIALE /dema'njale/
agg.
relativo al demanio

*Rientrano nel patrimonio **demaniale** le strade, le autostrade, le ferrovie, gli acquedotti, le raccolte dei musei, ecc.*

DEMANIO /de'manjo/
sos. m.

insieme dei <u>beni</u> di <u>proprietà</u> dello Stato destinati a una funzione <u>pubblica</u>
*L'imposta rischia di non colpire proporzionalmente chi spende di più. Si pensi al **demanio**, per esempio. Che oggi è aree, case. Ma dovrebbe essere anche l'etere, le frequenze televisive.*

DENARO /de'naro/
sos. m.

in <u>borsa</u>, <u>prezzo</u> di <u>acquisto</u>(1) di un <u>titolo</u>
*Fino a quando il mercato del **denaro** è stato caratterizzato da una modesta variabilità, i buoni del Tesoro hanno alimentato un notevole volume di scambi.*

DENARO CALDO /de'naro 'kaldo/
loc. sos. m.

<u>finanziamento</u>(2) concesso a condizione che sia restituito in breve tempo
*Per la gestione a breve e a medio periodo del passivo, cioè delle fonti di finanziamento, gli strumenti fondamentali sono quelli tipicamente bancari: lo scoperto di c/c; il **denaro caldo**; i finanziamenti a scadenza fissa.*

DENARO FRESCO /de'naro 'fresko/
loc. sos. m.

<u>risorse</u> <u>finanziarie</u> nuove
*Al termine dell'operazione dovrebbero entrare nelle casse del gruppo circa 1.500 miliardi di **denaro fresco**.*

DENARO SPORCO /de'naro 'sporko/
loc. sos. m.

denaro proveniente da attività illecite
*C'è il timore che fra tanti operatori seri ci sia anche qualcuno che ricicli **denaro sporco** e quindi si disinteressi di far quadrare i conti aziendali.*

DENUNCIA DEI REDDITI /de'nuntʃa 'dei 'rɛdditi/
loc. sos. f. pl. denunce dei redditi

V. dichiarazione dei redditi
*In sostanza i contribuenti chiedono una semplificazione dei modelli per la **denuncia dei redditi**, oggi quasi incomprensibili.*

DEPORTO /de'porto/
sos. m.

in <u>borsa</u>, operazione con cui si comprano <u>a pronti</u> dei <u>titoli di credito</u> e contemporaneamente si <u>acquista</u> il diritto di rivendere, a una data e a un <u>prezzo</u> stabiliti, altrettanti <u>titoli</u> della stessa specie
*Il **deporto** è riconducibile alla necessità temporanea di disporre di una certa quantità di titoli sia per scopi speculativi, sia per ottenere il diritto di voto nell'assemblea della società i cui titoli sono stati presi a riporto.*

DEPOSITANTE (1) /depozi'tante/
sos. m./f.

chi affida una somma di denaro a una <u>banca</u> o a un altro istituto <u>finanziario</u>
*Il **depositante** lascia sul conto corrente una parte dei soldi depositati, in modo da averli sempre a disposizione per le sue esigenze.*

DEPOSITANTE (2) /depozi'tante/
agg.

che affida una somma di denaro a una <u>banca</u> o a un altro istituto <u>finanziario</u>
*Le comunicazioni relative al deposito saranno fatte dall'azienda di credito mediante lettera semplice all'ultimo indirizzo indicato dal cliente **depositante**.*

DEPOSITARE /depozi'tare/
v. tr. Sin. versare(1) Contr. prelevare

affidare una somma di denaro a una <u>banca</u> o a un altro istituto <u>finanziario</u>
*Il manager dell'azienda **depositava** il denaro in un conto intestato a un noto finanziere tedesco.*

DEPOSITARIO (1) /depozi'tarjo/
sos. m. pl. depositari

chi riceve un <u>deposito</u>(2)
*Il **depositario** è obbligato a denunciare agli uffici competenti ogni operazione superiore ai 20 milioni.*

DEPOSITARIO (2) /depozi'tarjo/
agg. pl. m. depositari, pl. f. depositarie

che riceve un <u>deposito</u>(2)
*Il soggetto **depositario** rilascia una ricevuta in cui è indicato l'importo versato.*

DEPOSITO (1) /de'pozito/
sos. m. Sin. versamento(1) Contr. prelevamento(1), prelievo(1)

operazione con cui una somma di denaro è <u>depositata</u>
*La quota di risparmi impiegata in operazioni di **deposito** è in continuo ridimensionamento.*

DEPOSITO (2) /de'pozito/
sos. m. Sin. versamento(2) Contr. prelevamento(2), prelievo(2)

somma di denaro <u>depositata</u>
*Da un'analisi fatta emerge un riequilibrio nel rapporto consumi–risparmi, con una sensibile diminuzione dei primi e una lieve flessione dei **depositi**.*

DEPOSITO A RISPARMIO /de'pozito a* ris'parmjo/
loc. sos. m. pl. depositi a risparmio

<u>deposito bancario</u> che non dà diritto al <u>libretto di assegni</u>
*I **depositi a risparmio** hanno una movimentazione in contanti e rappresentano lo strumento più importante con cui viene raccolta la ricchezza monetaria sottratta al consumo.*

DEPOSITO BANCARIO /de'pozito ban'karjo/
loc. sos. m. pl. depositi bancari

<u>contratto</u> con cui un <u>cliente</u> dà del denaro a una <u>banca</u> per ricavarne un <u>interesse</u>
*Alcuni ravvisano nel **deposito bancario** un contratto di*

mutuo, ponendo così l'accento sul trasferimento della proprietà delle somme alla banca.

DEPOSITO CONSOB /de'pɔzito 'kɔnsob/
loc. sos. m. pl. depositi Consob

in <u>borsa</u>, deposito(2) sui <u>contratti a termine</u> da dare alla <u>Consob</u>

*La costituzione del **deposito Consob** dà luogo a un addebito in conto corrente con valuta il giorno di liquidazione del ciclo borsistico in corso.*

DEPOSITO IN CONTO CORRENTE /de'pɔzito in 'konto kor'rɛnte/
loc. sos. m. pl. depositi in conto corrente

<u>deposito bancario</u> che dà diritto al <u>libretto di assegni</u>

*Le operazioni che vengono passate sul **deposito in conto corrente** trovano documentazione in ricevute, lettere e comunicazioni varie che la banca invia o consegna al cliente.*

DEPOSITO LIBERO /de'pɔzito 'libero/
loc. sos. m. pl. depositi liberi

<u>deposito bancario</u> che permette al <u>cliente</u> di ritirare l' <u>importo</u> in qualunque momento

*Con l'accensione dei **depositi liberi** i depositanti intendono impiegare i loro risparmi in modo redditizio, ma vogliono anche mantenere una pressoché assoluta disponibilità degli stessi.*

DEPOSITO VINCOLATO /de'pɔzito vinko'lato/
loc. sos. m. pl. depositi vincolati

<u>deposito bancario</u> che permette al <u>cliente</u> di ritirare l' <u>importo</u> solo dopo una data determinata

*Le banche puntano sui certificati in quanto garantiscono **depositi vincolati**, cioè permettono di stabilizzare la raccolta.*

DEPRESSIONE /depres'sjone/
sos. f.

fase del <u>ciclo economico</u> che presenta difficoltà nei settori della <u>produzione(1)</u>, del <u>reddito</u> e dei <u>prezzi</u>, oltre a un alto livello di <u>disoccupazione(1)</u>

*Che dire delle **depressioni** profonde? Benché nulla sia impossibile in una scienza inesatta come l'economia, la probabilità di una grande **depressione** si è notevolmente ridotta in questi ultimi anni.*

DEPREZZAMENTO /deprettsa'mento/
sos. m. Contr. apprezzamento

diminuzione di <u>valore</u>

*I francesi spingono per un sostanziale **deprezzamento** di tutte le valute europee contro il dollaro.*

DEPREZZARE /depret'tsare/
v. tr.

diminuire il <u>valore</u>

*Il dollaro non deve **essere deprezzato**, proprio adesso che l'economia degli Stati Uniti si trova in condizioni di piena occupazione.*

DEPUTAZIONE DI BORSA /deputat'tsjone di 'borsa/
loc. sos. f.

uno degli organi di controllo della <u>borsa</u>

*Il sindacato degli agenti di cambio deve provvedere alla esecuzione delle disposizioni emanate dalla **Deputazione di Borsa**.*

DEREGOLAMENTAZIONE /deregolamentat'tsjone/
sos. f. Sin. deregulation Contr. regolamentazione

abolizione delle norme legislative volte a controllare i <u>prezzi</u>

*La concorrenza ha cambiato la struttura dell'industria americana dei trasporti aerei. Gli studi indicano che le tariffe medie sono diminuite nettamente negli anni successivi alla **deregolamentazione**.*

DEREGULATION /diːˌregjuˈleiʃən/ (It. /dereguˈleiʃən/)
sos. f. inv. Prov. inglese Contr. regolamentazione

V. deregolamentazione

*Benché il controllo del monopolio naturale o l'estensione dei servizi a tutti siano gli obiettivi proclamati dalla regolamentazione, gli scettici pensano che il sottogoverno sia più importante. Infatti l'esperienza della **deregulation** in America conferma questa ipotesi.*

DEROGA /'dɛroga/
sos. f. pl. deroghe

eccezione rispetto a una regola stabilita

*Dal '90 a oggi sono state autorizzate quasi 30.000 assunzioni in **deroga** ai blocchi del turnover decisi di anno in anno.*

DETASSAZIONE /detassat'tsjone/
sos. f. Contr. tassazione

atto con cui una <u>tassa</u> è annullata

*Il ministro delle Finanze prima si è sbilanciato promettendo una **detassazione** della prima casa nel 1995, poi ha promesso una più limitata riduzione dell'Irpef.*

DETRAIBILE /detra'ibile/
agg.

che si può <u>detrarre</u>

*Fra le spese interamente **detraibili** ci sono: gli interventi chirurgici in Italia o all'estero, le spese di degenza e ricovero annesse agli interventi e le prestazioni di uno specialista.*

DETRAIBILITÀ /detraibili'ta*/
sos. f. inv.

possibilità di essere <u>detraibile</u>

*La **detraibilità** di tali oneri verrà discussa questo pomeriggio alla riunione che si terrà tra il ministro delle Finanze e i suoi più stretti collaboratori.*

DETRARRE /de'trarre/
v. tr.

sottrarre dall'<u>imposta</u> <u>lorda(2)</u> per determinare l'<u>importo</u> da pagare

*Per determinare l'imposta dovuta all'erario si comincia calcolando il proprio reddito, si **detraggono** quando è il caso certe somme, si stabilisce l'imposta lorda ed infine si tolgono da questa le detrazioni d'imposta.*

DETRAZIONE /detrat'tsjone/
sos. f.

V. detrazione di imposta

*La documentazione richiesta riguarda solo eventuali **detrazioni** (alimenti, spese, assicurazioni).*

DETRAZIONE DI IMPOSTA /detrat'tsjone di im'pɔsta/
loc. sos. f. pl. detrazioni di imposta Sin. detrazione

somma di denaro sottratta dall'imposta lorda (2) per determinare l'importo da pagare

*Gran parte degli oneri deducibili sono stati trasformati in **detrazioni di imposta** (cioè, a parità di reddito su cui si calcolano le tasse da pagare, un abbassamento della tassa) pari al 27% degli oneri da convertire.*

DETTAGLIANTE /dettaʎ'ʎante/
sos. m./f.

chi vende al dettaglio

*Con il gruppo di acquisto i singoli **dettaglianti** si impegnano solo a rispettare delle regole concordate con gli associati in materia di prezzi, approvvigionamenti, ecc.*

DIARIA /di'arja/
sos. f.

somma di denaro dovuta al lavoratore dipendente come rimborso per le spese relative a ogni giorno di lavoro fuori sede

*Al dipendente spetta una **diaria** di 100.000 lire. Sono comprese le spese di vitto e alloggio.*

DICHIARAZIONE DEI REDDITI /dikjarat'tsjone 'dei 'rɛdditi/
loc. sos. f. pl. dichiarazioni dei redditi Sin. denuncia dei redditi

documento con cui il contribuente annualmente rende noto al Fisco l'ammontare (2) del proprio reddito

*Il Ministero delle Finanze ha deciso di prorogare la consegna della **dichiarazione dei redditi** dal 30 giugno al 18 luglio.*

DIETIMO /di'ɛtimo/
sos. m. Var. dietim

V. rateo di interesse

*Con l'importo collocato ieri, che dovrà essere regolato il 2 luglio prossimo con trentun giorni di **dietimi**, l'ammontare dell'emissione sale a 4.500 miliardi.*

DILAZIONARE /dilattsjo'nare/
v. tr.

V. prorogare

*Per incoraggiare la proprietà, lo Stato russo potrebbe fornire mutui e prevedere forme di pagamento **dilazionato**.*

DILAZIONE /dilat'tsjone/
sos. f.

V. proroga

*La **dilazione** del versamento dei tributi è stata concessa ai cittadini che hanno subito particolari danni durante l'evento sismico.*

DIPENDENTE /dipen'dɛnte/
sos. m./f.

V. lavoratore dipendente

*Gli istituti di credito devono radicalmente cambiare il proprio modo di pensare sia il lavoro, sia i profili personali e i percorsi di carriera professionale dei propri **dipendenti**.*

DIRIGENTE (1) /diri'dʒɛnte/
sos. m./f.

lavoratore dipendente che svolge compiti direttivi

*Sarà nominato domani il nuovo **dirigente** del personale, incaricato di trasferire il personale di segreteria e di organizzare i concorsi per le nuove funzioni.*

DIRIGENTE (2) /diri'dʒɛnte/
agg.

che svolge compiti direttivi

*Il gruppo **dirigente** dell'azienda si è riunito oggi pomeriggio per discutere di nuove forme di investimenti all'estero.*

DIRIGENZA /diri'dʒɛntsa/
sos. f.

insieme dei dirigenti (1) di un'azienda o di un'istituzione

*Dall'incontro tra Governo e sindacati è emersa la volontà di realizzare un piano di ristrutturazione per ridare competitività all'azienda, dando alla **dirigenza** precise direttive.*

DIRITTI DI CUSTODIA /di'ritti di kus'tɔdja/
loc. sos. m. pl.

compenso (1) dovuto alla banca in cambio della custodia di titoli

*I soggetti che svolgono le operazioni di collocamento dei titoli di Stato possono richiedere i **diritti di custodia**, il cui ammontare deve essere portato a conoscenza della clientela mediante indicazione negli avvisi esposti al pubblico.*

DIRITTO DI OPZIONE /di'ritto di op'tsjone/
loc. sos. m. pl. diritti di opzione

diritto degli azionisti (1) di sottoscrivere per primi le nuove azioni emesse in occasione di un aumento di capitale

*Ancora in tema di aumento del capitale sociale, nei casi in cui la legge ammette che l'esercizio del **diritto di opzione** possa essere escluso o limitato, il prezzo delle emittende azioni non va stabilito unicamente in base al patrimonio netto della società.*

DISAGGIO /di'zaddʒo/
sos. m. pl. disaggi

perdita di valore della moneta (2) conseguente al cambio di moneta cartacea in moneta metallica o viceversa

*Non intendo adesso parlare del **disaggio** che non comporta in fondo una sensibile variazione dei nostri calcoli monetari.*

DISAGGREGARE /dizaggre'gare/
v. tr.

separare una grandezza economica complessiva in tante grandezze singole

*Nel settore della grande distribuzione l'indice delle vendite, **disaggregato** per tipologia di esercizio, registra un aumento rilevante per gli ipermercati, la cui rete continua ad espandersi.*

DISAVANZO /diza'vantso/
sos. m. Sin. deficit, rosso Contr. avanzo

eccedenza delle uscite sulle entrate

*Quando presentano **disavanzi** di bilancio, i Governi devo-*

no stampare moneta o avere prestiti dal pubblico per pagare i loro conti.

DISDETTA /diz'detta/

sos. f.

annullamento di un impegno preso in precedenza

La **disdetta** è arrivata stamattina via telefax.

DISDIRE /diz'dire/

v. tr.

annullare un impegno preso in precedenza

Una delle parti ha deciso di **disdire** il contratto, i motivi sono ancora ignoti.

DISINFLAZIONE /dizinflat'tsjone/

sos. f.

processo di riduzione di un elevato tasso di inflazione

La **disinflazione** del periodo 1980-1984 è costata agli Stati Uniti circa 170 miliardi di dollari di produzione perduta per ogni punto percentuale di riduzione dell'inflazione.

DISINTERMEDIAZIONE /dizintermedjat'tsjone/

sos. f.

tendenza degli operatori a non depositare la propria liquidità presso le banche per investirla diversamente

Finalmente un momento di respiro per il sistema creditizio, che va a contrastare il processo di **disintermediazione** ormai in atto da mesi.

DISINVESTIMENTO /dizinvesti'mento/

sos. m.

operazione con cui una quantità di capitale (2) investita è ridotta

Ormai da mesi **disinvestimenti** evidenti e notizie di spostamenti di produzione lasciano ipotizzare l'intenzione di ridimensionare lo stabilimento.

DISINVESTIRE /dizinves'tire/

v. tr.

ridurre una quantità di capitale (2) investita

Gli investitori **disinvestono** non tanto per problemi di tasse, quanto per mancanza di liquidità.

DISMETTERE /diz'mettere/

v. tr.

abbandonare determinate attività economiche all'interno di un'azienda

Il gruppo si prepara a **dismettere** partecipazioni e attività non strategiche per raccogliere nuovi mezzi da dirottare nel core business aziendale: i veicoli a due ruote.

DISMISSIONE /dizmis'sjone/

sos. f.

abbandono di determinate attività economiche all'interno di un'azienda

Si fa strada la possibilità che, di fronte all'emergenza debiti, la difficoltà di chiudere almeno una delle **dismissioni** costringa a varare una tappa intermedia.

DISOCCUPATO (1) /dizokku'pato/

sos. m.

persona con precedenti esperienze lavorative che è alla ricerca di un'occupazione

Le persone in cerca di occupazione includono i **disoccupati**, le persone in cerca di prima occupazione e le altre persone in cerca di lavoro.

DISOCCUPATO (2) /dizokku'pato/

agg.

che è alla ricerca di un'occupazione, dopo aver avuto precedenti esperienze lavorative

Le persone **disoccupate** nella nostra città ormai rappresentano il 10% della forza lavoro.

DISOCCUPAZIONE (1) /dizokkupat'tsjone/

sos. f.

parte della popolazione attiva che non ha lavoro

Ad aprile gli iscritti alle liste di collocamento erano 442.122 con percentuali di **disoccupazione** che vanno dall'8% di Bari al 12% di Brindisi.

DISOCCUPAZIONE (2) /dizokkupat'tsjone/

sos. f.

situazione in cui si trova la popolazione attiva che non ha lavoro

L'onere della previdenza, dell'assistenza medica, dell'educazione e dei sussidi di **disoccupazione** deve essere trasferito dalle imprese alle amministrazioni locali.

DISPOSIZIONE DI INCASSO /dispozit'tsjone di in'kasso/

loc. sos. f. pl. disposizioni di incasso

ordine di incassare un credito (2) nei confronti di terzi, dato da un cliente alla propria banca

Nel caso della **disposizione di incasso**, l'ordine può essere dato mediante la presentazione di documenti cartacei rappresentativi del credito oppure con modalità elettroniche.

DISPOSIZIONE DI PAGAMENTO /dispozit'tsjone di pa-ga'mento/

loc. sos. f. pl. disposizioni di pagamento Sin. bonifico

ordine di eseguire un pagamento a favore di terzi, dato da un cliente alla propria banca

Il cliente attraverso la **disposizione di pagamento** per l'addebito in conto bancario, autorizza l'istituto ad addebitare le sue spese su un determinato numero di conto corrente.

DISSESTATO /disses'tato/

agg.

che è in una situazione patrimoniale molto grave

La legge consente alle società che non sono in perdita e in dissesto di operare normalmente, pagando i creditori e svolgendo l'attività normale, ma per contare le società non **dissestate** sono sufficienti le dita delle mani.

DISSESTO /dis'sɛsto/

sos. m.

situazione patrimoniale molto grave

L'ondata di licenziamenti è stata la conseguenza del **dissesto** di 460 miliardi dell'azienda ravennate.

DISTINTA /dis'tinta/

sos. f.

in banca, modulo in cui il cliente indica dati relativi a determinate operazioni

*Dopo la compilazione della **distinta** il correntista deve recarsi alla cassa per l'operazione di prelevamento.*

DISTINTA DI PRESENTAZIONE ALLO SCONTO /dis'tinta di prezentat'tsjone 'allo 'skonto/
loc. sos. f. pl. distinte di presentazione allo sconto

in banca, modulo in cui il cliente indica gli effetti presentati allo sconto (2) e la loro scadenza (2)

*Sulla **distinta di presentazione allo sconto**, che il cliente compila e sottoscrive in triplice copia, gli effetti vengono elencati in ordine progressivo di scadenza.*

DISTINTA DI VERSAMENTO /dis'tinta di versa'mento/
loc. sos. f. pl. distinte di versamento

in banca, modulo in cui il cliente indica dati relativi a un deposito (1)

*Prima di effettuare un versamento in conto corrente, il cliente è tenuto a riempire la **distinta di versamento**, in cui scrive le proprie generalità e l'importo da versare.*

DISTRIBUIRE /distribu'ire/
v. tr.

trasferire beni e servizi dal produttore (1) al consumatore (1)

*Il gruppo Koelliker ha acquistato la maggioranza azionaria della Hyundai Automobili Italia, società che **distribuisce** nel nostro Paese i prodotti della casa coreana.*

DISTRIBUTIVO (1) /distribu'tivo/
agg.

relativo alla distribuzione (1)

*Il più urgente compito in materia economica è quello di un migliore riordino **distributivo** delle risorse, al fine di rendere il sistema più equo.*

DISTRIBUTIVO (2) /distribu'tivo/
agg.

relativo alla distribuzione (2)

*Tutti sono d'accordo sulla necessità di ammodernare il sistema **distributivo**, attualmente eccessivamente frantumato.*

DISTRIBUTORE (1) /distribu'tore/
sos. m. f. distributrice

chi trasferisce beni e servizi dal produttore (1) al consumatore (1)

*Il settore delle vernici per lo yachting rappresenta in Italia un mercato al consumo stimato sui 23 miliardi. Gli operatori, fra produttori e **distributori**, sono una ventina.*

DISTRIBUTORE (2) /distribu'tore/
agg. f. distributrice

che trasferisce beni e servizi dal produttore (1) al consumatore (1)

*Positivo il trend per le aziende **distributrici** del comparto, che hanno visto aumentare il loro giro d'affari di oltre il 30% in seguito alla ripresa economica nel mercato statunitense.*

DISTRIBUZIONE (1) /distribut'tsjone/
sos. f. Sin. distribuzione del reddito

divisione del reddito prodotto in un sistema economico fra gli individui o i fattori di produzione

*La curva di Lorenz mostra che la diseguaglianza della **distribuzione** negli Stati Uniti è maggiore di quella di Svezia e Gran Bretagna.*

DISTRIBUZIONE (2) /distribut'tsjone/
sos. f.

processo attraverso il quale beni e servizi sono trasferiti dal produttore (1) al consumatore (1)

*Nelle aree settentrionali la rete della **distribuzione** moderna è ormai ben diffusa in rapporto al territorio, alla popolazione e ai tipi di consumo.*

DISTRIBUZIONE DEL REDDITO /distribut'tsjone del 'reddito/
loc. sos. f. pl. distribuzioni del reddito
V. distribuzione (1)

*È importante sottolineare che sulla **distribuzione del reddito** influiscono anche fattori estranei al mercato. Consideriamo, ad esempio, la distribuzione iniziale dei diritti di proprietà, le capacità acquisite o ereditarie, le discriminazioni basate sulla razza e sul sesso, ecc.*

DITTA (1) /'ditta/
sos. f. Sin. impresa, casa
V. azienda

*Le banche assumono informazioni per conto proprio, perché interessa loro conoscere la situazione di molte **ditte** che sono loro clienti o potranno diventarlo.*

DITTA (2) /'ditta/
sos. f.

denominazione di un'azienda

*Quando la **ditta** è uguale a quella usata da un altro imprenditore, deve essere modificata per evitare confusione; l'obbligo spetta a chi ha iscritto più tardi la propria **ditta** nel registro delle imprese.*

DIVERSIFICARE /diversifi'kare/
v. tr.

indirizzare un investimento (2) in settori diversi

*In seguito al miglioramento del sistema economico, lo Stato sta procedendo a un taglio dei tassi d'interesse sui titoli pubblici; il risparmiatore più accorto sta già pensando di **diversificare** i suoi risparmi tra titoli, azioni, fondi pensione e certificati di deposito.*

DIVERSIFICAZIONE /diversifikat'tsjone/
sos. f.

operazione con cui un investimento (2) è indirizzato in settori diversi

*Il cittadino italiano ormai è un esperto in fatto di **diversificazione** del risparmio; si muove con estrema abilità tra titoli azionari, pronti contro termine, boT, fondi comuni, e così via. E il conto corrente è uno strumento sempre meno utilizzato.*

DIVIDENDO /divi'dendo/
sos. m.

parte degli utili distribuita agli azionisti (1) da una società per azioni

*Proprio con l'avvio del ciclo borsistico di agosto hanno staccato il **dividendo** una settantina di titoli, tra cui molti dei "big" di Piazza Affari.*

DIVISA /di'viza/
sos. f.

titolo di credito espresso in valuta (2)

*La **divisa** americana è andata progressivamente indebolendosi per segnare al fixing di Francoforte 1,699 marchi. Sui mercati americani il cambio del dollaro è sceso anche al di sotto delle 1600 lire.*

DIVISIONE DEL LAVORO /divi'zjone del la'voro/
loc. sos. f.

organizzazione del lavoro attraverso la specializzazione di ogni lavoratore (1) in una fase specifica della produzione (1)

*La **divisione del lavoro** permette di ripartire un compito in funzioni più limitate, che possono essere svolte più rapidamente da un singolo lavoratore. La specializzazione trae origine in parte dalle capacità dei lavoratori, in parte dalla tendenza a usare metodi di produzione indiretti.*

DOGANA /do'gana/
sos. f.

ufficio che riscuote i tributi relativi alle merci quando queste entrano in uno Stato, ne escono o lo attraversano

*Con la caduta delle **dogane** il pagamento dell'Iva non viene più effettuato al confine.*

DOGANALE /doga'nale/
agg.

relativo alla dogana

*Con la nuova legislazione, saranno abbattute le barriere **doganali** e si passerà ad una libera circolazione di merci.*

DOGANIERE /doga'njɛre/
sos. m.

chi lavora in dogana

*Dopo tre giorni di sciopero, i **doganieri** sono tornati al lavoro; le loro richieste saranno discusse nel prossimo consiglio dei ministri, previsto per venerdì prossimo.*

DOLLARO /'dɔllaro/
sos. m.

unità monetaria (2) di Stati Uniti, Canada e Australia

*Al termine delle contrattazioni, il **dollaro** statunitense è stato quotato intorno alle 1.604 lire, in leggero rialzo rispetto a ieri.*

DOMANDA /do'manda/
sos. f.

quantità di beni e servizi richiesta dal mercato

*La geografia mondiale della **domanda** va continuamente mutando. L'Europa resta comunque di gran lunga il nostro grande "mercato interno".*

DOMANDA ESTERA /do'manda 'ɛstera/
loc. sos. f.

quantità di beni e servizi richiesta dal mercato estero

*Le previsioni circa la dinamica della **domanda estera** so-*

no ottimistiche: le esportazioni di merci e servizi cresceranno del 7%, mentre le importazioni diminuiranno del 2%.

DOMANDA INTERNA /do'manda in'tɛrna/
loc. sos. f.

quantità di beni e servizi richiesta dal mercato nazionale

*Tutte le voci della **domanda interna** hanno registrato una contrazione: si è privilegiato il risparmio rispetto ai consumi, il che ha avuto ripercussioni sul volume delle importazioni.*

DOMICILIAZIONE /domitʃiliat'tsjone/
sos. f.

pagamento periodico di utenze (2) per conto di un correntista

*Le spese del c/c postale sono irrisorie: nessun costo di tenuta conto, 124 lire ad assegno, costo praticamente zero dell'operazione e ancora zero per gli accrediti degli stipendi e della pensione; mille lire all'anno per la **domiciliazione** delle utenze domestiche.*

DONAZIONE /donat'tsjone/
sos. f.

contratto con cui una parte dona un proprio diritto all'altra parte

*Poco prima di morire, il padre decise per una **donazione** dell'immobile in favore della figlia minore.*

DONT /dount/ (lt. /dɔnt/)
sos. m. inv. Prov. inglese

V. call

*Nel **dont** il prezzo dei titoli è fissato al corso delle contrattazioni a mercato fermo maggiorato del premio, il cui valore varia in relazione alla scadenza del contratto.*

DOPOBORSA /dopo'borsa/
sos. m. inv.

V. dopolistino

*Soprattutto gli assicurativi hanno attirato l'attenzione di investitori e operatori, Generali in prima fila, con una chiusura a 38.300, ulteriormente migliorata nel **dopoborsa**.*

DOPO INCASSO /'dopo in'kasso/
loc. sos. m.

nello sconto (2), clausola con cui la banca si riserva di accreditare al cliente un credito (2) solo dopo il suo incasso (1)

*L'operazione, molto più vicina al **dopo incasso** che al salvo buon fine, è quindi caratterizzata da un limitato grado di rischio per la banca.*

DOPOLISTINO /dopolis'tino/
sos. m. inv. Sin. dopoborsa

in borsa, contrattazioni successive all'orario di chiusura

*Annunciato dal **dopolistino** di mercoledì, in Piazza Affari è tornato il toro.*

DOSSIER /do'sje/
sos. m. inv. Prov. francese

deposito (2) di un cliente gestito dalla banca

Il cliente ordina alla Banca Popolare di Milano l'acquisto al *meglio di lire 50.000.000 nominali di obbligazioni Cofide, tasso 8%, godimento 1/1-1/7. L'acquisto deve essere effettuato il giorno successivo all'ordine e i titoli sono da immettere nel **dossier** del cliente presso la banca.*

DRACMA /'drakma/
sos. f.
unità monetaria(2) della Grecia
*La situazione interna della Grecia sta provocando serie difficoltà alla stabilità della **dracma**.*

DRENAGGIO FISCALE /dre'naddʒo fis'kale/
loc. sos. m. pl. drenaggi fiscali Sin. fiscal drag
maggiorazione delle imposte in seguito all'aumento della base imponibile causato dall'inflazione
*Il Governo ha proposto di rimandare la restituzione del **drenaggio fiscale**, vista la scarsa disponibilità di cassa attuale.*

DUMPING /'dʌmpiŋ/
sos. m. inv. Prov. inglese
vendita a un prezzo più basso di quello del mercato
*L'Anas ha un record di un ribasso del 46% su un appalto nell'area di Bologna vinto con 13 miliardi sui 21 proposti. Si tratta di **dumping**, finanziato non si sa bene da chi. Noi ci siamo affacciati quest'anno per la prima volta sul*

mercato delle gare d'appalto per la fornitura di sistemi informatici.

DUOPOLIO /duo'pɔljo/
sos. m. pl. duopoli
forma di mercato in cui operano solo due venditori(1)
*La seconda peculiarità è nella strettoia del **duopolio** Rai-Fininvest che, secondo l'amministratore delegato delle Rcs-Video, impedisce lo sviluppo del mercato e la ridistribuzione delle risorse.*

DUOPOLISTICO /duopo'listiko/
agg. pl. m. duopolistici, pl. f. duopolistiche
relativo al duopolio
*La situazione **duopolistica** non fa che aggravare le condizioni dei piccoli operatori che non sono in grado di entrare in concorrenza.*

DURANTE /du'rante/
sos. m. inv.
in borsa, contrattazioni tra l'ultima chiamata dei titoli in apertura e la prima chiamata in chiusura
*A Piazza Affari la situazione è precipitata quando il titolo di Foro Buonaparte si è abbattuto a 880 dopo le 975 del prezzo di **durante**.*

E

ECCEDENZA /ettʃe'dɛntsa/
sos. f.
quantità che supera un limite determinato
*E tutto questo mentre nella Cee le **eccedenze** continuano a crescere a dismisura.*

ECONOMIA /ekono'mia/
sos. f.
insieme delle risorse e dei sistemi di produzione(1), distribuzione(1) e consumo(1) di una società
*Il commissario Cee agli affari economici ha dichiarato che le previsioni sull'andamento delle **economie** Cee saranno rispettate.*

ECONOMIA DI SCALA /ekono'mia di 'skala/
loc. sos. f. pl. economie di scala
situazione in cui la produzione(1) aumenta in linea con la crescita dei fattori di produzione
*Le regioni scarsamente popolate sono lontane dall'autosufficienza. Fra i motivi l'esistenza di **economie di scala** nella produzione di alcuni servizi pubblici.*

ECONOMIA SOMMERSA /ekono'mia som'mɛrsa/
loc. sos. f. pl. economie sommerse
attività economica che sfugge al controllo del Fisco
*L'**economia sommersa** è esplosa in Italia perché siamo il Paese del policentrismo territoriale, della piccola imprenditorialità, della capacità di adattamento, della flessibilità*

dei comportamenti e delle strutture.

ECONOMICO / eko'nɔmiko/
agg. pl. m. economici, pl. f. economiche
relativo all'economia
*Il nuovo piano **economico** del Governo prevede investimenti nelle aree depresse.*

ECONOMISTA /ekono'mista/
sos. m./f. pl. m. economisti
chi studia l'economia
*Appena rientrato da Parigi, l'**economista** di punta del Governo si è recato a Palazzo Chigi dal Presidente del Consiglio.*

ECU /'ɛku/
sos. m. Prov. inglese Sigla Sciogl. european currency unit
unità monetaria(2) della Cee
*Se il deposito è costituito solo da buoni ordinari del Tesoro e da buoni denominati in **ecu**, l'importo delle spese di gestione e di amministrazione non può superare la misura massima di L. 20.000 a semestre.*

EDILE /e'dile/
agg.
relativo all'edilizia
*L'attività dell'impresario **edile** è spesso minacciata dalla criminalità organizzata.*

EDILIZIA /edi'littsja/
sos. f.

industria (1) della costruzione e della conservazione degli edifici

*Il settore dell'**edilizia** ha risentito della crisi del mercato immobiliare.*

EFFETTO /ef'fɛtto/
sos. m. Sin. tratta, cambiale commerciale

V. cambiale

*L'accordo interbancario stabilisce un importo minimo sia per gli **effetti** che scadono su piazza sia per quelli che scadono fuori piazza.*

EFFICIENZA /effi't∫ɛntsa/
sos. f.

situazione in cui è realizzato il miglior impiego possibile delle risorse

*In condizioni di **efficienza**, l'utilità di una persona può essere accresciuta solo da una diminuzione dell'utilità di qualcun altro.*

EFFICIENZA ALLOCATIVA /effi't∫ɛntsa alloka'tiva/
loc. sos. f.

situazione in cui è realizzata la migliore ripartizione possibile di una quantità scarsa di risorse

*Il socialismo di mercato deve essere in grado di combinare l'**efficienza allocativa** delle risorse produttive e una distribuzione del reddito che massimizzi il benessere collettivo.*

ELARGIRE /elar'dʒire/
v. tr.

donare

*Il sindaco della cittadina lombarda **ha elargito** 10 milioni di lire in favore di un gruppo di extracomunitari ivi residenti.*

ELARGIZIONE /elardʒit'tsjone/
sos. f.

dono

*Le **elargizioni** in favore dello spettacolo per un tetto massimo di due miliardi all'anno sono detraibili dall'imposizione.*

ELECTRONIC FUND TRANSFER /ilek'trɔnik fʌnd 'trænsfəː/
loc. sos. m. inv. Prov. inglese

trasferimento elettronico del denaro dal conto corrente dell'acquirente (1) a quello del venditore (1)

*Nonostante la persistente diffidenza di molti italiani verso tutto ciò che non è moneta contante, sta lentamente facendosi strada l'**electronic fund transfer**, sistema che permette di regolare gli acquisti in modo semplice e senza rischi.*

ELUSIONE /elu'zjone/
sos. f.

insieme di operazioni non illegali volte ad ottenere una riduzione degli oneri fiscali

*L'obiettivo del Governo è la lotta all'evasione fiscale e l'allargamento della base imponibile anche attraverso la riduzione dell'**elusione**.*

ELUSIVO /elu'zivo/
agg.

relativo all'elusione

*L'attacco ai comportamenti **elusivi** di gran parte dei liberi professionisti sta portando il Governo a progettare nuove forme di controlli incrociati.*

EMBARGO /em'bargo/
sos. m. pl. embarghi

sospensione dei rapporti economici con un determinato Paese

*In passato con l'ordine di **embargo** si proibiva alle navi estere di entrare in determinati porti o si impediva di uscirne.*

EMETTERE /e'mettere/
v. tr.

mettere in circolazione

*In caso di smarrimento di un assegno circolare, bisogna rivolgersi immediatamente alla banca da cui l'assegno **è stato emesso**.*

EMISSIONE (1) /emis'sjone/
sos. f.

operazione con cui si mette in circolazione

*La prima **emissione** dei boT della Repubblica di San Marino è prevista per l'inizio di giugno.*

EMISSIONE (2) /emis'sjone/
sos. f.

valore di ciò che è messo in circolazione

*Un'**emissione** di titoli per 175 milioni di dollari da parte della piccola società del finanziere cinese prometteva rendimenti del 24 per cento ma si è rivelata una truffa.*

EMITTENTE (1) /emit'tɛnte/
sos. m./f.

chi mette in circolazione

*L'investitore ha tre opzioni: può acquistare il titolo a un prezzo più basso di quello di listino; può richiedere alla banca emittente una liquidazione in contanti; infine, può rivendere il call warrant all'**emittente**, a un prezzo più alto delle 34 lire pagate al momento dell'emissione.*

EMITTENTE (2) /emit'tɛnte/
agg.

che mette in circolazione

*L'ammissione alla quotazione ufficiale di Borsa comporta per le società e gli enti **emittenti** l'obbligo di trasmettere alla Consob il bilancio approvato.*

EMOLUMENTO /emolu'mento/
sos. m.

retribuzione data in cambio di una prestazione di lavoro continuativa od occasionale

*Gli indici delle retribuzioni contrattuali sono costruiti in base ai contratti nazionali di lavoro e quindi non comprendono tutti quegli **emolumenti** previsti dalla contrattazione integrativa aziendale.*

ENI /'ɛni/
sos. m. Sigla Sciogl. Ente nazionale idrocarburi

società per azioni che opera nel settore degli idrocarburi e in altri settori collegati

*La prima operazione dell'***Eni*** riguarda il maxi-accordo con Gazprom di Mosca per il potenziamento della rete dei gasdotti primari della Federazione russa.*

ENTE /'ɛnte/
sos. m.

istituzione

*L'***ente*** ha imboccato la strada della razionalizzazione, un percorso che prevede il taglio delle attività diverse dal petrolio, dal gas e dalla petrolchimica.*

ENTE CREDITIZIO /'ɛnte kredi'tittsjo/
loc. sos. m. pl. enti creditizi Sin. azienda di credito, istituto di credito

V. banca

*Gli ***enti creditizi*** devono predisporre, stampare, aggiornare e tenere a disposizione del pubblico dei fogli informativi con informazioni su tutte le operazioni bancarie.*

ENTE LOCALE /'ɛnte lo'kale/
loc. sos. m. pl. enti locali

ente pubblico con poteri autonomi che opera in un territorio limitato

*L'azione è volta a costringere l'***ente locale*** a perseguire con efficacia e rapidità l'evasione contributiva.*

ENTE PUBBLICO /'ɛnte 'pubbliko/
loc. sos. m. pl. enti pubblici

istituzione con fini di interesse collettivo

*Il disegno di legge di trasformazione dell'azienda in un ***ente pubblico*** è pronto e sarà sottoposto al Consiglio dei ministri quanto prima.*

ENTRATA /en'trata/
sos. f.

ogni tipo di incasso (2)

*Le ***entrate*** tributarie stanno mostrando in questi primi mesi un andamento più favorevole di quanto non si temesse.*

EQUO CANONE /'ɛkwo 'kanone/
loc. sos. m.

regolamentazione dell'affitto (2) delle abitazioni stabilita dallo Stato

*Per gli immobili locati ad ***equo canone***, quando il 75% del canone è inferiore all'80% della rendita catastale, l'imponibile Irpef e Ilor è uguale al 75% del canone.*

ERARIALE /era'rjale/
agg.

relativo all'erario

*I soggetti che in tale data hanno già versato l'imposta ***erariale*** di consumo possono recuperare l'ammontare delle somme versate mediante detrazione da effettuare in sede di liquidazione.*

ERARIO /e'rarjo/
sos. m. pl. erari

insieme delle risorse finanziarie dello Stato

*La maggiore Iva riscossa non deve essere versata all'***erario***.*

EROGARE /ero'gare/
v. tr.

dare attraverso una rete di distribuzione (2)

*A rendere il quadro molto disteso ha contribuito il nuovo rifinanziamento di Banca d'Italia per 3 miliardi di dollari, ***erogato*** al tasso medio del 9,73%.*

EROGAZIONE /erogat'tsjone/
sos. f.

operazione con cui si dà attraverso una rete di distribuzione (2)

*L'***erogazione*** dei risarcimenti (500 milioni di dollari) venne sospesa nel novembre del 1993 perché l'azienda produttrice del funghicida dichiarò che il prodotto non era dannoso.*

ESATTORE /ezat'tore/
sos. m. f. esattrice

chi per professione riscuote tributi o affitti (2)

*Undici milioni di bollettini sono stati spediti già prestampati ai contribuenti, utilizzando le indicazioni fornite agli ***esattori*** dal catasto.*

ESATTORIA /ezatto'ria/
sos. f.

ufficio comunale che ha il compito di riscuotere determinati tributi

*Dovere fondamentale dell'***esattoria*** è provvedere a riscuotere le entrate tributarie in base ai ruoli o attraverso versamenti effettuati dal contribuente.*

ESATTORIALE /ezatto'rjale/
agg.

relativo all'esattoria

*Gli inadempienti riceveranno la cartella ***esattoriale*** con l'immediata iscrizione al ruolo della somma non versata, più una sovrattassa del 40%.*

ESBORSO /ez'borso/
sos. m.

somma di denaro data in pagamento

*La Rai non intende più pagare i 55 miliardi all'anno dovuti per ogni rete, con un ***esborso*** globale di 165 miliardi, visto che i concorrenti privati versano soltanto 400 milioni per ciascun canale.*

ESCUDO /es'kudo/
sos. m.

unità monetaria (2) del Portogallo

*L'***escudo***, la moneta portoghese, ha subito una notevole flessione sui mercati valutari internazionali.*

ESENTARE /ezen'tare/
v. tr.

liberare da un obbligo

*I cittadini proprietari di un solo immobile ***saranno esentati*** dal versamento dell'Ici? Il ministro non si è ancora espresso in proposito.*

ESENTASSE /ezen'tasse/
agg. inv.

esente da tasse
*La Quantum passerà al gruppo Hanson attraverso un'operazione azionaria che prevede lo scambio (**esentasse**) di un'azione della società chimica USA per ogni 1,17 Ads (American depositary shares) della Hanson.*

ESENTE /e'zɛnte/
agg.
libero da un obbligo
*Il Sole-24 Ore ha pubblicato la media mensile dei rendimenti netti dei titoli **esenti** e di quelli soggetti a tassazione.*

ESENZIONE /ezen'tsjone/
sos. f.
privilegio che libera da un obbligo
*L'**esenzione** dall'Iva rientra nelle iniziative che il Governo sta adottando per agevolare le persone disadattate.*

ESERCENTE /ezer'tʃɛnte/
sos. m./f.
chi gestisce un negozio o un'azienda
*Eliminando le disfunzioni lamentate dagli **esercenti** per le interruzioni del collegamento, si amplierebbe l'area di spendibilità della moneta.*

ESERCIZIO /ezer'tʃittsjo/
sos. m. pl. esercizi
periodo di tempo tra un bilancio e il bilancio successivo, in cui si svolge l'attività di un'azienda
*La banca ha chiuso l'**esercizio** al 31 dicembre 1993 con un utile netto di 123 miliardi rispetto ai 116,3 dello scorso anno.*

ESERCIZIO COMMERCIALE /ezer'tʃittsjo kommer'tʃale/
loc. sos. m. pl. esercizi commerciali
V. negozio
*Il ministro proporrà l'apertura domenicale degli **esercizi commerciali**. La Chiesa ha già preannunciato la sua opposizione.*

ESPANSIONE /espan'sjone/
sos. f. Contr. recessione
fase del ciclo economico in cui la produzione (2), la domanda, l'occupazione e i redditi aumentano
*Dopo la recessione del 1975 l'economia italiana vede l'inizio di una fase di **espansione**, in linea con gli altri sistemi economici industrializzati.*

ESPORTARE /espor'tare/
v. tr. Contr. importare
vendere all'estero
*Il Polesine **ha esportato** prodotti della pesca per 24 miliardi, soprattutto in Francia.*

ESPORTATORE (1) /esporta'tore/
sos. m. f. esportatrice Contr. importatore (1)
chi vende all'estero
*Con questa nuova operazione commerciale il gruppo modenese, presente finora nel Paese sudamericano solo come **esportatore**, punta a rafforzare la propria presenza.*

ESPORTATORE (2) /esporta'tore/
agg. f. esportatrice Contr. importatore (2)
che vende all'estero
*Il 74% delle aziende **esportatrici** si dice intenzionato a entrare in mercati finora rimasti inesplorati.*

ESPORTAZIONE (1) /esportat'tsjone/
sos. f. Sin. export (1) Contr. importazione (1), import (1)
vendita all'estero
*Grazie alla svalutazione della peseta, la Spagna ha visto una rinascita dell'**esportazione**, indirizzata soprattutto verso Germania, Francia, Stati Uniti e Giappone.*

ESPORTAZIONE (2) /esportat'tsjone/
sos. f. Sin. export (2) Contr. importazione (2), import (2)
insieme di merci vendute all'estero
*La Iar ha aumentato il fatturato del 19%, grazie soprattutto alle **esportazioni**.*

ESPOSIZIONE /espozit'tsjone/
sos. f.
crediti (2) di un'azienda verso terzi
*L'iniezione di capitali è servita a portare in attivo la posizione finanziaria della società, a fronte di un'**esposizione** netta per 46,7 miliardi iscritta nei conti al 31 dicembre 1993.*

ESPOSTO /es'posto/
agg.
che vanta crediti (2) verso terzi
*Più **esposta** di altre banche nel settore immobiliare, la Barclays attraversa un momento difficile. Ma le difficoltà sono oggi un tratto comune nel mondo del credito.*

ESTINGUERE /es'tingwere/
v. tr.
annullare tramite pagamento
*Il cliente può **estinguere** il mutuo attraverso rate semestrali oppure versando l'intero importo residuo.*

ESTINZIONE /estin'tsjone/
sos. f.
annullamento tramite pagamento
*Dopo l'**estinzione** dei debiti che aveva nei confronti delle banche, l'imprenditore ha iniziato a investire gli utili in beni capitali, ristrutturando completamente la sua piccola industria.*

ESTRATTO CONTO /es'tratto 'konto/
loc. sos. m. pl. estratti conto
in banca, documento in cui sono registrate le operazioni di conto corrente effettuate in un certo periodo di tempo
*È stato portato da 40 a 60 giorni il periodo entro il quale il correntista può contestare alla banca le risultanze dell'**estratto conto**.*

ESUBERO /e'zubero/
sos. m.
lavoratore (1) in eccesso rispetto al bisogno del mercato
*Si tratterebbe di un investimento di 110 miliardi nel prossimo biennio e circa 450 **esuberi** di personale riassorbibili.*

ETÀ PENSIONABILE /e'ta* pensjo'nabile/
loc. sos. f. pl. età pensionabili
età che permette a un lavoratore(1) di andare in pensione(1)
*Il Consiglio dei ministri ha deciso di innalzare l'**età pensionabile** degli autonomi a 65 anni per gli uomini e 60 per le donne.*

EUROBBLIGAZIONE /ɛurobbligat'tsjone/
sos. f. Sin. eurobond
obbligazione(1) in valuta(2) collocata nell'euromercato
*L'Ocse ha pubblicato uno studio sull'andamento dei mercati dei capitali internazionali, evidenziando che nei primi mesi dell'anno i nuovi collocamenti di **eurobbligazioni** hanno registrato un aumento del 50% rispetto all'anno precedente.*

EUROBOND /ˌjuəro'bɔnd/ (It. /ˌɛuro'bɔnd/)
sos. m. inv. Prov. Inglese
V. eurobbligazione
*Gli **eurobond** in eurolire con scadenza nel 1998 non mancano, anzi se ne trovano molti in circolazione.*

EURODOLLARO /ɛuro'dɔllaro/
sos. m.
dollaro statunitense depositato in banche europee
*L'insieme della domanda e dell'offerta di **eurodollari** concorre a formare l'euromercato che comprende però anche altre eurovalute e le eurobbligazioni.*

EUROLIRA /ɛuro'lira/
sos. f.
lira italiana depositata in banche europee fuori dell'Italia
*L'**eurolira** si è proposta ieri per la prima volta nella formula dell'eurobbligazione a tasso fisso a due anni.*

EUROMERCATO /ɛuromer'kato/
sos. m.
insieme delle contrattazioni di eurovalute
*Il calo dei tassi ha messo le ali all'**euromercato**. Nei primi sei mesi di quest'anno le emissioni di eurobond hanno sfiorato la quota dei 200 miliardi di dollari.*

EUROVALUTA /ɛurova'luta/
sos. f.
valuta(2) di Paesi extraeuropei depositata in banche europee
*L'ultima emissione del Tesoro in **eurovaluta**, rimborsata lo scorso anno, risale a sei anni fa.*

EVADERE /e'vadere/
v. tr.
sfuggire al pagamento di tasse e imposte dovute per legge
*Sono ancora molti i cittadini che **evadono** le tasse, nonostante negli ultimi tempi il Fisco si sia fatto sempre più attento.*

EVASIONE /eva'zjone/
sos. f. Sin. evasione fiscale
mancato pagamento di tasse e imposte dovute per legge

*Anche del fenomeno dell'**evasione** si è parlato al convegno. Soprattutto nel settore del commercio, dove ogni anno il Fisco perde migliaia di miliardi di introiti.*

EVASIONE FISCALE /eva'zjone fis'kale/
loc. sos. f.
V. evasione
*A seconda della gravità, l'**evasione fiscale** è considerata un reato o un illecito civile.*

EVASORE (1) /eva'zore/
sos. m.
chi sfugge al pagamento di tasse e imposte dovute per legge
*La Guardia di Finanza ha scovato migliaia di **evasori** attraverso un'operazione di controllo condotta in collaborazione con i carabinieri. Tra questi **evasori** figurano moltissimi liberi professionisti che nell'ultima denuncia dei redditi hanno dichiarato guadagni inferiori ai venti milioni.*

EVASORE (2) /eva'zore/
agg.
che sfugge al pagamento di tasse e imposte dovute per legge
*I proprietari **evasori** potranno chiedere il condono. La richiesta è possibile fino al 7 aprile prossimo. Sono previsti severi controlli della Guardia di Finanza, quindi è superfluo consigliare a tutti di mettersi in regola prima possibile.*

EX CEDOLA /ɛks 'tʃɛdola/
loc. agg. inv. Prov. latino
in borsa, relativo al prezzo di un titolo contrattato senza gli interessi da maturare
*Alcuni fondi di investimento italiani hanno mostrato un buon interesse, perché l'eurobond **ex cedola** consente di sfruttare al meglio ogni eventuale calo dei tassi di interesse.*

EXPORT (1) /iks'pɔːt/ (It. /'ɛksport/)
sos. m. inv. Prov. inglese Contr. import(1), importazione(1)
V. esportazione(1)
*Al di là delle statistiche, c'è una tendenza degli imprenditori a ritenere il futuro dell'**export** tinto di rosa.*

EXPORT (2) /iks'pɔːt/ (It. /'ɛksport/)
sos. m. inv. Prov. inglese Contr. import(2), importazione(2)
V. esportazione(2)
*L'**export** ammonta a diverse migliaia di miliardi, soprattutto buoni sono i risultati nel settore manifatturiero.*

EXTRACOMUNITARIO /ɛkstrakomuni'tarjo/
agg. pl. m. extracomunitari, pl. f. extracomunitarie Contr. intracomunitario
esterno ai Paesi della Cee
*A causa dei problemi legati al controllo degli immigrati **extracomunitari** è stato messo a punto uno schedario informatico a disposizione delle polizie dei Paesi della Cee per consultare in tempo reale informazioni sulle persone sospette.*

F

FABBISOGNO /fabbiˈzoɲɲo/
sos. m.

quantità di <u>risorse</u> necessarie a soddisfare un bisogno <u>economico</u>

*Il **fabbisogno** statale supererà, secondo gli esperti, i 130.000 miliardi.*

FABBRICA /ˈfabbrika/
sos. f. pl. fabbriche

luogo dove è svolta un'attività <u>industriale (1)</u>

*Si è ritirato dall'attività l'imprenditore che per oltre mezzo secolo ha guidato la più antica **fabbrica** di armi del mondo.*

FABBRICARE /fabbriˈkare/
v. tr.

costruire

*Le industrie dell'Estremo Oriente hanno la caratteristica di **fabbricare** prodotti di elevata qualità a bassissimo costo.*

FABBRICATO /fabbriˈkato/
sos. m.

edificio costruito in muratura

*Un contribuente, proprietario di un **fabbricato** ubicato in un comune che applica l'aliquota Ici al 6 per mille e che ha un reddito superiore a 60 milioni è tassato, per Ici e Irpef, con un'aliquota globale pari al 101% della rendita del relativo **fabbricato**.*

FABBRICAZIONE /fabbrikatˈtsjone/
sos. f.

atto del fabbricare

*L'imposta sulla **fabbricazione** di un bene è un tipo di imposta indiretta che si applica ad un atto precedente a quello del consumo del bene stesso.*

FACSIMILE /fakˈsimile/
sos. m.

riproduzione esatta di un documento scritto

*Il **facsimile** del contratto verrà inviato all'ufficio competente prima della scadenza dei termini previsti. Il proprietario potrà dare inizio alle modifiche solo dopo l'autorizzazione ufficiale.*

FACTORING /ˈfæktərɪŋ/ (It. /ˈfaktorin/)
sos. m. inv. Prov. inglese

<u>contratto</u> con cui un <u>imprenditore</u> <u>riscatta</u> i <u>crediti (2)</u> di un altro <u>imprenditore</u> assumendosi o meno il rischio di un'eventuale <u>insolvenza</u> dei <u>debitori (1)</u>

*Fra i servizi resi vi è anche un continuo passaggio di informazioni riguardanti la valutazione della solvibilità della clientela, informazioni che le società di **factoring** raccolgono con una sistematicità che le piccole e medie aziende non potrebbero permettersi.*

FALLIMENTARE (1) /fallimenˈtare/
agg.

relativo al <u>fallimento (1)</u>

*L'azienda è in attività da molti anni, ma adesso la situazione contabile è **fallimentare**. Si pone la questione: chi pagherà per questa dissennata politica di acquisti?*

FALLIMENTARE (2) /fallimenˈtare/
agg.

relativo al <u>fallimento (2)</u>

*I creditori non possono dar luogo ad azioni esecutive individuali contro il fallito, ma devono far valere i loro diritti nell'ambito del procedimento **fallimentare**.*

FALLIMENTO (1) /falliˈmento/
sos. m.

situazione in cui si trova una <u>società</u> quando non è in grado di pagare i propri <u>debiti</u> e deve cessare l'attività

*Il processo innovativo si svolge attraverso la creazione di nuove aziende; la concorrenza opera attraverso il **fallimento** delle imprese minori e meno all'avanguardia.*

FALLIMENTO (2) /falliˈmento/
sos. m.

procedura giudiziaria attraverso la quale il <u>patrimonio</u> di una <u>società</u> <u>insolvente</u> è <u>liquidato</u> e il <u>ricavato</u> è destinato ai <u>creditori (1)</u>

*La procedura di **fallimento** produce nei confronti del fallito anzitutto alcune conseguenze di carattere personale, consistenti in una limitazione di certi suoi diritti, ritenuta necessaria per una più efficace azione dell'ufficio fallimentarc.*

FALLIRE /falˈlire/
v. intr.

dichiarare ufficialmente la propria incapacità di pagare i <u>debiti</u> e cessare l'attività

*Ci sono società che riescono ad arricchirsi anche in periodi di congiuntura sfavorevole, mentre altre società **falliscono** anche in periodi favorevoli.*

FALLITO (1) /falˈlito/
sos. m.

chi dichiara ufficialmente la propria incapacità di pagare i <u>debiti</u> e cessa l'attività

*La dichiarazione di fallimento sospende il corso degli interessi sui debiti del **fallito** non garantiti da ipoteca o pegno.*

FALLITO (2) /falˈlito/
agg.

che dichiara ufficialmente la propria incapacità di pagare i <u>debiti</u> e cessa l'attività

*L'imprenditore **fallito** ha perduto tutto il suo patrimonio, che è stato messo all'asta.*

FATTORE DI PRODUZIONE /fatˈtore di produtˈtsjone/
loc. sos. m. pl. fattori di produzione Var. fattore della produzione Sin. fattore produttivo, input

elemento che combinato con altri rende possibile il processo di <u>produzione (1)</u>

*L'uomo non può aumentare la materia esistente in natura, può soltanto trasformarla per aumentarne l'utilità; egli realizza questo scopo utilizzando i **fattori di produzione**: materie prime, macchine, terra, lavoro, ecc.*

FATTORE PRODUTTIVO /fat'tore produt'tivo/
loc. sos. m. pl. fattori produttivi Sin. input
V. fattore di produzione
*La produzione di beni economici è il risultato dell'impiego di **fattori produttivi** come il lavoro e la terra. Con il termine terra intendiamo genericamente tutte le risorse naturali.*

FATTURA /fat'tura/
sos. f.
documento consegnato dal venditore(1) all'acquirente(1) in cui sono indicati la quantità, la qualità e il prezzo di beni o servizi venduti
*Risale a un anno fa lo scandalo delle maxitruffe Iva; allora si scoprì l'esistenza di una società nata solo per vendere false **fatture** ai danni della Cee e dell'Italia.*

FATTURARE /fattu'rare/
v. tr.
registrare le vendite in una fattura
*Un'area destinata a crescere sarà quella della nutrizione, che **fattura** circa 60 miliardi all'anno.*

FATTURATO /fattu'rato/
sos. m.
valore monetario(2) delle fatture emesse da un'azienda in un certo periodo di tempo
*Il **fatturato** risulta di 360 miliardi, importo più che triplo rispetto a quello dell'esercizio precedente.*

FATTURAZIONE /fatturat'tsjone/
sos. f.
atto del fatturare
*Sono richieste delle precisazioni in tema di **fatturazione** Cee relative a servizi di trasporti e mediazioni. Fino al 31 dicembre 1992 tali operazioni erano esenti da Iva, dal 1993 si è discordi.*

FEDERALISMO /federa'lizmo/
sos. m.
sistema economico basato su uno Stato costituito da regioni con ampia autonomia finanziaria
*Il modello è il **federalismo** tedesco. Il sistema prevede che il gettito delle imposte indirette raccolte da ciascun land venga destinato per tre quarti al land stesso, e che la parte rimanente venga devoluta a un fondo gestito dal Governo centrale e destinato ai land più in difficoltà.*

FERIALE /fe'rjale/
agg.
relativo alle ferie
*La pausa **feriale** coincide con il mese di agosto.*

FERIE /'fɛrje/
sos. f. pl.
periodo di riposo dal lavoro a cui ha diritto ogni anno un lavoratore(1)

*Generalmente un lavoratore dipendente in Italia gode di circa trenta giorni di **ferie** all'anno.*

FIDEIUSSIONE /fidejus'sjone/
sos. f.
contratto con cui un terzo garantisce un pagamento, impegnandosi direttamente nei confronti del creditore(1)
*La **fideiussione** può essere stipulata da più garanti; ciascuno di loro può anche richiedere che la garanzia sia richiesta dal creditore solo per la sua parte.*

FIDEIUSSIONE BANCARIA /fidejus'sjone ban'karja/
loc. sos. f. pl. fideiussioni bancarie
contratto con cui una banca garantisce un pagamento di un suo cliente, impegnandosi direttamente nei confronti del creditore(1)
*Il riconoscimento del debito da parte dell'investitore, emesso dal soggetto che si indebita, è solitamente accompagnato da una **fideiussione bancaria**.*

FIDEIUSSORE /fidejus'sore/
sos. m.
nella fideiussione, chi garantisce il creditore(1)
*Il **fideiussore** è obbligato in solido verso il debitore principale. Il creditore può rivolgersi all'uno o all'altro per l'intero pagamento.*

FIDEIUSSORIO /fidejus'sɔrjo/
agg. pl. m. fideiussori, pl. f. fideiussorie
relativo alla fideiussione
*Le emissioni di obbligazioni sono spesso accompagnate da garanzie **fideiussorie** o da garanzie reali.*

FIDO /'fido/
sos. m. Sin. affidamento
credito concesso da una banca a un cliente che ne fa richiesta
*Le concessioni di **fido** sono il presupposto di quasi tutte le operazioni di impiego di fondi effettuate dalle banche nell'esercizio della loro funzione creditizia.*

FIDUCIARIA /fidu'tʃarja/
sos. f.
V. società fiduciaria
*Le **fiduciarie** sono una categoria a parte nell'universo Sim, tanto che sono iscritte in una sezione speciale dell'albo.*

FILIALE /fi'ljale/
sos. f. Sin. succursale
sede distaccata dalla sede centrale di un'azienda
*Con le loro **filiali** americane, i giapponesi e gli europei stanno facendo la parte dei leoni nel mercato americano del materiale Tvhd.*

FINANCIAL MARKETING /fai'nænʃəl 'maːkitiŋ/
loc. sos. m. inv. Prov. inglese
in banca, insieme delle operazioni e delle analisi relative alla diffusione di nuove forme di investimento(1) e nuovi servizi tra la clientela
*Il **financial marketing** si rivolge a servizi strettamente fi-*

nanziari, prodotti del mercato monetario nazionale e internazionale, prodotti e servizi connessi alla consulenza finanziaria per le aziende, gli enti e i soggetti privati.

FINANZA /fi'nantsa/
sos. f. Solo singolare
insieme delle attività sul mercato monetario o sul mercato mobiliare
*Il mondo della **finanza** è in allarme in seguito alle dichiarazioni del capo del Governo, secondo il quale occorre rivedere il sistema di tassazione dei guadagni di borsa.*

FINANZIAMENTO (1) /finantsja'mento/
sos. m.
atto con cui una somma di denaro è messa a disposizione per realizzare un'attività economica
*Se il **finanziamento** sarà approvato, per la città toscana si aprirà una nuova era nel settore dei trasporti.*

FINANZIAMENTO (2) /finantsja'mento/
sos. m.
somma di denaro messa a disposizione per realizzare un'attività economica
*Il Ministero del Tesoro ha dato il via ad un **finanziamento** di 750 miliardi di lire.*

FINANZIARE /finan'tsjare/
v. tr.
mettere a disposizione una somma di denaro per realizzare un'attività economica
*I progetti di sviluppo comunitario **sono finanziati** con la collaborazione del Paese destinatario degli aiuti.*

FINANZIARIA (1) /finan'tsjarja/
sos. f.
V. società finanziaria
*In risposta a una richiesta della Consob, i vertici della **finanziaria** ieri hanno spiegato all'assemblea che il consiglio valuterà i comportamenti più opportuni per la tutela degli azionisti.*

FINANZIARIA (2) /finan'tsjarja/
sos. f.
V. Legge finanziaria
*La commissione per la nascita delle Spa dell'acqua al Sud ha messo a punto il rapporto finale che avrà conseguenze dirette sulla **Finanziaria** '95.*

FINANZIARIO /finan'tsjarjo/
agg. pl. m. finanziari, pl. f. finanziarie
relativo alla finanza
*L'operazione è stata decisa con l'obiettivo di ottenere benefici di carattere organizzativo, economico e **finanziario**.*

FINANZIATORE (1) /finantsja'tore/
sos. m. f. finanziatrice
chi mette a disposizione una somma di denaro per realizzare un'attività economica
*La **finanziatrice**, moglie del presidente dell'azienda, ha promesso che seguirà personalmente tutte le fasi del lavoro.*

FINANZIATORE (2) /finantsja'tore/
agg. f. finanziatrice
che mette a disposizione una somma di denaro per realizzare un'attività economica
*L'acquisizione, a cui doveva partecipare anche una cordata di soci **finanziatori**, ha imboccato un binario morto. Così l'amministratore delegato del gruppo è ancora alla ricerca di un acquirente.*

FINANZIERE /finan'tsjɛre/
sos. m.
chi per professione si occupa di finanza
*Negli anni Novanta il **finanziere** è stato protagonista di una clamorosa scalata a una società leader tra quelle quotate in Piazza Affari.*

FIORINO /fjo'rino/
sos. m.
unità monetaria (2) di Paesi Bassi e Ungheria
*La stampa di Amsterdam ha scritto ieri che il colosso di Eindhoven potrebbe contabilizzare in perdita nel primo semestre dell'anno 400 milioni di **fiorini** per far fronte alla partecipazione.*

FIRMATARIO (1) /firma'tarjo/
sos. m. pl. firmatari
chi firma per aderire a un accordo, un contratto o una proposta
*I **firmatari** hanno così ufficializzato l'abolizione delle barriere tariffarie sul commercio internazionale.*

FIRMATARIO (2) /firma'tarjo/
agg. pl. m. firmatari, pl. f. firmatarie
che firma per aderire a un accordo, un contratto o una proposta
*I Paesi **firmatari** si sono detti soddisfatti dell'accordo, che rivoluziona di fatto il traffico di persone e merci all'interno della Comunità.*

FISCAL DRAG /'fiskl dræg/ (It. /'fiskal drag/)
loc. sos. m. inv. Prov. inglese
V. drenaggio fiscale
*L'inflazione ridistribuì il reddito sia direttamente che attraverso il **fiscal drag**, riequilibrando i costi delle imprese. Il sistema industriale italiano si trovò in condizioni adeguate ad affrontare la concorrenza internazionale.*

FISCALE /fis'kale/
agg.
relativo al Fisco
*La regolamentazione delle attività di cessione dei crediti d'impresa e le problematiche di natura **fiscale** e contabile hanno occupato la seconda sessione del convegno organizzato dall'Assifact, il cui tema è "Il factoring tra regolamentazione e mercato".*

FISCALISTA /fiska'lista/
sos. m/f. pl. m. fiscalisti
chi per professione si occupa di questioni fiscali
I contribuenti che hanno problemi con la redazione del

modello per la richiesta del condono edilizio possono ri-volgersi al nostro **fiscalista**.

FISCALIZZARE /fiskalid'dzare/
v. tr. Contr. defiscalizzare

trasferire al Fisco

La diminuzione del prezzo della benzina **è stata fiscalizza-ta**. *Quindi nessun vantaggio per le tasche dei contribuenti.*

FISCALIZZAZIONE /fiskaliddzat'tsjone/
sos. f. Contr. defiscalizzazione

trasferimento (2) al Fisco

Il deprezzamento della lira tra il 1975 e il 1978 e le succes-sive **fiscalizzazioni** *avevano consentito la ricostituzione dei margini di profitto e quindi la possibilità di finanziare nuovi investimenti.*

FISCALIZZAZIONE DEGLI ONERI SOCIALI /fiskaliddzat't-sjone 'deʎʎi 'ɔneri so'tʃali/
loc. sos. f. pl. fiscalizzazioni degli oneri sociali

manovra con cui lo Stato paga una parte dei contributi so-ciali che generalmente sono pagati dalle imprese

Ricordiamo il taglio di 2.000 miliardi alla **fiscalizzazione degli oneri sociali** *e le spinte inflazionistiche che ne deri-varono.*

FISCO /'fisko/
sos. m. Solo singolare

amministrazione (1) finanziaria dello Stato che ha il compi-to di riscuotere le imposte

Negli anni successivi, il **fisco** *avanzò ripetute richieste per ottenere più ampi poteri di accesso alle informazioni sui conti correnti e i depositi dei contribuenti.*

FISSATO BOLLATO /fis'sato bol'lato/
loc. sos. m. pl. fissati bollati

documento in cui sono indicati tutti gli elementi di un con-tratto di borsa

In borsa, la stipulazione dei contratti avviene verbalmente, sulla fiducia. Solo in seguito prenderà forma scritta attra-verso la compilazione di un **fissato bollato**.

FIXING /'fiksiŋ/
sos. m. inv. Prov. inglese

in borsa, termine delle contrattazioni

Il giro d'affari giornaliero alla Borsa di Mosca, i cui **fixing** *vengono utilizzati dalla Banca Centrale per stabilire il cor-so del rublo, varia da 40 a 50 milioni di dollari.*

FLOOR /flɔː/
sos. m. inv. Prov. inglese

in borsa, contratto che dà il diritto di ricevere la differenza, se positiva, tra un tasso di interesse stabilito nel contratto e quello di mercato

Per la gestione del rischio sui tassi di interesse, il mercato finanziario propone diversi strumenti tra cui i **floor**, *appun-to contratti di opzione sui tassi di interesse.*

FLOTTANTE /flot'tante/
sos. m.

quantità di azioni di una società in circolazione sul merca-to e quindi negoziabili

L'ascesa al tabellone principale della borsa presuppone anche l'integrazione del **flottante** *della società.*

FLUTTUANTE /fluttu'ante/
agg.

soggetto a variazioni

Da quando la lira è entrata nel gruppo delle monete a cambio **fluttuante**, *l'adeguamento del tasso di conversio-ne avviene con frequenza mensile.*

FLUTTUARE /fluttu'are/
v. intr.

variare all'interno del sistema dei cambi (2)

La debolezza finale del cambio della lira ha suscitato sor-presa. Ricordando che la parità **fluttua**, *viene a cadere l'interpretazione della stessa come espressione di un ri-basso eccessivo dei tassi.*

FLUTTUAZIONE /fluttuat'tsjone/
sos. f.

variazione di una moneta (2) all'interno del sistema dei cambi (2)

Bisogna considerare, oltre alla variabile "tasso di interes-se", anche quella della **fluttuazione** *delle monete.*

FMI /'ɛffe 'ɛmme i*/
sos. m. Sigla Sciogl. Fondo monetario internazĭonale
V. Fondo monetario internazionale

Quando i saldi della valuta nazionale scendono al di sotto della norma, il Paese dispone di una posizione creditoria sul **Fmi** *che viene da questo remunerata.*

FONDIARIO (1) /fon'djarjo/
agg. pl. m. fondiari, pl. f. fondiarie

relativo all'immobile

L'operazione potrà essere definita mediante versamento del relativo importo presso una delle filiali MPS o una ban-ca corrispondente e sarà possibile a condizione che il mu-tuo **fondiario** *risulti in pari con il pagamento delle rate sca-dute.*

FONDIARIO (2) /fon'djarjo/
agg. pl. m. fondiari, pl. f. fondiarie

relativo al fondo

Le forme di questo tipo di investimento **fondiario** *sono rap-presentate soprattutto da azioni e obbligazioni.*

FONDI NERI /'fondi 'neri/
loc. sos. m. pl.

disponibilità finanziarie non iscritte in contabilità e perciò illegali

Secondo attendibili ricostruzioni il finanziere avrebbe oc-cupato negli ultimi anni la posizione nevralgica in un cir-cuito di **fondi neri** *che coinvolgeva la struttura centrale del gruppo, i vertici delle società caposettore e la compa-gnia di assicurazione del gruppo.*

FONDO /'fondo/
sos. m.

disponibilità finanziarie da destinare a una specifica attivi-tà economica

*Lo sciopero dei netturbini a Napoli è stato provocato dalla mancanza di **fondi** comunali per il pagamento degli stipendi ai netturbini di cinque consorzi di imprese che hanno il servizio in appalto.*

FONDO BILANCIATO /'fondo bilan'tʃato/
loc. sos. m. pl. fondi bilanciati

fondo comune di investimento che mira ad un aumento nel tempo del capitale (2) investito e contemporaneamente a ottenere dei guadagni immediati

*Un andamento simile è stato registrato nel comparto dei **fondi bilanciati**: quelli orientati sul mercato domestico hanno perso 915 miliardi di sottoscrizioni.*

FONDO COMUNE /'fondo ko'mune/
loc. sos. m. pl. fondi comuni Sin. fondo di investimento, investment trust

V. fondo comune di investimento

*È importante sottolineare l'opportunità offerta dal **fondo comune**: la diversificazione dell'investimento del risparmio.*

FONDO COMUNE DI INVESTIMENTO /'fondo ko'mune di investi'mento/
loc. sos. m. pl. fondi comuni di investimento Sin. fondo comune, fondo di investimento, investment trust

istituto che raccoglie risorse di risparmiatori (1) e le investe in azioni e obbligazioni (1)

*In compenso, è cresciuto il patrimonio netto dei **fondi comuni di investimento**. Ormai la massa amministrata sfiora i 70mila miliardi.*

FONDO COMUNE DI INVESTIMENTO APERTO /'fondo ko'mune di investi'mento a'pɛrto/
loc. sos. m. pl. fondi comuni di investimento aperti

fondo comune di investimento che permette lo smobilizzo del capitale (2) in qualsiasi momento

*Il capitale del **fondo comune di investimento aperto** può variare continuamente in relazione agli acquisti e alle vendite conseguenti alle decisioni degli investitori.*

FONDO COMUNE DI INVESTIMENTO CHIUSO /'fondo ko'mune di investi'mento 'kjuzo/
loc. sos. m. pl. fondi comuni di investimento chiusi

fondo comune di investimento che non permette lo smobilizzo del capitale (2) prima di una data stabilita

*Le quote emesse dal **fondo comune di investimento chiuso** (il taglio unitario minimo è di 100 milioni) possono essere anche quotate e scambiate in borsa.*

FONDO DI INVESTIMENTO /'fondo di investi'mento/
loc. sos. m. pl. fondi di investimento sin. fondo comune, investment trust

V. fondo comune di investimento

*Il rinnovato interesse mostrato da Goldsmith verso il metallo giallo ha scatenato ieri sera forti acquisti da parte dei **fondi di investimento** statunitensi.*

FONDO DI QUIESCENZA /'fondo di kwjeʃ'ʃɛntsa/
loc. sos. m. pl. fondi di quiescenza

istituto che raccoglie risorse di risparmiatori (1) da destinare a integrazione o in sostituzione del trattamento di quiescenza attribuito dallo Stato

*Poco più del 28% del risparmio delle famiglie è rappresentato da titoli di Stato, il 26% dai depositi bancari, il 17% da azioni e partecipazioni. Seguono i **fondi di quiescenza** e altri accantonamenti (8,7%).*

FONDO MONETARIO /'fondo mone'tarjo/
loc. sos. m. pl. fondi monetari

fondo comune di investimento che investe in prevalenza in strumenti del mercato monetario

*Nel caso dei fondi, l'abbinamento più diffuso è quello con un **fondo monetario**, ossia un fondo che investe prevalentemente in strumenti del mercato monetario (titoli obbligazionari, boT, carta commerciale, ecc.).*

FONDO MONETARIO INTERNAZIONALE /'fondo mone'-tarjo internattsjo'nale/
loc. sos. m. Sigla Fmi

organizzazione che ha il compito di facilitare l'attività internazionale in campo finanziario e monetario (1)

*La Russia potrebbe ottenere dal **Fondo monetario internazionale** 1,5 miliardi di dollari, come prima tranche di un credito speciale di 3 miliardi di dollari.*

FONDO NO LOAD /'fondo nou loud/
loc. sos. m. pl. fondi no load Prov. inglese

fondo comune di investimento che non comporta spese di gestione per i risparmiatori (1)

*I **fondi no load** rappresentano praticamente la norma nei fondi obbligazionari italiani, ma qualche tentativo lo stanno facendo anche le società che gestiscono fondi dedicati all'estero.*

FONDO PENSIONE /'fondo pen'sjone/
loc. sos. m. pl. fondi pensione Sin. fondo pensionistico

istituto che raccoglie risorse di risparmiatori (1) da destinare a integrazione o in sostituzione della pensione (2) attribuita dallo Stato

*L'esclusione dei fondi comuni di investimento dall'elenco degli intermediari autorizzati alla gestione dei **fondi pensione** è contraria alla normativa che sta per essere recepita a livello comunitario.*

FONDO PENSIONISTICO /'fondo pensjo'nistiko/
loc. sos. m. pl. fondi pensionistici

V. fondo pensione

*Le polizze vita sono delle vere e proprie pensioni integrative che, a seconda della quantità e della durata dei versamenti effettuati, garantiscono alla scadenza un **fondo pensionistico** integrativo.*

FONDO SALARI /'fondo sa'lari/
loc. sos. m. pl. fondi salari

nel bilancio di un'azienda, disponibilità finanziarie da destinare alle retribuzioni dei dipendenti

*Il **fondo salari** è la parte del capitale circolante che serve per pagare il lavoro.*

FONDO VERDE /'fondo 'verde/
loc. sos. m. pl. fondi verdi

fondo comune di investimento che investe in titoli emessi da società legate al settore dell'ambiente

Ora si punta al sub-segmento; non solo i tradizionali fondi, *ma fondi specializzati su particolari settori merceologici, come i **fondi verdi**, o su aree geografiche particolari.*

FORFAITING /'fɔːfitiŋ/
sos. m. inv. Prov. inglese

contratto con cui un esportatore (1) trasferisce a una banca straniera cambiali in valuta (2), dietro pagamento di uno sconto (2) calcolato a forfait

*Attraverso l'operazione di **forfaiting** è possibile trasformare un'esportazione con regolamento a medio o a lungo termine in una vendita con regolamento a pronti.*

FORFETARIO /forfe'tarjo/
agg. pl. m. forfetari, pl. f. forfetarie Var. forfettario
determinato a forfait

*Sono escluse dal regime del deposito fiscale le fabbriche di prodotti tassati su base **forfetaria**.*

FORFETIZZARE /forfetid'dzare/
v. tr.

determinare a forfait

*Il prezzo di acquisto dei beni **è stato forfetizzato**.*

FORFETIZZAZIONE /forfetiddzat'tsjone/
sos. f.

atto con cui si determina a forfait

*La **forfetizzazione** comporta la fissazione del prezzo in anticipo e ciò evita possibili futuri cambiamenti.*

FORNITORE (1) /forni'tore/
sos. m. f. fornitrice

chi procura le merci all'acquirente (1)

*L'Italia mantiene la posizione di terzo **fornitore** mondiale di macchine tessili in Cina.*

FORNITORE (2) /forni'tore/
agg. f. fornitrice

che procura le merci all'acquirente (1)

*Scattano oggi i rimborsi alle ditte **fornitrici**. Il commissario liquidatore ha dato notizia ieri di aver ricevuto i 2.000 miliardi promessi dal Governo.*

FORNITURA /forni'tura/
sos. f.

quantità di merci procurate all'acquirente (1)

*Gli Stati Uniti temono che l'Airbus possa vincere la battaglia delle **forniture** di aerei che si svolgerà nel prossimo futuro.*

FORWARD RATE AGREEMENT /'fɔːwəd reit ə'griːmənt/
loc. sos. m. inv. Prov. inglese

in borsa, contratto che dà il diritto di fissare un tasso di interesse relativo ad operazioni future

*Con i **forward rate agreement**, pagando un prezzo determinato, è possibile considerare il proprio orizzonte di tassi di interesse in condizioni di certezza.*

FORZA LAVORO /'fɔrtsa la'voro/
loc. sos. f.

capacità lavorativa dell'uomo

*I lavoratori, d'altra parte, posseggono solo la **forza lavoro**.*

FORZE DI LAVORO /'fɔrtse di la'voro/
loc. sos. f. pl. Var. forza lavoro Sin. popolazione attiva

insieme dei lavoratori (1) in attività e di quelli disponibili per l'occupazione

*Si prevede un periodo di stallo in relazione all'incremento delle **forze di lavoro**, rispetto alla quale, anzi, molti non escludono una flessione.*

FRANCHIGIA /fran'kidʒa/
sos. f. pl. franchigie

esenzione da un pagamento

*Per diminuire il loro rischio le compagnie di assicurazione hanno adottato il sistema della **franchigia**, che consiste nel fissare una percentuale minima del valore che il danno deve superare per far nascere il diritto all'indennizzo.*

FRANCHISING /'fræntʃaiziŋ/
sos. m. inv. Prov. inglese

contratto con cui un'azienda permette a un'altra azienda di utilizzare la sua ragione sociale, per vendere prodotti (1) o fornire servizi

*Sviluppatosi negli Stati Uniti dopo la seconda guerra mondiale, il **franchising** è adesso largamente conosciuto anche in Europa. Permette ad esempio a un imprenditore di ampliare il proprio mercato senza un investimento diretto.*

FRANCO (1) /'franko/
sos. m. pl. franchi

unità monetaria (2) di Francia, Belgio e Svizzera

*Generalmente le valute di emissione sono, insieme all'ecu, i **franchi** svizzeri, quelli francesi e i dollari americani.*

FRANCO (2) /'franko/
agg. pl. m. franchi, pl. f. franche

esente da pagamenti

*Il documento di accompagnamento non è prescritto quando i prodotti sono immessi in una zona **franca** o in un deposito **franco**.*

FRAUDOLENTO /fraudo'lɛnto/
agg.

con frode

*Il manager aquilano è indagato per concorso nella bancarotta **fraudolenta** della finanziaria, nel quadro dell'inchiesta condotta dal pubblico ministero Dalasi.*

FREE-LANCE /'friːlaːns/
agg. inv. Prov. inglese

relativo a un professionista che esegue lavori senza avere legami contrattuali con i propri clienti

*Per il futuro prevede un'attività di giornalista **free-lance**, magari in giro per il mondo per osservare e vendere poi a quotidiani o riviste i suoi reportage.*

FRODARE /fro'dare/
v. tr.

ingannare con frode

*Molti soci della compagnia assicurativa pensano di **essere stati frodati** e pretendono che la stessa compagnia si assuma la responsabilità di aiutarli, altrimenti si rivolgeranno alla Corte europea di Strasburgo.*

FRODE /'frɔde/
sos. f.

reato commesso da chi inganna qualcuno approfittando della sua fiducia

*Se a questo aggiungiamo l'acuirsi delle **frodi**, il risultato non poteva essere che una flessione nel ritmo di crescita delle transazioni.*

FRUIRE /fru'ire/
v. intr.

utilizzare un bene o un servizio per ricavarne un vantaggio

*Il cittadino che **fruisce** dei servizi pubblici ha il diritto di pretendere un'alta qualità, visto che è lui stesso, con i suoi contributi finanziari, a tenerlo in vita.*

FRUITORE /frui'tore/
sos. m. f. fruitrice

chi utilizza un bene o un servizio per ricavarne un vantaggio

*Se le funzioni degli uffici pubblici non rispondono alle esigenze del cittadino, perché la loro organizzazione è imperfetta, o perché gli interessi dei fornitori prevalgono su quelli dei **fruitori**, tali uffici finiscono per costare più di ciò che rendono.*

FRUIZIONE /fruit'tsjone/
sos. f.

utilizzo di un bene o di un servizio per ricavarne un vantaggio

*La separazione tra pagamento dei costi e **fruizione** dei servizi rende diseguale la distribuzione dei servizi.*

FRUTTARE /frut'tare/
v. tr. Sin. rendere

dare un guadagno

*Il gruppo detiene anche 1.300 miliardi di titoli di Stato che **fruttano** un interesse pari all'incirca al 7 per cento.*

FRUTTIFERO /frut'tifero/
agg. Contr. infruttifero

che dà un guadagno

*I buoni **fruttiferi** postali esistono in due diverse versioni, ordinari (taglio minimo, 50.000 lire) e a termine (a partire da mezzo milione).*

FUGA DI CAPITALI /'fuga di kapi'tali/
loc. sos. f. pl. fughe di capitali

trasferimento di denaro all'estero per investimenti (1) più convenienti

*Talvolta, quando ci sono divieti all'esportazione di capitali, la **fuga di capitali** è un reato.*

FUNZIONARIO /funtsjo'narjo/
sos. m. pl. funzionari

impiegato con funzioni direttive o di rappresentanza

*È stato chiamato a deporre in tribunale il **funzionario** del ministero che ha seguito l'iter del finanziamento.*

FUSIONE /fu'zjone/
sos. f.

processo con cui due o più imprese indipendenti si uniscono per creare un'unica organizzazione

*L'alleanza tra la British Telecom e l'MCI risponde alla logica delle **fusioni** tra società di telecomunicazioni di Paesi diversi per far fronte a un mercato che richiede enormi risorse.*

FUTURE /'fjuːtʃə/
sos. m. inv. Prov. inglese

in borsa, contratto con cui le parti si impegnano a scambiarsi, a una data e a un prezzo stabiliti, titoli o beni

*Il **future** sui bTp decennali ha chiuso la seduta di Piazza Affari a 102,58, in rialzo di 35 centesimi da lunedì. Il **future** sui bTp quinquennali è invece passato a 102,63.*

G

GALLONE /gal'lone/
sos. m.

unità di misura dei liquidi equivalente a 4,54 litri

*Al mercato spot di New York la benzina senza piombo a settembre è oggi a 54 cent per **gallone**.*

GARA /'gara/
sos. f.

competizione vinta da chi fa l'offerta economicamente migliore

*Sarà l'Eni a selezionare i gruppi ammessi alla **gara** e a fissare termini e modalità della privatizzazione.*

GARANTE(1) /ga'rante/
sos. m./f.

chi garantisce

*Il rappresentante fiscale deve fare da **garante** per il pagamento dell'accisa secondo le modalità in materia vigenti.*

GARANTE(2) /ga'rante/
agg.

che garantisce

*È proprio il soggetto **garante** che si impegna con il suo patrimonio nell'eventualità di un'insolvenza del debitore.*

GARANTIRE /garan'tire/
v. tr.

assicurare riguardo a un adempimento

*La carta aziendale **è garantita** direttamente dalla banca e dagli altri 649 istituti di credito che compongono il circuito CartaSi e rappresentano il 92% del sistema bancario nazionale.*

GARANZIA /garan'tsia/
sos. f.

ciò che assicura riguardo a un adempimento

Sulle barricate a difesa del segreto bancario non ci sono

gli imprenditori. Al contrario, sono proprio questi a volere l'abolizione delle ultime garanzie bancarie a favore dei movimenti anonimi.

GARANZIA PERSONALE /garan'tsia perso'nale/
loc. sos. f. pl. garanzie personali

garanzia costituita dall' impegno formale di un individuo a soddisfare una determinata obbligazione(2)

L'avallo è una garanzia personale di natura cambiaria con cui l'avallante garantisce il pagamento di una cambiale per l'avallato.

GARANZIA REALE /garan'tsia re'ale/
loc. sos. f. pl. garanzie reali

garanzia costituita da pegno di beni mobili o da ipoteca di beni immobili

Sono esempi di operazioni bancarie assistite da garanzie reali le aperture di credito garantite, le anticipazioni garantite da titoli o merci e lo sconto di cambiali ipotecarie.

GATT /gat/
sos. m. Prov. inglese Sigla Sciogl. General agreement on tariffs and trade

accordo internazionale sulle tariffe doganali e sul commercio

Il vicepresidente dell'associazione produttori di soia ritiene che se sarà conclusa la trattativa USA-CEE in sede Gatt l'Italia avrà la peggio nella suddivisione in Europa della quota relativa alle oleaginose.

GAZZETTA UFFICIALE /gad'dzetta uffi'tʃale/
loc. sos. f.

giornale in cui sono pubblicate leggi e altri provvedimenti dello Stato

Le norme per la trasparenza nelle operazioni di collocamento di titoli di Stato sono pubblicate sulla "Gazzetta Ufficiale" del 13 luglio 1992.

GESTIONALE /dʒestjo'nale/
agg.

relativo alla gestione

La Fiat è una fabbrica che, per tecnologia, modelli organizzativi, soluzioni gestionali, relazioni industriali, e per la scelta della qualità totale, si annuncia all'avanguardia nel settore dell'industria automobilistica, in Europa e nel mondo.

GESTIONE /dʒes'tjone/
sos. f.

insieme delle operazioni relative alla cura di un'attività economica

Il piano quinquennale degli interporti sarà riscritto in base ai criteri dell'utilità, della redditività della gestione e della qualità dei servizi offerti.

GESTIONE PATRIMONIALE /dʒes'tjone patrimo'njale/
loc. sos. f. pl. gestioni patrimoniali

attività di investimento(1) di valori mobiliari svolta da una banca o da una società finanziaria per conto della clientela

La gestione patrimoniale funziona così: si affida alla banca il proprio patrimonio e l'istituto di credito riconosce, alla

fine dell'anno, un rendimento. Tutto si gioca sulla fiducia: l'ufficio titoli compra, vende, fa arbitraggi, qualche volta specula.

GESTIRE /dʒes'tire/
v. tr.

curare un'attività economica

Il progetto 'Alta velocità', cui è preposta la Tav, una spa con capitale privato al 60% che gestirà le linee una volta attivate, stenta a decollare.

GESTORE /dʒes'tore/
sos. m.

chi cura un'attività economica

Il legislatore ha chiarito il dubbio sulla forma contrattuale che devono assumere i gestori delle mense per indigenti al fine di ottenere l'agevolazione fiscale.

GETTITO FISCALE /'dʒɛttito fis'kale/
loc. sos. m. pl. gettiti fiscali

insieme delle entrate fiscali dello Stato

Il gettito fiscale potrebbe risultare migliore di 4mila miliardi rispetto alla pessimistica previsione della Relazione di cassa.

GIACENZA /dʒa'tʃɛntsa/
sos. f.

merci o denaro in magazzino(2) o in cassa(2) in attesa di essere utilizzati

Quando al conto corrente è abbinata una vera e propria gestione patrimoniale o un fondo, le soglie diventano due o tre: si stabilisce un valore medio di giacenza e si determina una soglia minima, al di sotto della quale scatta il disinvestimento che riporta il saldo del conto corrente al valore medio.

GIARDINETTO /dʒardi'netto/
sos. m.

portafoglio costituito da piccole quantità di titoli di società diverse

L'investimento in fondi comuni consente di avere un giardinetto di titoli che limitano i rischi personali.

GIOCARE /dʒo'kare/
v. tr.

in borsa, acquistare o vendere titoli a fine speculativo

Giocare in Borsa è diventata una passione alla portata di tutti.

GIRANTE (1) /dʒi'rante/
sos. m./f.

chi nella girata ordina il trasferimento(2)

Nel caso di assegni a vuoto, l'azione di regresso del portatore contro i giranti deve essere proposta entro sei mesi dalla scadenza dei termini di presentazione.

GIRANTE (2) /dʒi'rante/
agg.

che nella girata ordina il trasferimento(2)

Il cliente girante deve apporre solo la propria firma.

GIRARE /dʒi'rare/

v. tr.

trasferire un titolo di credito con una girata

Con la clausola "non trasferibile" l'assegno non può **essere girato** *e non può essere ceduto nelle forme della cessione ordinaria.*

GIRARE IN BIANCO /dʒi'rare in 'bjanko/

loc. v.

trasferire un titolo di credito con una girata in cui compare solo la firma del girante (1)

Alla distinta di presentazione devono essere allegati gli effetti ceduti, **girati in bianco** *da parte del presentatore.*

GIRARE IN PIENO /dʒi'rare in 'pjɛno/

loc. v.

trasferire un titolo di credito con una girata in cui compaiono la firma del girante (1) e il nome del giratario (1)

L'assegno **è stato girato in pieno** *dalla beneficiaria al signor Paolo Romei di Livorno e da questi in bianco al signor Giovanni Lippi di Vercelli che l'ha versato sul suo c/c girandolo per l'incasso.*

GIRATA /dʒi'rata/

sos. f.

dichiarazione di trasferimento (2) di un titolo di credito

Il trasferimento per **girata** *delle azioni nominative non ha efficacia nei confronti della società emittente finché non sia stata fatta la registrazione nel libro dei soci.*

GIRATARIO (1) /dʒira'tarjo/

sos. m. pl. giratari

chi nella girata beneficia del trasferimento (2)

Se il titolo azionario non è del tutto liberato, oltre alla firma del girante occorre la firma del **giratario** *che, con tale sottoscrizione, si sostituisce al girante nell'obbligo di effettuare i residui versamenti alla società emittente.*

GIRATARIO (2) /dʒira'tarjo/

agg. pl. m. giratari, pl. f. giratarie

che nella girata beneficia del trasferimento (2)

Non è necessario che sul titolo di credito sia scritto il nome del commerciante **giratario.**

GIROCONTO /dʒiro'konto/

sos. m.

operazione bancaria (3) con cui una somma di denaro è trasferita da un conto corrente a un altro

Con un **giroconto** *un'istituzione creditizia può trasferire fondi tra due conti di cui è titolare presso una stessa banca o presso la Banca Centrale.*

GIRO DI AFFARI /'dʒiro di af'fari/

loc. sos. m. pl. giri di affari Sin. turnover (2)

importo che indica la quantità di prodotto (1) venduto da un'azienda in un certo periodo di tempo

Lo scorso anno la Citibank e la Citinvest hanno avuto in Italia un **giro di affari** *che ha superato 750 miliardi di lire.*

GIROFONDO /dʒiro'fondo/

sos. m.

operazione bancaria (3) con cui una somma di denaro è trasferita da una banca a un'altra

Attraverso l'home banking è possibile chiedere alla banca l'emissione di libretti di assegni, ordini di bonifico e **girofondi.**

GIURIDICO /dʒu'ridiko/

agg. pl. m. giuridici, pl. f. giuridiche

relativo al diritto

Dal punto di vista **giuridico** *l'operazione finanziaria comporta non pochi rischi.*

GODIMENTO /godi'mento/

sos. m.

in borsa, data di pagamento degli interessi

Le banche non possono addebitare commissioni di collocamento sui titoli assegnati alla clientela, la quale deve corrispondere solo il prezzo d'asta, maggiorato degli eventuali interessi maturati dalla data di **godimento** *della cedola a quella del regolamento.*

GOLDEN SHARE /'gouldən ʃɛə/

loc. sos. f. inv. Prov. inglese

azione il cui possesso dà al Governo di un Paese maggiori diritti rispetto agli altri azionisti (1)

La **golden share** *è poco gradita dal mercato e dagli investitori istituzionali che temono interferenze governative nella gestione.*

GOLD STANDARD /gould 'stændəd/

loc. sos. m. inv. Prov. inglese

V. sistema aureo

Verso il 1875 il **gold standard** *si era affermato in tutti i maggiori Paesi capitalistici.*

GOVERNATORE DELLA BANCA D'ITALIA /governa'tore 'della 'banka di'talja/

loc. sos. m. pl. Governatori della Banca d'Italia

massimo organo della Banca d'Italia, che dirige e controlla il sistema bancario

Dalla poltrona di **Governatore della Banca d'Italia,** *Fazio ha più volte raccomandato che bisogna consolidare la pressione fiscale raggiunta, sostituendo entrate permanenti ai prelievi straordinari.*

GRANDE MAGAZZINO /'grande magad'dzino/

loc. sos. m. pl. grandi magazzini

locale di grandi dimensioni utilizzato per la vendita di prodotti (1) diversi

I **grandi magazzini** *del centro sono affollati in questi giorni di festività natalizie; è possibile trovare a prezzi scontati prodotti per l'abbigliamento e per la casa.*

GRATUITO /gra'tuito/

agg.

che non ha nessun costo

L'istituto di credito offre numerosi servizi **gratuiti** *alla propria clientela, come ad esempio l'invio di estratti conto semestrali.*

GRIDA /'grida/

sos. f. inv.

in <u>borsa</u>, spazio riservato a <u>contrattazioni</u> effettuate a voce

*Più che dimezzata la popolazione nel gabbiotto di Piazza Affari, dove alla **grida** A, l'unica rimasta attiva, sono stati chiamati in rapida successione i pochi titoli minori che restano, per il momento, esclusi dalla telematica.*

GROSSISTA /gros'sista/

sos. m./f. pl. m. grossisti

chi <u>acquista</u> <u>merci</u> dai <u>produttori</u>(1) per venderle ad altri <u>intermediari</u>(1) <u>commerciali</u>

*La contrazione della spesa è amplificata dalla politica di riduzione delle scorte di merci detenute dai **grossisti**, i quali operano con un elevato rapporto debito-fatturato.*

GRUPPO /'gruppo/

sos. m.

insieme di <u>società</u> sottoposte a criteri <u>gestionali</u> comuni

*Fu ancora una riunione largamente condizionata dal **gruppo** Ferruzzi, in Piazza Affari.*

GUADAGNARE /gwadaɲ'ɲare/

v. tr. Sin. realizzare, lucrare

ricavare denaro da un'<u>attività economica</u>

*I commercianti sono scesi in sciopero perché con le nuove leggi sul traffico urbano stanno **guadagnando** molto meno rispetto al passato; le vendite nell'ultimo mese sarebbero calate di oltre il 30%.*

GUADAGNO /gwa'daɲɲo/

sos. m. Sin. provento, ricavato, ricavo, realizzo(1)

ciò che si ricava in denaro da un'<u>attività economica</u>

*I **guadagni** medi per dipendente sono diminuiti dell'1,7%, con valori che oscillano fra il -3,3% e il +1,3%.*

GUARDIA DI FINANZA /'gwardja di fi'nantsa/

loc. sos. f.

corpo militare dipendente dal <u>ministero delle Finanze</u>

*La **Guardia di Finanza** ha il compito di vigilare sulle dogane, sui monopoli e sui tributi.*

H

HAUSBANK /'hausbaŋk/

sos. f. inv. Prov. tedesco

<u>banca</u> che assiste le <u>aziende</u> in ogni loro attività, offrendo anche il <u>capitale di rischio</u>

*Queste innovazioni hanno suscitato le reazioni positive di quanti applaudono alla nascita della **hausbank**. Altri invece avanzano dei dubbi osservando che la maggior parte delle banche italiane sono controllate dallo Stato.*

HOLDING /'houldiŋ/

sos. f. inv. Prov. inglese Sin. capogruppo

V. società capogruppo

*Da qualche anno la recessione ha cambiato le carte in tavola e la **holding** americana ha chiuso il bilancio in rosso per 22 milioni di dollari.*

HOME BANKING /houm 'bæŋkiŋ/

loc. sos. m. inv. Prov. inglese Sin. private banking

sistema di collegamento informatizzato tra una <u>banca</u> e un'abitazione

*Finora l'**home banking** è stato realizzato da circa 150 banche e conta 15mila abbonati.*

I

ICI /'itʃi/

sos. f. Sigla Sciogl. Imposta comunale sugli immobili

<u>imposta</u> che colpisce la <u>proprietà</u> di <u>beni immobili</u>

*I cittadini si apprestano a versare l'**Ici** dopo aver pagato lo scorso anno l'imposta straordinaria sugli immobili.*

ILLIQUIDITÀ /illikwidi'ta*/

sos. f. inv.

mancanza di <u>risorse</u> immediatamente trasformabili in denaro

*Rimane da spiegare perché la società si sia trovata in una tale situazione di **illiquidità**.*

ILOR /'ilor/

sos. f. Sigla Sciogl. Imposta locale sui redditi

<u>imposta</u> che colpisce <u>redditi fondiari</u>, <u>redditi di capitale</u>, <u>redditi di impresa</u> e <u>redditi diversi</u>

*Il decreto prevede l'esclusione dall'**Ilor** dei redditi di impresa fino all'ammontare corrispondente al contributo diretto lavorativo.*

IMBALLAGGIO /imbal'laddʒo/

sos. m. pl. imballaggi

operazione con cui la <u>merce</u> è messa in contenitori per la <u>spedizione</u>, l'<u>immagazzinamento</u> e la <u>vendita</u>

*Per tali oggetti preziosi e fragili sono previste accuratissime operazioni di **imballaggio** da effettuare con speciali casse rinforzate e protette internamente.*

IMBALLARE /imbal'lare/

v. tr.

mettere la merce in contenitori per la spedizione, l'immagazzinamento e la vendita

*Il reclamo è stato inoltrato perché gli spedizionieri **avevano imballato** la merce con scarsa cura.*

IMI /'imi/
sos. m. Sigla Sciogl. Istituto mobiliare italiano

società per azioni che concede finanziamenti (2) ad aziende dietro garanzia di valori mobiliari

*Secondo l'**Imi**, il valore patrimoniale dell'istituto non è destinato a subire variazioni e, quindi, a influenzare le valutazioni collegate al collocamento delle azioni del Tesoro sul mercato.*

IMMAGAZZINAGGIO /immagaddzi'naddʒo/
sos. m. pl. immagazzinaggi Sin. immagazzinamento

V. stoccaggio

*Secondo il nuovo regolamento approvato dal ministero per scoraggiare il fenomeno delle frodi, il rimborso delle spese di **immagazzinaggio** sarà ridotto.*

IMMAGAZZINAMENTO /immagaddzina'mento/
sos. m. Sin. immagazzinaggio

V. stoccaggio

*Con la nuova campagna, le procedure per lo stoccaggio dovranno essere più trasparenti e per questo le operazioni di **immagazzinamento** dovranno essere autorizzate dall'Aima.*

IMMAGAZZINARE /immagaddzi'nare/
v. tr.

V. stoccare

*La partita di cereali in questione dovrà **essere immagazzinata** separatamente dagli altri cereali, in modo da consentirne i controlli.*

IMMOBILE /im'mɔbile/
sos. m. Contr. bene mobile

V. bene immobile

*La Guardia di Finanza ha proceduto al sequestro di numerosi **immobili** di proprietà del finanziere; tra questi, anche un castello nella campagna umbra.*

IMMOBILIARE (1) /immobi'ljare/
agg.

relativo agli immobili

*La finanza va bene, ci sono buone prospettive di investimento nel settore **immobiliare**.*

IMMOBILIARE (2) /immobi'ljare/
sos. f.

V. società immobiliare

*L'**immobiliare** è stata acquisita da un gruppo di società del settore assicurativo.*

IMMOBILIARISTA /immobilja'rista/
sos. m./f. pl. m. immobiliaristi Sin. agente immobiliare

chi per professione fa da intermediario (1) nella compravendita di beni immobili

L'acquisto del fabbricato, che sarà destinato ad albergo,

*ha comportato una spesa aggiuntiva del 3% per il compenso dovuto all'**immobiliarista**.*

IMMOBILIZZARE /immobilid'dzare/
v. tr.

fare investimenti (1) non facilmente liquidabili

*Il fenomeno è curioso, perché generalmente gli investitori chiedono un "premio" per **immobilizzare** il loro denaro a lungo termine.*

IMMOBILIZZAZIONI /immobiliddzat'tsjoni/
sos. f. pl.

insieme degli investimenti (1) non facilmente liquidabili

*Il valore delle **immobilizzazioni** iscritte nello stato patrimoniale è di 167 miliardi, mentre il patrimonio netto ha toccato quota 210.*

IMMOBILIZZAZIONI TECNICHE /immobiliddzat'tsjoni 'tɛknike/
loc. sos. f. pl. Sin. attività fisse

insieme dei beni di un'azienda utilizzati nella produzione (1)

*I nuovi investimenti in **immobilizzazioni tecniche** ammontano a circa 70 miliardi, di cui 35 relativi alla realizzazione della nuova sede a Roma.*

IMPEGNARE /impeɲ'ɲare/
v. tr.

dare un bene mobile a garanzia di un debito

*Se il bene **impegnato** va distrutto, il creditore pignoratizio può chiedere al giudice di costituire il pegno per lo stesso valore su altri beni, o può esigere subito il credito.*

IMPIEGATIZIO /impjega'tittsjo/
agg. pl. m. impiegatizi, pl. f. impiegatizie

relativo all'impiegato

*La classe **impiegatizia** ha risentito in misura minore della recessione, che invece ha colpito maggiormente gli operai delle industrie siderurgiche, tanto per fare un esempio. Vedremo se il terziario continuerà in questo stato di relativa buona salute.*

IMPIEGATO /impje'gato/
sos. m.

lavoratore dipendente che svolge attività non manuali

*Troppe garanzie, per gli **impiegati** e i cittadini, imprigionano gli uni e gli altri in una rete di regole nocive per chi realmente vuole osservarle.*

IMPIEGATO DI CONCETTO /impje'gato di kon'tʃɛtto/
loc. sos. m. pl. impiegati di concetto

lavoratore dipendente dotato di buone capacità intellettuali

*C'è un concorso per un posto di **impiegato di concetto**, al Comune di Livorno.*

IMPIEGHI /im'pjɛgi/
sos. m. pl.

in banca, insieme dei crediti (1) concessi alla clientela

*Alla base dell'attività della banca c'è la massa di mezzi che essa raccoglie in forma di depositi; è dall'ammontare dei depositi che dipende il volume degli **impieghi**.*

IMPONIBILE (1) /impo'nibile/

sos. m.

ciò che è soggetto a imposta

*Accanto ad errori di trascrizione dei dati che sono risultati decisivi ai fini degli **imponibili** e delle imposte, ce ne sono stati altri di minor peso (una lettera dell'indirizzo, un codice di stato civile, ecc.)*

IMPONIBILE (2) /impo'nibile/

agg.

che è soggetto a imposta

*Se si tratta di acquisti intracomunitari senza pagamento dell'imposta o non **imponibile** o esente, al posto dell'ammontare dell'imposta sulla fattura deve essere indicato il titolo insieme alla relativa norma.*

IMPORT (1) /im'pɔːt/ (It. /'impɔrt/)

sos. m. inv. Prov. inglese Contr. export(1), esportazione(1)

V. importazione (1)

*L'**import** non è poi così di moda in questi mesi in Italia, in un momento in cui la svalutazione della lira sta portando i cittadini a comprare italiano.*

IMPORT (2) /im'pɔːt/ (It. /'impɔrt/)

sos. m. inv. Prov. inglese Contr. export(2), esportazione (2)

V. importazione (2)

*Nell'anno corrente il deficit della bilancia corrente potrebbe aumentare per raggiungere 29mila miliardi, per poi calare a 26mila l'anno prossimo. Ciò è dovuto alla maggiore competitività accompagnata dalla diminuzione dell'**import** causato dalla recessione.*

IMPORTARE /impor'tare/

v. tr. Contr. esportare

acquistare merci all'estero

*L'Italia per **importare** carne, latte e uova spende ogni giorno 30 miliardi.*

IMPORTATORE (1) /importa'tore/

sos. m. f. importatrice Contr. esportatore (1)

chi acquista merci all'estero

*Il Cremlino ha abolito le sovvenzioni statali agli **importatori** di grano e ha liberalizzato il prezzo del pane.*

IMPORTATORE (2) /importa'tore/

agg. f. importatrice Contr. esportatore(2)

che acquista merci all'estero

*La ditta **importatrice** è tenuta a dare alla ditta esportatrice le complete disposizioni per la spedizione della merce entro il 15 di ogni mese.*

IMPORTAZIONE (1) /importat'tsjone/

sos. f. Sin. import(1) Contr. esportazione(1), export(1)

acquisto (1) di merci all'estero

*Le **importazioni** sono diminuite del 12,5%, scendendo così a 983 miliardi.*

IMPORTAZIONE (2) /importat'tsjone/

sos. f. Sin. import(2) Contr. esportazione(2), export (2)

insieme di merci acquistate all'estero

*Uno dei fattori per cui la bilancia commerciale va a gonfie vele è l'impatto limitato del rincaro in lire delle materie prime importate (oggi infatti pesano circa il 20% sulle nostre **importazioni**, contro il 45% di sei anni fa).*

IMPORTO /im'pɔrto/

sos. m.

espressione numerica che indica una somma di denaro

*La raccolta ha raggiunto l'**importo** di 634 miliardi, risultando leggermente inferiore a quella della gestione precedente.*

IMPOSITIVO /impozi'tivo/

agg.

relativo all'imposizione fiscale

*Occorre preparare l'autosufficienza finanziaria delle nuove regioni in un quadro di futura larga autonomia **impositiva**.*

IMPOSIZIONE FISCALE /impozit'tsjone fis'kale/

loc. sos. f. pl. imposizioni fiscali

insieme delle imposte che i cittadini pagano al Fisco

*Una banca dati centralizzata raccoglierà tutti i dati rilevanti ai fini dell'**imposizione fiscale**.*

IMPOSTA /im'pɔsta/

sos. f.

somma di denaro che i cittadini, in base al reddito, pagano allo Stato per finanziare la spesa pubblica

*Il Governo pensa di adottare nuove misure di rilancio sotto forma di una riduzione delle **imposte** sui tassi di interesse.*

IMPOSTA DI FABBRICAZIONE /im'pɔsta di fabbrikat'tsjone/

loc. sos. f. pl. imposte di fabbricazione

imposta che colpisce un bene al momento della fabbricazione

*Oggi è il termine ultimo per presentare la dichiarazione per le **imposte di fabbricazione** al competente ufficio tecnico.*

IMPOSTA DIRETTA /im'pɔsta di'rɛtta/

loc. sos. f. pl. imposte dirette

imposta che colpisce direttamente il reddito o il patrimonio

*Analizzando la pressione fiscale totale, si nota che essa è dovuta per il 14% alle **imposte dirette**, per l'11% a quelle indirette e per il 13% ai contributi sociali.*

IMPOSTA INDIRETTA /im'pɔsta indi'rɛtta/

loc. sos. f. pl. imposte indirette

imposta che non colpisce direttamente il reddito o il patrimonio

*Il prodotto da sottoporre ad accisa deve essere accertato per quantità e qualità dal Dipartimento delle dogane e delle **imposte indirette**.*

IMPRENDITORE /imprendi'tore/

sos. m. f. imprenditrice Sin. impresario(1)

chi gestisce un'azienda

*Nei prossimi tre o quattro mesi gli **imprenditori** hanno prospettato una crescita sia della produzione, sia degli ordinativi.*

IMPRENDITORIA /imprendito'ria/
sos. f.

insieme degli imprenditori

*I punti chiave della politica monetaria e creditizia della Russia sono la lotta all'inflazione e l'appoggio all' **imprenditoria** privata.*

IMPRENDITORIALE /imprendito'rjale/
agg.

relativo all'imprenditore

*Si reclama a gran voce l'avvio di iniziative **imprenditoriali**, che diano una nuova forza all'economia.*

IMPRENDITORIALITÀ /imprenditorjali'ta*/
sos. f. inv.

insieme delle qualità professionali caratteristiche dell' imprenditore

*Il Governatore della Banca d'Italia ha lodato soprattutto l'elevato grado di **imprenditorialità** dimostrato dalle nostre aziende, che sono riuscite a superare brillantemente la recessione.*

IMPRESA /im'presa/
sos. f. Sin. ditta (1), casa
V. azienda

*L'avvento dell'informatica e la diffusione degli strumenti per il trattamento automatico dei dati hanno messo le **imprese** di fronte a importanti problemi di riorganizzazione del settore amministrativo.*

IMPRESA COLLETTIVA /im'presa kollet'tiva/
loc. sos. f. pl. imprese collettive

azienda in cui i rischi relativi alla gestione sono assunti da più persone

*Le **imprese collettive**, tra le quali ricordiamo ad esempio le società per azioni, hanno assunto una particolare importanza nell'economia moderna.*

IMPRESA FAMILIARE /im'presa fami'ljare/
loc. sos. f. pl. imprese familiari

azienda gestita da più membri di una famiglia

*Le **imprese familiari** stanno cambiando; lo sviluppo dell'attività, l'ingresso in azienda dei figli o di manager esterni impongono trasformazioni rilevanti che non possono essere lasciate al caso.*

IMPRESA INDIVIDUALE /im'presa individu'ale/
loc. sos. f. pl. imprese individuali

azienda in cui i rischi relativi alla gestione sono assunti da una sola persona

*Le **imprese individuali** appaiono ogni anno in gran numero, ma hanno anche un alto tasso di mortalità. Normalmente si tratta di imprese di dimensioni modeste, che non richiedono grandi capitali.*

IMPRESARIO (1) /impre'sarjo/
sos. m. pl. impresari
V. imprenditore

*Secondo l'ultima dichiarazione dei redditi, l'**impresario** edile, molto noto in città, avrebbe guadagnato dalla sua attività solo 22 milioni di lire. L'indagine è in corso e si attendono novità clamorose.*

IMPRESARIO (2) /impre'sarjo/
sos. m. pl. impresari

chi per professione si occupa dell'organizzazione di spettacoli generalmente musicali o teatrali

*Il buon esito del concerto è dovuto in gran parte alle capacità professionali dell'**impresario**.*

IMPRODUTTIVO /improdut'tivo/
agg. Contr. produttivo (2)

che non dà vantaggi economici

*In una economia che vuole crescere, è necessario ridurre al minimo la percentuale di lavoratori impiegati in attività **improduttive**.*

INA /'ina/
sos. m. Sigla Sciogl. Istituto nazionale delle assicurazioni
società per azioni specializzata nel settore delle assicurazioni (1)

*Per le sei società poste sul mercato – oltre l'**Ina**, sono l'Enel, la Comit, il Credit, l'Imi, la Stet e l'Agip – c'è l'impegno a cedere l'intera partecipazione riconducibile al ministero del Tesoro.*

INADEMPIENTE (1) /inadem'pjɛnte/
sos. m./f.

chi non esegue ciò a cui è obbligato

*L'**inadempiente** si trova adesso a dover risarcire l'azienda che gli aveva prestato fiducia.*

INADEMPIENTE (2) /inadem'pjɛnte/
agg.

che non esegue ciò a cui è obbligato

*Un brutto colpo per l'immagine della banca **inadempiente** che dovrà pagare tutte le spese.*

INADEMPIMENTO /inadempi'mento/
sos. m. Contr. adempimento

mancata esecuzione di ciò a cui si è obbligati

*Il debitore che non esegue la prestazione dovuta deve risarcire il danno, se non prova che l'**inadempimento** è stato determinato da cause a lui non imputabili.*

IN BIANCO /in 'bjanko/
loc. agg./avv.

relativamente a un titolo di credito, senza l'indicazione dell' importo

*A dimostrazione della sua massima fiducia, consegnò al fornitore un assegno **in bianco**, dicendogli di scrivere lui stesso l'importo.*

INCASSABILE /inkas'sabile/
agg.

che si può incassare

*L'assegno è **incassabile** solo dopo la girata del beneficiario.*

INCASSARE /inkas'sare/
v. tr.

riscuotere una somma di denaro

*Di privatizzazioni per ora si continua solo a parlare; lo Stato non è ancora riuscito ad **incassare** nemmeno una lira.*

INCASSO (1) /in'kasso/

sos. m.

atto con cui una somma di denaro è riscossa

Gli interessi saranno ripagati al risparmiatore al momento dell'incasso della prima cedola semestrale.

INCASSO (2) /in'kasso/

sos. m. Sin. introito

somma di denaro riscossa

La ricevuta bancaria elettronica è una procedura interbancaria realizzata per la gestione automatica degli incassi commerciali.

IN CONTANTE /in kon'tante/

loc. agg./avv. Var. in contanti Sin. per contante

con denaro immediatamente disponibile

La Banca Centrale può determinare il coefficiente di riserva obbligatoria, cioè il rapporto fra la riserva in contante che le banche devono conservare presso la Banca Centrale e l'ammontare dei loro depositi.

INDEBITAMENTO /indebita'mento/

sos. m.

insieme dei debiti di un soggetto economico

I soci battono sul tasto doloroso dell'indebitamento finanziario netto, pari a 12mila miliardi.

INDEBITARSI /indebi'tarsi/

v. rifl.

fare debiti

La caduta del fatturato ha provocato grossi problemi finanziari e l'azienda si è indebitata con le banche.

INDENNITÀ /indenni'ta*/

sos. f. inv.

importo ricevuto dal lavoratore (1) come retribuzione, rimborso o assistenza

L'indennità assolve una funzione di risarcimento per quanto riguarda le maggiori spese connesse alla prestazione lavorativa all'estero.

INDENNITÀ DI DISOCCUPAZIONE /indenni'ta* di dizokkupat'tsjone/

loc. sos. f. inv. Sin. sussidio di disoccupazione

aiuto finanziario concesso dallo Stato ai disoccupati (1)

Il ministro del Lavoro ha promesso 1.300 miliardi per i problemi più urgenti. Al Consiglio dei ministri si parlerà di ammortizzatori sociali: cassa integrazione, mobilità, prepensionamenti, lavori socialmente utili e indennità di disoccupazione.

INDENNIZZARE /indennid'dzare/

v. tr. Sin. risarcire

pagare una somma di denaro per rimborsare un danno o una perdita

Il soggetto che danneggia non ha l'obbligo di indennizzare i consumatori o i produttori danneggiati dalle sue attività.

INDENNIZZO /inden'niddzo/

sos. m. Sin. risarcimento

pagamento di una somma di denaro per rimborsare un danno o una perdita

Sarebbe interessante conoscere il calcolo dei costi sopportati dallo Stato per il funzionamento di questa legge. Dovrebbe essere un calcolo semplice. Entrate: premi assicurativi pagati dall'esportatore. Uscite: esborsi per indennizzi di mancato pagamento.

INDICE /'inditʃe/

sos. m. pl. indici

rapporto fra due grandezze relative allo stesso fenomeno considerato in due momenti diversi

Nel mese di giugno l'indice Ismea si è collocato a quota 121,4, subendo una diminuzione del 2% rispetto al livello del mese precedente.

INDICE DEI PREZZI /'inditʃe 'dei 'prɛttsi/

loc. sos. m. pl. indici dei prezzi

indice che misura i cambiamenti di prezzo di determinati beni

Dopo una serie di stagioni caratterizzate da inflazione a due cifre, finalmente gli indici dei prezzi rilevati negli ultimi mesi lasciano sperare in una costante se pur lenta ripresa.

INDICE DEI PREZZI AL CONSUMO /'inditʃe 'dei 'prɛttsi al kon'sumo/

loc. sos. m. pl. indici dei prezzi al consumo

indice che misura i cambiamenti di prezzo di determinati beni di consumo

L'indice dei prezzi al consumo è cresciuto dello 0,3% in aprile, mentre l'aumento annuo è rimasto invariato al 3,5%.

INDICE DEI PREZZI ALLA PRODUZIONE /'inditʃe 'dei 'prɛttsi 'alla produt'tsjone/

loc. sos. m. pl. indici dei prezzi alla produzione

indice che misura i cambiamenti di prezzo di determinati beni all'ingrosso

Dopo un balzo in aprile, l'indice dei prezzi alla produzione a maggio si è mosso solo impercettibilmente, attenuando i timori degli operatori.

INDICE MIB /'inditʃe mib/

loc. sos. m. pl. indici Mib

indice delle contrattazioni alla borsa di Milano

L'atmosfera è leggermente migliorata e l'indice Mib ha registrato una flessione solo dello 0,18%, migliorando subito nel dopolistino.

INDICE MIBTEL /'inditʃe 'mibtel/

loc. sos. m. pl. indici Mibtel

indice delle contrattazioni alla borsa continua di Milano

L'indice Mibtel è il nuovo indice dei titoli negoziati alla borsa continua ed è destinato a sostituire il Mib una volta che tutto il listino azionario italiano sarà trattato sul circuito telematico.

INDICIZZARE /inditʃid'dzare/

v. tr. Contr. deindicizzare

adeguare un importo alle variazioni di un indice di riferimento

I certificati sono indicizzati al rendimento delle obbligazioni.

INDICIZZAZIONE /inditʃiddzat'tsjone/
sos. f. Contr. deindicizzazione
operazione con cui un <u>importo</u> è adeguato alle variazioni di un <u>indice</u> di riferimento
L'indicizzazione è relativa al tasso di inflazione programmata che il Governo ha valutato, per l'anno in corso, al 3 per cento.

INDIGENTE (1) /indi'dʒɛnte/
sos. m./f.
chi vive in una condizione di povertà estrema
Il nuovo decreto legge ha introdotto un'aliquota agevolata del 4% riferita alle mense per gli indigenti.

INDIGENTE (2) /indi'dʒɛnte/
agg.
che vive in una condizione di povertà estrema
Ci sono migliaia di cittadini indigenti; come non sentire in questo dato un'accusa al nostro modo di organizzare la società, al nostro sfrenato consumismo?

INDIGENZA /indi'dʒentsa/
sos. f.
condizione di povertà estrema
Ancora adesso nonostante il nostro sia un Paese industrializzato ci sono aree in cui vivono persone in stato di indigenza. Non hanno redditi, non hanno abitazione.

INDOTTO /in'dotto/
sos. m.
attività <u>produttiva (1)</u> di determinate <u>industrie (2)</u>, generata dalla <u>produzione (1)</u> di un'<u>industria (2)</u> di maggiori dimensioni
L'azienda metallurgica è in forte espansione; nei primi mesi dell'anno ci sono state nuove assunzioni, mentre l'indotto solo nell'area mantovana occupa più di mille persone.

INDUSTRIA (1) /in'dustrja/
sos. f.
settore dell'<u>attività economica</u> specializzato nella <u>produzione (1)</u> di <u>beni</u>
Il settore dell'industria sta lentamente riprendendosi specialmente grazie alla diminuzione del costo del lavoro.

INDUSTRIA (2) /in'dustrja/
sos. f.
<u>azienda</u> di <u>produzione (1)</u>
Dopo tutti questi anni l'industria bergamasca sta vivendo un momento veramente positivo. I suoi prodotti sono molto apprezzati soprattutto oltreoceano.

INDUSTRIALE (1) /indu'strjale/
agg.
relativo all'<u>industria (1)</u>
Lo sviluppo industriale è dovuto alla ripresa dell'economia tedesca e statunitense.

INDUSTRIALE (2) /indu'strjale/
agg.
relativo all'<u>industria (2)</u>
L'area subalpina è una delle zone a maggiore vocazione e concentrazione industriale di tutta Europa.

INDUSTRIALE (3) /indu'strjale/
sos. m./f.
chi possiede o <u>gestisce</u> un'<u>industria (2)</u>
Dopo il fallimento del negoziato sul costo del lavoro, il presidente dei giovani industriali ha dichiarato che sarebbe gravissimo aprire una fase di protesta sindacale proprio adesso che siamo in vista della ripresa economica.

INDUSTRIALIZZARE /industrjalid'dzare/
v. tr. Contr. deindustrializzare
trasformare la struttura <u>economica</u> di una regione con la creazione di nuove <u>industrie (2)</u> o con il potenziamento di quelle esistenti
La zona meridionale del Paese è stata industrializzata solo di recente, attraverso i finanziamenti statali e della Cee.

INDUSTRIALIZZAZIONE /industrjaliddzat'tsjone/
sos. f. Contr. deindustrializzazione
trasformazione della struttura <u>economica</u> di una regione con la creazione di nuove <u>industrie (2)</u> o con il potenziamento di quelle esistenti
Il tramonto di un tessuto economico basato sulla dipendenza quasi totale dall'Iri ha fatto arretrare a livelli bassissimi il tasso di industrializzazione della città ligure.

INDUSTRIA MANIFATTURIERA /in'dustrja manifattu'rjɛra/
loc. sos. f. pl. industrie manifatturiere
<u>industria (1)</u> specializzata nei <u>prodotti (1)</u> lavorati a mano
Buono l'andamento dell'export negli ultimi sei mesi. In particolare l'industria manifatturiera ha registrato un aumento delle esportazioni del 2,5% rispetto all'anno scorso.

INDUSTRIA PESANTE /in'dustrja pe'sante/
loc. sos. f. pl. industrie pesanti
<u>industria (1)</u> specializzata nei settori meccanico, metallurgico e siderurgico
Questa è una zona della Germania dove da decenni il reddito è fornito soprattutto dalle industrie pesanti.

INFLATIVO /infla'tivo/
agg. Var. inflattivo Contr. deflativo
che determina <u>inflazione</u>
L'ipotesi di un blocco contrattuale, così come l'aumento del prezzo della benzina, rientrerebbero in una decisione inflativa, opposta all'impegno preso dal Governo di tenere sotto controllo l'inflazione.

INFLAZIONE /inflat'tsjone/
sos. f. Contr. deflazione
aumento dei <u>prezzi</u>
I tassi d'interesse europei dovrebbero scendere tra l'8 e il 9% in Italia, sotto il 5 in Francia e Germania nel corso del prossimo anno, anche se non dobbiamo sottovalutare il pericolo dell'inflazione tedesca.

INFLAZIONE GALOPPANTE /inflat'tsjone galop'pante/
loc. sos. f.
V. iperinflazione
*Una volta che l'**inflazione galoppante** si è radicata, insorgono pericolose distorsioni economiche.*

INFLAZIONISTICO /inflattsjo'nistiko/
agg. pl. m. inflazionistici, pl. f. inflazionistiche Contr. deflazionistico
relativo all'inflazione
*Gli esperti sottolineano la persistenza di tensioni **inflazionistiche**, alimentate dal deficit pubblico.*

INFRASTRUTTURA /infrastrut'tura/
sos. f.
bene materiale utilizzato come servizio a disposizione della collettività
*Nelle zone meridionali del Paese mancano quasi completamente le **infrastrutture**; non ci sono ospedali, le linee ferroviarie sono antiquate e le strade dissestate.*

INFRUTTIFERO /infrut'tifero/
agg. Contr. fruttifero
che non dà un guadagno
*Il saldo del conto corrente **infruttifero** indicherà l'ammontare degli assegni in bianco ancora in possesso della banca minore, mentre il saldo del conto corrente fruttifero indicherà il debito della stessa nei confronti della banca maggiore.*

INGIUNZIONE DI PAGAMENTO /indʒun'tsjone di paga'mento/
loc. sos. f. pl. ingiunzioni di pagamento
procedimento ufficiale con cui l'amministrazione (1) finanziaria dello Stato ordina il pagamento di un'imposta
*Il contribuente cui è notificata l'**ingiunzione di pagamento** può proporre ricorso entro 60 giorni alla commissione tributaria di primo grado.*

IN NERO /in 'nero/
loc. agg./avv. Contr. in rosso
con un conto in avanzo
*Negli Usa, per esempio, la controllata Budd resterà **in nero** dopo esservi tornata l'anno scorso, e ha messo a segno un confortante aumento del fatturato.*

INPS /imps/
sos. m. Sigla Sciogl. Istituto nazionale previdenza sociale
ente pubblico che assicura vari tipi di assistenza ai lavoratori (1)
*L'**Inps** non ha ancora distribuito i modelli a tutti i pensionati interessati agli sgravi. Questo ritardo non è giustificabile, considerando che resta poco tempo per mettersi in regola.*

INPUT /'input/
sos. m. inv. Prov. inglese Sin. fattore produttivo
V. fattore di produzione
*Sul fronte dei costi, a parte l'aumento degli **input** importati, il Centro studi Confindustria ha puntato il dito sull'aumento delle spese delle aziende di credito, che poi scaricano i costi facendo pagare tassi di interesse elevati.*

INQUADRAMENTO /inkwadra'mento/
sos. m.
organizzazione del personale di un'azienda in determinati ruoli e posizioni
*Il nuovo direttore del personale sta pensando a un nuovo **inquadramento** complessivo degli impiegati.*

INQUADRARE /inkwa'drare/
v. tr.
organizzare il personale di un'azienda in determinati ruoli e posizioni
*I giovani con buona cultura e mentalità imprenditoriale devono **essere inquadrati** in posizioni di responsabilità, con poteri decisionali.*

IN ROSSO /in 'rosso/
loc. agg./avv. Contr. in nero
con un conto in disavanzo
*Nel 1992 il saldo commerciale del Mezzogiorno si è chiuso **in rosso** per 9mila miliardi.*

INSERZIONE /inser'tsjone/
sos. f.
annuncio economico pubblicato su un giornale
*Ha letto l'**inserzione** su un noto quotidiano romano e si è presentato all'ufficio all'ora richiesta per il colloquio.*

INSIDER TRADING /ˌin'saidə 'treidiŋ/
loc. sos. m. inv. Prov. inglese
operazione speculativa sul mercato mobiliare svolta da chi, in virtù della carica che ha all'interno di una società, è in possesso di informazioni riservate
*Il sindacalista è sospettato di avere approfittato della sua posizione all'interno del gruppo per realizzare guadagni nell'ordine di centinaia di migliaia di marchi alla borsa di Francoforte. Adesso è nel mirino della commissione per la repressione dell'**insider trading**.*

INSOLVENTE /insol'vɛnte/
agg. Sin. insolvibile (1) Contr. solvente, solvibile (1)
che non è in grado di soddisfare un'obbligazione (2)
*Intanto aumenta progressivamente il numero dei "names" **insolventi** e con loro diminuisce la capacità assicurativa della celebre compagnia britannica.*

INSOLVENZA /insol'vɛntsa/
sos. f. Sin. insolvibilità Contr. solvenza, solvibilità
incapacità di soddisfare un'obbligazione (2)
*Esiste il rischio che l'**insolvenza** o il fallimento di un intermediario determini generalizzati fenomeni di ritiro dei depositi, provocando **insolvenze** o fallimenti a catena.*

INSOLVIBILE (1) /insol'vibile/
agg. Contr. solvibile (1), solvente
V. insolvente
*Esistono diversi strumenti a protezione dell'azienda creditrice, nel caso essa abbia a che fare con un cliente **insolvibile**.*

INSOLVIBILE (2) /insol'vibile/
agg. Contr. solvibile (2)

relativo a un'obbligazione (2) che non può essere soddisfatta

Molte aziende, in seguito al crollo delle esportazioni, si trovano adesso improvvisamente di fronte a debiti insolvibili, in particolar modo nei confronti delle banche che hanno concesso loro finanziamenti.

INSOLVIBILITÀ /insolvibili'ta*/
sos. f. inv. Contr. solvibilità, solvenza

V. insolvenza

Il presidente della Cassa di Risparmio ha dichiarato che l'incremento del patrimonio è stata una scelta per fronteggiare i crescenti rischi dell'insolvibilità di credito.

INSUSSISTENZE /insussis'tɛntse/
sos. f. pl.

insieme delle variazioni del capitale (1) di un'azienda dovute alla mancanza di sopravvenienze

Si ritiene che agli stessi effetti, in termini di danno patrimoniale, si giunge, oltre che per le passività potenziali, anche a causa di eventuali insussistenze di attività che potrebbero essere connesse al fenomeno di riscossione di tangenti.

INTERBANCARIO /interban'karjo/
agg. pl. m. interbancari, pl. f. interbancarie
relativo a più banche

Al mercato per la negoziazione dei depositi interbancari possono partecipare le aziende di credito, gli istituti centrali di categoria e gli istituti di credito speciale.

INTERESSE /inte'rɛsse/
sos. m.

compenso (1) dovuto a chi presta somme di denaro

Questo tipo di finanziamento offre la possibilità di pagare gli interessi solo sulle somme effettivamente utilizzate.

INTEREST SWAP /'intrest swɔp/
loc. sos. m. inv. Prov. inglese Var. interest rate swap

in borsa, contratto con cui due parti si impegnano a scambiarsi due serie di pagamenti con tassi di interesse differenti

Gli interest swap consentono di modificare il proprio attivo o passivo da tasso fisso a tasso variabile senza procedere allo smobilizzo effettivo delle posizioni.

INTERMEDIARE /interme'djare/
v. tr.

facilitare la conclusione di affari tra soggetti diversi

Dice un banchiere di lunga militanza: "Quando sono entrato da semplice impiegato, la banca era vista solo per intermediare denaro. Oggi invece è possibile fare di tutto."

INTERMEDIARIO (1) /interme'djarjo/
sos. m. pl. intermediari Sin. mediatore (1)
chi facilita la conclusione di affari tra soggetti diversi

Sono stati cancellati molti articoli della legge del '36, ad esempio sono state assorbite le disposizioni sugli intermediari finanziari della legge 197 (quella in materia di antiriciclaggio).

INTERMEDIARIO (2) /interme'djarjo/

agg. pl. m. intermediari, pl. f. intermediarie Sin. mediatore (2)

che facilita la conclusione di affari tra soggetti diversi

Sono spariti i singoli soggetti intermediari (banche, agenti di cambio) che si sono messi insieme per lavorare in realtà più solide.

INTERMEDIAZIONE /intermedjat'tsjone/
sos. f.

attività volta a facilitare la conclusione di affari tra soggetti diversi

Insieme all'intermediazione del credito, si è sviluppata l'offerta da parte delle banche di una sempre più vasta gamma di servizi.

INTESTARE /intes'tare/
v. tr.

registrare a nome di un titolare

Gli enti devono provvedere a versare le disponibilità esistenti sui conti correnti postali ad essi intestati.

INTESTATARIO (1) /intesta'tarjo/
sos. m. pl. intestatari

chi ha determinati diritti o obblighi

L'intestatario utilizza la carta di credito presso gli esercizi commerciali che hanno aderito all'iniziativa.

INTESTATARIO (2) /intesta'tarjo/
agg. pl. m. intestatari, pl. f. intestatarie

che ha determinati diritti o obblighi

La ditta intestataria dovrà ricorrere alla consulenza di un legale per risolvere l'intera questione.

INTESTAZIONE (1) /intestat'tsjone/
sos. f.

operazione con cui si registra a nome di un titolare

I certificati azionari devono essere intestati a una persona fisica o giuridica; la prima intestazione è fatta a cura della società emittente, a fronte o a tergo del titolo.

INTESTAZIONE (2) /intestat'tsjone/
sos. f.

nominativo apposto su un documento, relativo al titolare di determinati diritti o obblighi

L'intestazione in questo caso ci dà il nome del proprietario dell'azienda.

INTRACOMUNITARIO /intrakomuni'tarjo/
agg. pl. m. intracomunitari, pl. f. intracomunitarie Contr. extracomunitario

interno ai Paesi della Cee

La circolazione intracomunitaria dei prodotti soggetti ad accisa deve avvenire solo tra depositi fiscali, fatto salvo quanto stabilito nell'articolo 8.

INTROITARE /introi'tare/
v. tr.

ricevere come introito

Nella gestione decorsa la compagnia ha introitato premi per 609,7 miliardi con un aumento del 24%.

INTROITO /in'troito/
sos. m.
V. incasso (2)
*Il passivo di bilancio non è stato definito perché dipendente da **introiti** come l'aumento del canone di abbonamento e la riduzione di quello di concessione.*

INVENTARIARE /inventa'rjare/
v. tr.
rilevare la quantità di beni esistenti in un certo momento in magazzino (2)
*Una stima più esatta delle merci in magazzino si può fare solo la prossima primavera, quando **saranno inventariate**.*

INVENTARIO /inven'tarjo/
sos. m. pl. inventari
rilevazione della quantità di beni esistenti in un certo momento in magazzino (2)
*L'immobile strumentale, che l'imprenditore ha privatizzato con effetto del periodo di imposta 1993 e che ha acquistato nel 1993 senza inserirlo nell'**inventario** o nel libro dei beni ammortizzabili, non è più un bene relativo all'impresa.*

INVESTIMENTO (1) /investi'mento/
sos. m.
impiego di capitale (2) per ottenere o aumentare un utile o un reddito
*In materia di aiuti alle imprese insediate nelle aree depresse, la legge non prevede che gli **investimenti** realizzati con il ricorso alla locazione finanziaria possano godere di agevolazioni.*

INVESTIMENTO (2) /investi'mento/
sos. m.
capitale (2) impiegato per ottenere o aumentare un utile o un reddito
*Per la società italiana il progetto asiatico prevede un **investimento** iniziale di 15 milioni di dollari. Ieri l'assemblea degli azionisti ha discusso i termini dell'intervento.*

INVESTIRE /inves'tire/
v. tr.
impiegare capitale (2) per ottenere o aumentare un utile o un reddito
*L'azienda **ha investito** circa 100 miliardi di lire in tecnologie d'avanguardia.*

INVESTITORE (1) /investi'tore/
sos. m. f. investitrice
chi investe
*Il superyen ha cominciato ad attirare l'interesse degli **investitori** non giapponesi.*

INVESTITORE (2) /investi'tore/
agg. f. investitrice
che investe
*Mutate le condizioni del mercato e le conseguenti esigenze degli enti **investitori**, anche i titoli hanno registrato un processo involutivo..*

INVESTITORE ISTITUZIONALE /investi'tore istituttsjo'nale/
loc. sos. m. pl. investitori istituzionali
chi investe valori mobiliari per soddisfare obblighi di statuto
*Altrove gli **investitori istituzionali** sono un cardine nei mercati, in Italia sembrano quasi degli intrusi. La loro quota di azioni detenute non supera il 5 per cento.*

INVESTMENT TRUST /in'vestmənt trʌst/
loc. sos. m. inv. Prov. inglese Sin. fondo comune, fondo di investimento
V. fondo comune di investimento
*Gli **investment trust** sono tenuti per legge a effettuare impieghi in valori mobiliari o in beni immobili.*

INVIM /'invim/
sos. f. Sigla Sciogl. Imposta comunale sull'incremento del valore degli immobili
imposta che colpisce l'aumento di valore dei beni immobili
*La Corte regolatrice del diritto ha chiarito che, in materia di imposta di registro e di **Invim**, l'inosservanza dell'obbligo dell'avviso di accertamento determina la nullità dell'atto.*

IPERINFLAZIONE /iperinflat'tsjone/
sos. f. Sin. inflazione galoppante
aumento dei prezzi superiore al 20% annuo
*In Germania il dollaro ha avuto un'impennata che lo ha portato a 1 marco e 70 e ha causato una scossa psicologica in un Paese che ha ancora l'**iperinflazione** di Weimer nella memoria collettiva.*

IPERMERCATO /ipermer'kato/
sos. m.
centro di vendita di grandi dimensioni, che offre anche numerosi servizi complementari alla clientela
*La Coop è già presente nella regione con una rete di supermercati e **ipermercati**.*

IPOTECA /ipo'tɛka/
sos. f. pl. ipoteche
diritto che permette al creditore (1), in caso di insolvenza del debitore (1), di soddisfarsi su determinati suoi beni mobili o beni immobili
*A conferma della richiesta di cancellazione dell'**ipoteca**, vorrete indicare per ns. conto il notaio di turno per la redazione dell'atto di assenso.*

IPOTECARE /ipote'kare/
v. tr.
mettere un'ipoteca su determinati beni mobili o beni immobili, a garanzia di un debito
*Si tratta di garanzie reali: incidono sul bene che **è stato ipotecato**, assicurando al creditore la possibilità di soddisfarsi anche se nel frattempo il bene stesso è stato trasferito a terzi.*

IPOTECARIO /ipote'karjo/
agg. pl. m. ipotecari, pl. f. ipotecarie
relativo all'ipoteca
*Questa particolare forma di credito si basa su garanzia **ipotecaria** prestata su beni immobili; proprio per questo, consente la concessione di fidi di importi elevati.*

IRI /'iri/

sos. m. Sigla Sciogl. Istituto per la ricostruzione industriale
società capogruppo con partecipazioni in numerose società che operano prevalentemente nel settore industriale(1)

*Il provvedimento del Governo è diretto a evitare la bancarotta dell'**Iri**, la holding di via Veneto, e di buona parte dei suoi settori industriali.*

IRPEF /'irpef/
sos. f. Sigla Sciogl. Imposta sul reddito delle persone fisiche
imposta che colpisce l'insieme dei redditi di una persona fisica

*L'**Irpef** prevede aliquote da un minimo del 10% a un massimo del 51%, applicabili su scala nazionale.*

IRPEG /'irpeg/
sos. f. Sigla Sciogl. Imposta sul reddito delle persone giuridiche
imposta che colpisce l'insieme dei redditi di una persona giuridica

*Gli italiani dovranno pagare il saldo per il 1993 e gli acconti per il 1994 di Irpef, Ilor e dell'**Irpeg** delle società di capitali entro il 18 giugno.*

ISTAT /'istat/
sos. m. Sigla Sciogl. Istituto centrale di statistica
istituto che su incarico del Governo elabora dati relativi alla società italiana

*L'**Istat** ha reso noti i dati della popolazione "legale" del Paese: 56 milioni, 778mila e 31 abitanti sono dunque i cittadini italiani alla data del censimento del 20 ottobre 1991.*

ISTITUTO DI CREDITO /isti'tuto di 'kredito/
loc. sos. m. pl. istituti di credito Sin. azienda di credito, ente creditizio
V. banca

*Entro breve tempo gli **istituti di credito** acquisteranno le*

azioni della società milanese al prezzo di un centesimo per titolo; è questo il presupposto perché la società possa avviare il risanamento.

ISTITUTO DI CREDITO DI DIRITTO PUBBLICO /isti'tuto di 'kredito di di'ritto 'pubbliko/
loc. sos. m. pl. istituti di credito di diritto pubblico
V. banca di diritto pubblico

*Pur essendo **istituti di credito di diritto pubblico** come la Banca d'Italia, erano ad essa subordinati e non avevano il privilegio dell'emissione.*

ISTITUTO DI CREDITO ORDINARIO /isti'tuto di 'kredito or-di'narjo/
loc. sos. m. pl. istituti di credito ordinario Sin. banca commerciale
V. banca di credito ordinario

*Il problema si pone per l'immediato futuro poiché ancora oggi il nostro ordinamento bancario ha gli **istituti di credito ordinario** e quelli di credito speciale come complementari, però gli sconfinamenti dei primi nell'attività dei secondi sono sempre più frequenti.*

ISTITUTO DI CREDITO SPECIALE /isti'tuto di 'kredito spe'tʃale/
loc. sos. m. pl. istituti di credito speciale
V. banca di credito speciale

*I certificati di deposito possono essere emessi da **istituti di credito speciale** o da aziende di credito.*

IVA /'iva/
sos. f. Sigla Sciogl. Imposta sul valore aggiunto
imposta che colpisce il trasferimento(2) di beni o la prestazione di servizi

*L'**Iva** sulle operazioni intracomunitarie imponibili è dovuta dai soggetti che effettuano le cessioni di beni, gli acquisti intracomunitari e le prestazioni di servizi.*

J

JOINT VENTURE /dʒɔint 'ventʃə/
loc. sos. f. inv. Prov. inglese
società di capitali a cui partecipano più aziende, anche di diversa nazionalità

*Il gruppo è sbarcato di recente in Australia dove, grazie ad una **joint venture** con operatori locali, ha in progetto la costruzione di uno stabilimento vicino ai giacimenti di materia prima.*

JUNK BOND /dʒʌŋk bɔnd/
loc. sos. m. inv. Prov. inglese
obbligazione(1) di una società considerata poco solida dal punto di vista economico

*La Banca d'Inghilterra potrebbe non vedere di buon occhio l'ingente emissione di debito di bassa qualità, come i cosiddetti **junk bond** utilizzati negli Stati Uniti per finanziare alcune di queste operazioni.*

K

KNOW HOW /nou hau/
loc. sos. m. inv. Prov. inglese
insieme delle conoscenze che permettono il miglior funzionamento possibile di un processo produttivo

*L'azienda andrà incontro a un processo d'innovazione attraverso l'acquisizione di **know how**, di formazione qualificata, di organizzazione.*

L

LANCIARE /lan'tʃare/

v. tr.

relativamente a un prodotto(1), sottoporre all'attenzione dei consumatori(1) attraverso una campagna pubblicitaria

*La nuova automobile della Fiat **è stata lanciata** sul mercato con una discreta ed elegante iniziativa pubblicitaria.*

LAVORATIVO /lavora'tivo/

agg.

relativo al lavoro

*Il ministro è favorevole al prolungamento di un'ora della settimana **lavorativa** dei funzionari del servizio pubblico.*

LAVORATORE (1) /lavora'tore/

sos. m. f. lavoratrice

chi lavora

*I **lavoratori** sono ancora una volta scesi in piazza per manifestare la loro rabbia nei confronti del Governo.*

LAVORATORE (2) /lavora'tore/

agg. f. lavoratrice

che lavora

*Si continua ancora a parlare di classi **lavoratrici**, anche se questo termine ormai è in disuso, ci ricorda semmai vecchie battaglie sindacali ormai lontanissime.*

LAVORATORE AUTONOMO /lavora'tore au'tɔnomo/

loc. sos. m. pl. lavoratori autonomi Sin. autonomo

chi lavora in proprio

*Dopo l'ennesima beffa della minimum tax, i **lavoratori autonomi** sono alle corde, asfissiati da una miriade di tasse e balzelli che sempre più spesso porta alla cessazione dell'attività.*

LAVORATORE DIPENDENTE /lavora'tore dipen'dɛnte/

loc. sos. m. pl. lavoratori dipendenti Sin. dipendente

chi lavora alle dipendenze di altri

*È necessario, dice il rappresentante del sindacato, che lavoratori autonomi e **lavoratori dipendenti** si uniscano nella lotta al nemico comune.*

LAVORO A COTTIMO /la'voro a* 'kɔttimo/

loc. sos. m. pl. lavori a cottimo

lavoro retribuito in base al risultato ottenuto

*È una forma di **lavoro a cottimo**, che quindi non è pagato a ore, ma a unità di prodotto.*

LAVORO A DOMICILIO /la'voro a* domi'tʃiljo/

loc. sos. m. pl. lavori a domicilio

lavoro svolto da un lavoratore(1) nella propria abitazione

*Molte casalinghe si offrono per fare **lavori a domicilio**.*

LAVORO DI CONCETTO /la'voro di kon'tʃɛtto/

loc. sos. m. pl. lavori di concetto

lavoro per cui sono richieste buone capacità intellettuali

*Nel campo dell'amministrazione aziendale sono prevalenti i **lavori di concetto**, per cui è preferibile assumere laureati.*

LAVORO NERO /la'voro 'nero/

loc. sos. m. pl. lavori neri

lavoro svolto da un lavoratore(1) senza regolare contratto

*Il "caporalato" è uno dei tanti esempi di **lavoro nero**, che nel Sud è quasi norma. Donne che vengono reclutate a condizioni disumane, col rischio di subire violenze di ogni tipo dai loro padroni, i cosiddetti "caporali".*

LAVORO PART TIME /la'voro paːt taim/

loc. sos. m. pl. lavori part time Prov. inglese

lavoro svolto a orario ridotto, non per l'intera giornata

*Vista la crisi occupazionale di fine secolo, i Governi stanno adottando varie misure tampone, tra cui il **lavoro part time** e il prepensionamento.*

LAVORO STRAORDINARIO /la'voro straordi'narjo/

loc. sos. m. pl. lavori straordinari Sin. straordinario

lavoro svolto fuori del normale orario

*Gli operai si sono accordati con il datore di lavoro per un'ora di **lavoro straordinario** al termine di ogni turno.*

LEASING /'liːsiŋ/

sos. m. inv. Prov. inglese

contratto con cui è possibile utilizzare un bene, per un periodo di tempo determinato, dietro pagamenti a intervalli regolari

*Anche nei momenti meno favorevoli per l'economia, il **leasing** si è dimostrato una formula vincente per gli operatori che vogliono ampliare impianti ed immobili produttivi o rinnovare i loro macchinari.*

LEGATO /le'gato/

agg.

relativo a un ordine di borsa da eseguire in combinazione con un altro ordine

*Comprare mille azioni Silva a 2.500 **legato** alla vendita di mille azioni Bus a 2.000. Quest'ordine significa che prima di acquistare le azioni Silva devono essere vendute le azioni Bus.*

LEGGE FINANZIARIA /'leddʒe finan'tsjarja/

loc. sos. f. pl. Leggi finanziarie Sin. Finanziaria(2)

insieme di norme economiche approvate annualmente dal Governo

*Il Presidente del Consiglio segnala l'intenzione del Governo di arrivare a un accordo entro giugno, ossia prima della stesura della **Legge finanziaria**.*

LETTERA /'lɛttera/

sos. f.

in borsa, prezzo di vendita di un titolo

*Per il piccolo risparmiatore si presentano molte difficoltà. Manca un listino ufficiale di riferimento, poiché quasi tutte le contrattazioni avvengono direttamente tra gli operatori, utilizzando vari circuiti telematici, con rilevazione dei prezzi offerti (**lettera**) e dei prezzi richiesti (denaro) puramente indicativa.*

LETTERA DI ACCREDITAMENTO /'lɛttera di akkredita'-mento/

loc. sos. f. pl. lettere di accreditamento

nello sconto(2), lettera con cui la banca comunica allo scontista(1) l'accredito del netto ricavo sul suo conto corrente

*Come possiamo vedere dalla **lettera di accreditamento**, all'operazione di accredito viene attribuita valuta il giorno successivo a quello dello sconto.*

LETTERA DI CREDITO /'lɛttera di 'kredito/

loc. sos. f. pl. lettere di credito

documento con cui una banca concede a un cliente di beneficiare di un'apertura di credito

*Se il traente si trova su piazze lontane, la banca consegna al cliente una **lettera di credito** nella quale si dichiara disposta ad accettare cambiali purché queste corrispondano a determinate condizioni.*

LEVERAGE /'liːvəridʒ/

sos. m. inv. Prov. inglese

rapporto tra debiti e patrimonio netto

*Quanto maggiore in un'impresa è il **leverage**, tanto maggiore è il rischio che al peggiorare della congiuntura gli oneri finanziari originati dal volume di debiti assorbano quote elevate degli utili lordi. Una buona gestione deve sempre assicurare il mantenimento nel tempo di un rapporto prudenziale tra debiti e mezzi propri.*

LEVERAGED BUY OUT /'liːvəridʒid bai aut/

loc. sos. m. inv. Prov. inglese

finanziamento(1) per l'acquisto(1) del pacchetto azionario di maggioranza di una società

*Taluni dirigenti parlano oggi di voler acquistare loro azioni, di fare un **leveraged buy out**. Ho cercato di incoraggiare in ogni modo soluzioni di questo genere.*

LIBBRA /'libbra/

sos. f.

misura di peso equivalente a 453,60 grammi

*Il presidente dei torrefattori brasiliani prevede che nei mesi invernali le quotazioni dell'arabica a New York saliranno sopra il dollaro per **libbra**.*

LIBERALIZZARE /liberalid'dzare/

v. tr.

ridurre o eliminare le barriere doganali

*È **stata** quindi **liberalizzata** la circolazione dei capitali e delle persone all'interno della Comunità europea.*

LIBERALIZZAZIONE /liberaliddzat'tsjone/

sos. f.

processo che riduce o elimina le barriere doganali

*Come primo passo verso l'unione, ma anche come necessario completamento della **liberalizzazione** dei movimenti monetari e dei capitali, dovrà essere reso più efficace il coordinamento delle politiche monetarie.*

LIBERISMO /libe'rizmo/

sos. m.

sistema economico contrario all'intervento dello Stato in economia

*Il **liberismo** economico si poneva dunque, accanto al proseguimento dell'indagine sulla genesi del profitto capitalistico, come ottimistica affermazione dello spirito individualistico.*

LIBERO SCAMBIO /'libero 'skambjo/

loc. sos. m.

sistema economico fondato sull'assenza di barriere al commercio internazionale

*Un giudice federale americano ha bloccato l'iter di approvazione del trattato di **libero scambio** tra Stati Uniti, Canada e Messico (Nafta). L'accordo violerebbe la normativa americana sull'ambiente.*

LIBOR /'libor/

sos. m. Prov. inglese Sigla Sciogl. London Interbank Offered Rate

tasso di interesse per le principali eurovalute sul mercato interbancario di Londra

*L'obbligazione avrà una cedola semestrale, con un tasso indicizzato al **Libor** e con uno spread di qualche centesimo di punto.*

LIBRETTO DI ASSEGNI /li'bretto di as'seɲɲi/

loc. sos. m. pl. libretti di assegni Var. libretto degli assegni Sin. carnet di assegni

blocchetto con un determinato numero di assegni rilasciato dalla banca al correntista

*CartaSi non è un bene destinato all'élite, ma un imprescindibile strumento in grado di sostituire efficacemente denaro contante e **libretto di assegni**.*

LIBRETTO DI DEPOSITO A RISPARMIO /li'bretto di de-'pɔzito a* ris'parmjo/

loc. sos. m. pl. libretti di deposito a risparmio Var. libretto di risparmio

documento rilasciato dalla banca al cliente all'apertura di un deposito a risparmio

*'Primabanca scuola' della Cassa di Risparmio è un **libretto di deposito a risparmio** nominativo che consente ai ragazzi dai 6 ai 14 anni di gestire i propri risparmi.*

LIBRETTO DI LAVORO /li'bretto di la'voro/

loc. sos. m. pl. libretti di lavoro

documento in cui sono registrati i rapporti di lavoro di un lavoratore dipendente

*Durante il tempo in cui il lavoratore è occupato, il **libretto di lavoro** resta depositato presso il datore di lavoro, che vi deve riportare le indicazioni prescritte.*

LIBRO CONTABILE /'libro kon'tabile/

loc. sos. m. pl. libri contabili

registro in cui sono indicate le operazioni contabili(2) relative all'esercizio dell'azienda

*La rilevazione sui **libri contabili** riguarda tutti i fatti aziendali che si ripercuotono sul patrimonio e sul reddito dell'azienda.*

LICENZIAMENTO /litʃentsja'mento/

sos. m.

atto con cui un datore di lavoro esonera un lavoratore dipendente dal contratto di lavoro

Con il salvataggio della compagnia tirano un sospiro di sollievo i circa 7mila dipendenti, che già temevano il **licenziamento.**

LICENZIARE /litʃen'tsjare/
v. tr.
esonerare un lavoratore dipendente dal contratto di lavoro
Più di 500 operai rischiano di **essere licenziati** *a causa della crisi in cui da mesi si dibatte l'azienda torinese.*

LIFFE /'liffe/
sos. m. Prov. inglese Sigla Sciogl. London International Financial Future Exchange
mercato inglese delle contrattazioni dei future
Il bTp future ha sfondato anche quota 103, salendo in serata sul **Liffe** *fino a 103,30.*

LINEA DI CREDITO /'linea di 'kredito/
loc. sos. f. pl. linee di credito
totale di fido concesso da una banca a un'azienda
La società ha registrato una perdita netta molto pesante. Fra le cause, il sensibile scadimento della puntualità dei pagamenti di molti clienti (con diminuzione della regolare rotazione del portafoglio e dell'elasticità di utilizzo delle **linee di credito***).*

LINEA DI PRODOTTI /'linea di pro'dotti/
loc. sos. f. pl. linee di prodotti
serie di prodotti (1) di una stessa marca (2) con caratteristiche simili
La nuova **linea di prodotti** *cosmetici è caratterizzata da una confezione più curata.*

LIQUIDABILE /likwi'dabile/
agg.
che si può liquidare
Sono stati resi noti i beni **liquidabili** *in seguito al fallimento dell'azienda.*

LIQUIDARE /likwi'dare/
v. tr.
trasformare in denaro
Si parlerà di recesso del socio nel caso in cui la società provveda a **liquidare** *la quota di spettanza del socio stesso, riducendo di conseguenza il patrimonio sociale.*

LIQUIDATORE (1) /likwida'tore/
sos. m. f. liquidatrice
chi procede a una liquidazione (1)
Il **liquidatore** *ha ricevuto l'incarico dal ministro dei Lavori pubblici.*

LIQUIDATORE (2) /likwida'tore/
agg. f. liquidatrice
che procede a una liquidazione (1)
Il commissario **liquidatore** *partirà entro mercoledì con la prima fase di privatizzazione.*

LIQUIDATORIO (1) /likwida'tɔrjo/
agg. pl. m. liquidatori, pl. f. liquidatorie
relativo alla liquidazione (1)

Tale procedimento **liquidatorio** *consente di eliminare molti errori contenuti nella dichiarazione del contribuente.*

LIQUIDATORIO (2) /likwida'tɔrjo/
agg. pl. m. liquidatori, pl. f. liquidatorie
relativo alla liquidazione (2)
L'indennità **liquidatoria** *è calcolata sulla base delle retribuzioni degli ultimi anni di attività.*

LIQUIDATORIO (3) /likwida'tɔrjo/
agg. pl. m. liquidatori, pl. f. liquidatorie
relativo alla liquidazione (3)
Le operazioni **liquidatorie** *si sono trasformate con l'avvio della borsa continua, ci si avvia a forme più snelle di regolamenti, attraverso i computer.*

LIQUIDAZIONE (1) /likwidat'tsjone/
sos. f.
trasformazione in denaro
La compagnia è stata posta in **liquidazione** *all'inizio di giugno, dopo un travaglio di oltre due anni.*

LIQUIDAZIONE (2) /likwidat'tsjone/
sos. f. Sin. trattamento di fine rapporto
somma di denaro dovuta dal datore di lavoro al lavoratore dipendente alla fine del rapporto di lavoro
La **liquidazione** *è calcolata in base alla durata del rapporto di lavoro e in base all'ultima retribuzione.*

LIQUIDAZIONE (3) /likwidat'tsjone/
sos. f.
in borsa, adempimento delle obbligazioni (2) assunte con i contratti
È prevista la possibilità di risposta anticipata con **liquidazione** *il terzo giorno successivo a quello della risposta premi (è la cosiddetta facoltà americana).*

LIQUIDITÀ /likwidi'ta*/
sos. f. inv. Contr. attività non liquida
V. attività liquida
Solo nel settore delle RC auto operano 130 società, e tra queste ci sarà sicuramente chi assesterà dei colpi proibiti perché si trova in crisi di gestione o di **liquidità***.*

LIQUIDO (1) /'likwido/
sos. m.
V. contante (1)
Le famiglie italiane dispongono di una notevole quantità di **liquido** *e sono disposte a finanziare il debito dello Stato.*

LIQUIDO (2) /'likwido/
agg.
V. contante (2)
Gli investimenti e i fondi **liquidi** *iscritti all'attivo ammontano a 3.600 miliardi relativi ad azioni e partecipazioni.*

LIRA /'lira/
sos. f.
unità monetaria (2) di Italia, Irlanda e Turchia
La **lira** *è in ripresa in tutte le principali piazze europee. A New York il dollaro valeva ieri 1.610 lire.*

LIRA VERDE /'lira 'verde/
loc. sos. f. pl. lire verdi

cambio(2) con cui i prezzi dei prodotti(1) agricoli della Cee, espressi in ecu, sono convertiti in lire italiane

*La svalutazione della lira ha sicuramente pesato sui prezzi d'acquisto del grano anche sul mercato interno, per gli effetti di aggiustamento della **lira verde**.*

LISTA DI COLLOCAMENTO /'lista di kolloka'mento/
loc. sos. f. pl. liste di collocamento

elenco delle persone in cerca di lavoro, redatto dall'Ufficio di collocamento

*Possono partecipare al concorso i giovani al di sotto dei 32 anni iscritti alle **liste di collocamento**.*

LISTINO /lis'tino/
sos. m.

in borsa, elenco delle quotazioni ufficiali dei titoli trattati

*In ripresa anche il mercato di Francoforte, dopo che si era attenuata la preoccupazione per un imminente rialzo dei tassi tedeschi; il **listino** ha recuperato ieri l'1,30%.*

LISTINO PREZZI /lis'tino 'prɛttsi/
loc. sos. m. pl. listini prezzi Var. listino dei prezzi

documento in cui sono indicati i prezzi delle merci vendute da un'azienda

*Il **listino prezzi** della ditta è aggiornato al 4 gennaio 1994.*

LOBBY /'lɔbi/
sos. f. inv. Prov. inglese

gruppo di persone che utilizza il proprio potere per influenzare le politiche economiche e finanziarie

*Entro il 31 dicembre l'Italia deve dire se vuole ancora i fondi strutturali. Anche perché nei corridoi di Bruxelles premono le **lobby** spagnole, affiancate da quelle portoghesi.*

LOCARE /lo'kare/
v. tr.

dare in locazione

*In base alla nuova norma il reddito imponibile degli immobili che **sono stati locati** è costituito dal canone ridotto delle spese di manutenzione se la differenza ottenuta risulta maggiore della rendita catastale.*

LOCATARIO /loka'tarjo/
sos. m. pl. locatari

chi riceve un bene immobile in locazione

*Il **locatario** è tenuto a rispettare la destinazione d'uso dell'appartamento.*

LOCATORE /loka'tore/
sos. m. f. locatrice

chi dà un bene immobile in locazione

*Secondo i periti, i contratti avrebbero assicurato ai **locatori** un reddito netto annuo oscillante fra il 2 e il 19 per cento.*

LOCAZIONE /lokat'tsjone/
sos. f.

contratto con cui è concessa la disponibilità di un bene immobile dietro pagamenti periodici al proprietario(1)

*Oggi è più difficile dare il proprio appartamento in **locazione** a un prezzo vantaggioso.*

LOGO /'lɔgo/
sos. m. inv.

simbolo grafico associato a un marchio per facilitare l'identificazione di un prodotto(1)

*Diet Coke ha rinunciato allo slogan creato per lei dalla Lintas solo sei mesi fa. "Taste it all" è scomparso ed è stato ingrandito il **logo**.*

LORDO(1) /'lordo/
sos. m. Contr. netto(1)

quantità da cui non sono state sottratte certe componenti

*La tredicesima semestralità di interessi relativa al periodo 1º febbraio / 31 luglio 1994 verrà messa in pagamento dal 2 agosto 1994 in ragione di lire 96.000 al **lordo** della ritenuta di legge.*

LORDO(2) /'lordo/
agg. Contr. netto(2)

relativo a una quantità da cui non sono state sottratte certe componenti

*Il tasso di interesse **lordo** è calato fino a raggiungere il 5% in pochi mesi.*

LUCRARE /lu'krare/
v. tr. Sin. realizzare
V. guadagnare

*All'insorgere di un debito da pagare alla scadenza prevista dal calendario di borsa si contrapporrebbe un credito di importo superiore, per cui l'operatore verrebbe a **lucrare** la relativa differenza senza procedere ad esborso di denaro.*

M

MACCHINARIO /makki'narjo/
sos. m. pl. macchinari

insieme delle macchine utilizzate per svolgere un lavoro

*La legge prevede finanziamenti per l'acquisto di **macchinari**, per i crediti export e per i programmi di penetrazione commerciale.*

MACROECONOMIA /makroekono'mia/

sos. f.

settore della scienza economica che studia il comportamento del sistema economico nel suo complesso

*Sul versante della **macroeconomia**, c'è da augurarsi che una più rapida discesa dei tassi e un maggior coordinamento delle politiche economiche possano contenere i tempi di questa ormai lunga fase recessiva dell'economia mondiale.*

MACROECONOMICO /makroeko'nɔmiko/
agg. pl. m. macroeconomici, pl. f. macroeconomiche
relativo alla macroeconomia
Esiste uno spazio notevole, in termini di aggregati macroeconomici, per lo sviluppo di un mercato azionario più adeguato alle esigenze del sistema produttivo.

MAGAZZINO (1) /magad'dzino/
sos. m.
quantità di merce di cui dispone un'azienda o un negozio
Il magazzino della ditta al momento scarseggia; i titolari stanno cercando di vendere le rimanenze per poi procedere ad un'operazione di rinnovamento.

MAGAZZINO (2) /magad'dzino/
sos. m.
locale adibito al deposito di merci
I magazzini sono stati presi in affitto per il prossimo triennio. La loro ubicazione centralissima è particolarmente favorevole.

MALVERSAZIONE /malversat'tsjone/
sos. f.
reato commesso da un pubblico ufficiale quando si appropria di denaro o beni che ha a disposizione per ragioni di servizio
Gli impiegati di banca non sono pubblici ufficiali, quindi non possono essere accusati di malversazione.

MANAGEMENT (1) /'mænidʒmənt/
sos. m. inv. Prov. inglese
insieme delle funzioni relative alla gestione di un'azienda
Si terrà alla sala convegni della Banca Popolare Commercio e Industria di Milano il congresso sul management dell'attivo e del passivo nelle banche italiane. Si parlerà di assetto organizzativo, di strumenti derivati e di aspetti legali e fiscali.

MANAGEMENT (2) /'mænidʒmənt/
sos. m. inv. Prov. inglese
insieme di manager con alti poteri decisionali
Il management del gruppo è consapevole del momento delicato dell'economia nazionale.

MANAGEMENT BUY OUT /'mænidʒmənt bai aut/
loc. sos. m. inv. Prov. inglese
acquisto (1) del pacchetto azionario di maggioranza di una società da parte dei suoi stessi dirigenti (1)
Nel nostro paese la Citicorp ha concluso negli ultimi anni operazioni di management buy out per un valore globale di 850 milioni di lire.

MANAGER /'mænidʒə/ (It. /'mɛnadʒer/)
sos. m./f. inv. Prov. inglese
dirigente (1) che assume le funzioni dell'imprenditore
Il nuovo dirigente della società è stato per undici anni manager e azionista al 100% di una nota casa farmaceutica.

MANAGERIALE /manadʒe'rjale/
agg.
relativo al manager

I corsi di formazione manageriale e imprenditoriale saranno due: uno di Economia e impresa, l'altro sul Sistema tessile.

MANAGERIALITÀ /manadʒerjali'ta*/
sos. f. inv.
insieme delle qualità professionali caratteristiche del manager
L'azienda cerca giovani capaci, con doti spiccate di managerialità, che possano dare un'impronta nuova, cosa che farebbe molto bene alla sua immagine in campo internazionale.

MANDATO DI PAGAMENTO /man'dato di paga'mento/
loc. sos. m. pl. mandati di pagamento
documento in cui è indicato un ordine di pagamento
Il mandato di pagamento è stato consegnato al cassiere dell'istituto di credito la settimana scorsa.

MANIFATTURA /manifat'tura/
sos. f.
insieme delle attività produttive (1) volte a trasformare la materia prima in manufatti
Nel comparto della manifattura le cose stanno andando un po' meglio, vista la ripresa delle esportazioni specie in ambito comunitario.

MANIFATTURIERO /manifattu'rjɛro/
agg.
relativo alla manifattura
Il Presidente USA chiede il dimezzamento in 4 anni del deficit commerciale americano nei confronti di Tokio e l'aumento di un terzo delle importazioni giapponesi di prodotti manifatturieri statunitensi.

MANODOPERA /mano'dɔpera/
sos. f. Solo singolare
insieme dei lavoratori dipendenti che svolgono essenzialmente lavoro manuale
A favore dell'azienda hanno giocato i vantaggi logistici e il basso costo della manodopera locale.

MANSIONE /man'sjone/
sos. f.
compito professionale
È la sua mansione, quella di ricevere i clienti e indirizzarli ai vari uffici competenti.

MANUFATTO /manu'fatto/
sos. m.
prodotto (1) lavorato a mano
Il contenuto aumento dei prezzi in lire dei manufatti importati incide favorevolmente sul buon andamento della bilancia commerciale.

MARCA (1) /'marka/
sos. f. pl. marche
simbolo grafico applicato da un'azienda ai propri prodotti (1) per una migliore identificazione
I quattro sono stati denunciati perché avevano falsificato la marca di una nota ditta locale.

MARCA (2) /'marka/

sos. f. pl. marche

azienda contrassegnata da una marca(1)

La crisi ha colpito solo marginalmente le grandi marche italiane.

MARCHIO /'markjo/

sos. m. pl. marchi

nome che distingue i prodotti(1) di un'azienda

Il gruppo Wella è in crescita in Italia e pensa all'acquisizione di marchi affermati nel campo della cura dei capelli.

MARCO /'marko/

sos. m. pl. marchi

unità monetaria(2) della Germania

Il ministro delle Finanze tedesco ha ribadito che Bonn non metterà mai a rischio la stabilità del marco.

MARGINALE (1) /mardʒi'nale/

agg.

relativo al margine(1)

Ogni prodotto venduto fornisce un margine di contribuzione per la copertura dei costi fissi aziendali; la sommatoria marginale può risultare inferiore, uguale o superiore al totale dei costi fissi.

MARGINALE (2) /mardʒi'nale/

agg.

relativo al margine(2)

Proprio il fatto che i guadagni marginali che la società ottiene dal consumo dell'ultima unità sono uguali ai costi marginali che la società deve sostenere per produrre quell'ultima unità, garantisce un buon equilibrio concorrenziale.

MARGINALISMO /mardʒina'lizmo/

sos. m.

teoria che intende spiegare tutto il sistema economico a partire dal grado di soddisfazione dell'individuo

La teoria del marginalismo deve il suo nome al concetto di "margine", secondo il quale per ogni calcolo economico si immagina di aumentare o diminuire un fattore o una merce di una piccola quantità, quindi si confrontano i vantaggi e gli svantaggi previsti.

MARGINE (1) /'mardʒine/

sos. m.

in contabilità, quantità che indica una differenza

Nell'attività di vendita al dettaglio, è detto margine lordo quello che rappresenta la differenza tra il prezzo di vendita di un bene e il prezzo pagato dal dettagliante, senza tener conto delle spese generali, delle variazioni di scorte o delle imposte.

MARGINE (2) /'mardʒine/

sos. m.

ultima unità considerata

L'aliquota marginale, o al margine, di una imposta sul reddito è la percentuale dell'ultima lira di reddito pagata in imposte.

MARGINE DI CONTRIBUZIONE /'mardʒine di kontribut'tsjone/

loc. sos. m. pl. margini di contribuzione

in contabilità, differenza tra i ricavi e i costi delle scelte di produzione(1)

La redditività è rimasta piuttosto esigua a causa dei bassi margini di contribuzione.

MARGINE DI INTERESSE /'mardʒine di inte'rɛsse/

loc. sos. m. pl. margini di interesse

differenza stabilita da una banca tra il tasso di interesse sulle proprie attività e il tasso di interesse sulle proprie passività

Il margine di interesse e il margine di intermediazione sono grandezze spesso espresse in misura percentuale rispetto alla quantità di fondi intermediati.

MARGINE OPERATIVO LORDO /'mardʒine opera'tivo 'lordo/

loc. sos. m. pl. margini operativi lordi

nel conto economico, differenza tra il valore aggiunto e il costo del lavoro

Il margine operativo lordo dell'esercizio '93 si è attestato su 9.964 miliardi, con un incremento del 2% rispetto all'ammontare realizzato nel '92.

MARKETING /'maːkitiŋ/ (It. /'marketin/)

sos. m. inv. Prov. inglese

insieme delle operazioni e delle analisi relative alla vendita di un prodotto(1) sul mercato

Piccole o grandi che siano, le banche hanno messo su il loro ufficio marketing per fornire tutta l'assistenza necessaria per il leasing.

MASSIMALE /massi'male/

sos. m.

valore massimo che una grandezza può assumere

Sotto la spinta di una forte concorrenza nel mercato del credito, il tasso attivo medio praticato dalle aziende di credito continuava a scendere dopo la rimozione del massimale.

MASS MEDIA /mæs 'miːdiai/ (It. /mas 'midja/)

loc. sos. m. inv. Prov. inglese

insieme dei mezzi di comunicazione di massa

È nota l'importanza che i mass media rivestono nell'economia odierna, soprattutto se si pensa all'enorme impatto della pubblicità sui consumatori.

MATERIA PRIMA /ma'tɛria 'prima/

loc. sos. f. pl. materie prime

bene fornito dalla natura, da trasformare perché possa soddisfare i bisogni dell'uomo

Nel corso dei prossimi anni i mercati delle materie prime, in particolare quelle energetiche, dovrebbero essere caratterizzati da una relativa stabilità dei prezzi reali.

MATIF /'matif/

sos. m. Prov. francese Sigla Sciogl. Marché à Terme International de France

mercato francese delle contrattazioni dei future

Al Matif il contratto future sui titoli decennali ha guadagnato 22 punti base rispetto a venerdì.

MEDIATORE (1) /medja'tore/
sos. m. f. mediatrice
V. intermediario (1)

*Molti amici gli hanno affidato i loro soldi, gente che ha conosciuto durante la sua attività di **mediatore** in campo siderurgico.*

MEDIATORE (2) /medja'tore/
agg. f. mediatrice
V. intermediario (2)

*Esistono ormai numerosi esempi di società **mediatrici** che sono entrate nel mondo dell'investimento mobiliare.*

MEDIOBANCA /mɛdjo'banka/
sos. f.

società per azioni che concede finanziamenti (2) a medio termine

***Mediobanca** può anche assumere partecipazioni in società industriali, commerciali o finanziarie e partecipare a consorzi di collocamento di titoli azionari e obbligazionari.*

MENSILE /men'sile/
agg.

che ha la durata di un mese

*I dipendenti versano quote **mensili** a favore delle associazioni sindacali.*

MENSILITÀ /mensili'ta*/
sos. f. inv.

somma di denaro da pagare o riscuotere ogni mese

*I lavoratori dell'azienda ricevono ogni anno quattordici **mensilità**.*

MERCANZIA /merkan'tsia/
sos. f.

insieme di merci che possono essere vendute

*Buona parte della **mercanzia** giunta ieri a destinazione è stata immagazzinata.*

MERCATINO /merka'tino/
sos. m.

V. mercato ristretto

*Ancora una volta l'andamento dell'indice Cariplo è la dimostrazione più lampante dell'atmosfera del **mercatino**: la variazione giornaliera più ampia iscritta durante la settimana è stata dello 0,25%, ma normalmente non ha superato lo 0,1%.*

MERCATO /mer'kato/
sos. m.

insieme delle contrattazioni che determinano la quantità di beni e servizi scambiati e i loro prezzi

*L'aggravarsi della situazione debitoria sui **mercati** del credito nazionali e internazionali allontana il rientro della lira nello Sme.*

MERCATO A CONTANTI /mer'kato a* kon'tanti/
loc. sos. m. pl. mercati a contanti

insieme delle contrattazioni di valori mobiliari con liquidazione (3) per contante

*Nel nuovo **mercato a contanti**, i saldi relativi alle liquida-*

zioni giornaliere verranno presentati automaticamente alle stanze di compensazione tramite il nuovo servizio giornaliero di riscontro e rettifiche dei contratti.

MERCATO AZIONARIO /mer'kato attsjo'narjo/
loc. sos. m. pl. mercati azionari

insieme delle contrattazioni di azioni

*Nel **mercato azionario** un'alta percentuale delle 727 nuove emissioni previste per i prossimi mesi è composta da offerte pubbliche iniziali di piccole e medie dimensioni.*

MERCATO DEI CAMBI /mer'kato 'dei 'kambi/
loc. sos. m. pl. mercati dei cambi Sin. mercato valutario

insieme delle contrattazioni di valuta (2)

*In attesa di una decisione sui tassi da parte della Bundesbank e del raggiungimento di un accordo sul costo del lavoro, il **mercato dei cambi** ha vissuto ieri una giornata interlocutoria, con scambi ridotti.*

MERCATO DEI CAPITALI /mer'kato 'dei kapi'tali/
loc. sos. m. pl. mercati dei capitali

insieme delle contrattazioni di moneta (1) e credito (1)

*L'esistenza di un efficiente **mercato dei capitali** è la condizione indispensabile per la sopravvivenza di un sistema di produzione basato su scelte di mercato.*

MERCATO DEL LAVORO /mer'kato del la'voro/
loc. sos. m. pl. mercati del lavoro

insieme dei meccanismi che regolano la domanda e l'offerta di lavoro

*L'amministrazione non abbandonerà le trattative con Messico e Canada per gli accordi supplementari sull'ambiente e sul **mercato del lavoro**.*

MERCATO FINANZIARIO /mer'kato finan'tsjarjo/
loc. sos. m. pl. mercati finanziari

insieme delle contrattazioni di moneta (1) e credito (1) a medio termine e a lungo termine

*Perché una trasformazione si compia restano essenziali la guida di una grande impresa consapevole e il sostegno di un **mercato finanziario** articolato.*

MERCATO IMMOBILIARE /mer'kato immobi'ljare/
loc. sos. m. pl. mercati immobiliari

insieme delle contrattazioni di beni immobili

*Già da un paio d'anni ormai il **mercato immobiliare** nazionale è fermo, e questo trova una spiegazione nell'aumento delle imposte sugli immobili.*

MERCATO LIBERO /mer'kato 'libero/
loc. sos. m. pl. mercati liberi

mercato in cui acquirenti (1) e venditori (1) operano in piena libertà

*Quello che gli economisti chiedono è finalmente un vero **mercato libero**, retto dal gioco della domanda e dell'offerta, governato dalle leggi della concorrenza.*

MERCATO MOBILIARE /mer'kato mobi'ljare/
loc. sos. m. pl. mercati mobiliari

insieme delle contrattazioni di borsa

Recentemente si è assistito a una vera e propria rinascita del **mercato mobiliare**, *grazie all'ottimismo degli operatori che considerano ormai alle spalle la crisi economica.*

MERCATO MONETARIO /mer'kato mone'tarjo/
loc. sos. m. pl. mercati monetari

insieme delle contrattazioni di moneta(1) e credito(1) a breve termine

Nel **mercato monetario** *operano, come offerenti, i risparmiatori che intendono privarsi della disponibilità dei mezzi monetari solo per brevi periodi di tempo.*

MERCATO NERO /mer'kato 'nero/
loc. sos. m. pl. mercati neri

insieme delle contrattazioni di beni venduti a un prezzo superiore a quello massimo stabilito per legge

Ormai nella zona devastata dalla guerra scarseggiano i beni di prima necessità, si è costretti a ricorrere al **mercato nero** *perfino per prodotti come carne e burro.*

MERCATO OBBLIGAZIONARIO /mer'kato obbligattsjo'-narjo/
loc. sos. m. pl. mercati obbligazionari

insieme delle contrattazioni di obbligazioni(1)

La Autostrade torna dopo diciassette anni sul **mercato obbligazionario** *con un'emissione settennale a tassi variabili dell'importo di 500 miliardi.*

MERCATO PARALLELO /mer'kato paral'lɛlo/
loc. sos. m. pl. mercati paralleli

insieme delle contrattazioni di divise non sottoposte a controlli valutari

Lo squilibrio del mercato interno ha provocato carenza di beni di largo consumo, nonché una forbice considerevole tra prezzo ufficiale e prezzo sul **mercato parallelo**.

MERCATO PRIMARIO /mer'kato pri'marjo/
loc. sos. m. pl. mercati primari

insieme delle contrattazioni di borsa relative a nuove emissioni(1) di titoli

Non era imprevisto questo calo di interesse dei risparmiatori sull'emissione dei nuovi boT al **mercato primario**. *Ormai i bassi tassi di interesse dei titoli pubblici spingono verso i fondi comuni o, per chi ama il rischio, verso le azioni.*

MERCATO RISTRETTO /mer'kato ris'tretto/
loc. sos. m. pl. mercati ristretti Sin. mercatino

insieme delle contrattazioni di borsa relative a titoli senza quotazione ufficiale

Ancora una riunione di attesa al **mercato ristretto**. *È ancora l'incertezza a condizionare le scelte degli investitori e il listino si mantiene stabile.*

MERCATO SECONDARIO /mer'kato sekon'darjo/
loc. sos. m. pl. mercati secondari

insieme delle contrattazioni di borsa relative a titoli già in circolazione

Il **mercato secondario** *dei titoli di Stato ha riscattato con un rush finale una seduta cominciata in calo.*

MERCATO TELEMATICO /mer'kato tele'matiko/
loc. sos. m. pl. mercati telematici

insieme delle contrattazioni di borsa effettuate attraverso un sistema di collegamento telematico

La prima tappa sulla via della liquidazione a contanti è rappresentata dal **mercato telematico** *che è stato recentemente esteso a un totale di 80 titoli quotati in Piazza Affari.*

MERCATO VALUTARIO /mer'kato valu'tarjo/
loc. sos. m. pl. mercati valutari

V. mercato dei cambi

Il marco si è leggermente indebolito sui **mercati valutari** *in seguito ai dati sul pil.*

MERCE /'mɛrtʃe/
sos. f.

bene destinato allo scambio

Per il pagamento della **merce** *è possibile fare ricorso al cosiddetto credito documentario, tramite l'intervento di un istituto di credito che regolerà i rapporti tra importatore ed esportatore.*

MERCHANDISING /'məːtʃəndaiziŋ/
sos. m. inv. Prov. inglese

attività volta a promuovere la vendita di un prodotto(1) dopo che questo è giunto al punto vendita

Una gestione superficiale, un'amministrazione approssimativa, una visione "fai da te" del **merchandising** *non fanno che rimarcare la differenza fra un punto vendita gestito da professionisti del commercio e uno condotto secondo vecchi sistemi.*

MERCHANT BANK /'məːtʃənt bæŋk/
loc. sos. f. inv. Prov. inglese

istituto di credito che concede finanziamenti(2) a imprese industriali(1) e commerciali

Questi fattori hanno spinto il gruppo nel mirino delle **merchant bank**, *sempre alla ricerca di imprenditori nuovi su cui scommettere.*

MEZZI PROPRI /'mɛddzi 'prɔpri/
loc. sos. m. pl. Sin. patrimonio netto, capitale netto

V. capitale di rischio

Quanto più elevato è l'ammontare del capitale investito rispetto ai **mezzi propri**, *tanto maggiore è il grado di indebitamento dell'azienda e, quindi, la sua dipendenza finanziaria dall'esterno.*

MEZZO DI PRODUZIONE /'mɛddzo di produt'tsjone/
loc. sos. m. pl. mezzi di produzione

bene o risorsa utilizzati nella produzione(1) di altri beni

Dopo lo scambio il lavoro è diventato un **mezzo di produzione** *e il suo uso, nel rispetto del contratto, una prerogativa dei capitalisti.*

MICROECONOMIA /mikroekono'mia/
sos. f.

settore della scienza economica che studia il comportamento di singoli prezzi e quantità

In un certo senso, la **microeconomia** *osserva e analizza il sistema economico al microscopio, studiando il comportamento delle singole molecole che lo formano, cioè le imprese e le famiglie.*

MICROECONOMICO /mikroeko'nɔmiko/
agg. pl. m. microeconomici, pl. f. microeconomiche
relativo alla microeconomia
Bisogna aggiungere che un contributo fondamentale allo sviluppo teorico della componente microeconomica del pensiero di Smith lo dette Bentham.

MIF /mif/
sos. m. Sigla Sciogl. Mercato italiano future
mercato italiano delle contrattazioni dei future
Il Mif è stato istituito con decreto 18.2.1992 del ministro del Tesoro; si avvale del circuito usato per le negoziazioni del Mercato dei titoli di Stato.

MILLANTATO CREDITO /millan'tato 'kredito/
loc. sos. m.
reato commesso da chi, facendo credere di avere influenza su un pubblico ufficiale, riceve denaro come compenso(1) per compiere un'azione di mediazione presso di lui
La convinzione dei magistrati è che le tangenti che l'imprenditore afferma di aver pagato o sono il frutto di un caso clamoroso di millantato credito oppure rappresentano la prova dell'esistenza di un sistema che imponeva il pagamento di mazzette in cambio del via libera all'erogazione di finanziamenti.

MINIMUM TAX /'minimum taks/
loc. sos. f. inv. Prov. latino
imposta che colpisce il reddito dei lavoratori autonomi
Le cifre relative alla minimum tax sono parziali e si deve sperare che maggiori gettiti siano venuti negli ultimi giorni.

MINISTERO DELLE FINANZE /minis'tɛro 'delle fi'nantse/
loc. sos. m.
ministero che regola il settore tributario
Al ministero delle Finanze si sta studiando una nuova imposta sui lavoratori autonomi, qualcosa che possa colmare il buco di tremila miliardi appena scoperto.

MINISTERO DEL TESORO /minis'tɛro del te'zɔro/
loc. sos. m. Sin. Tesoro
ministero che regola il settore della spesa pubblica
Per la prima volta il ministero del Tesoro ha proposto un'emissione inframensile dei bTp triennali, con esito più che soddisfacente.

MINUSVALENZA /minuzva'lɛntsa/
sos. f. Contr. plusvalenza
minor valore di un'attività, di un titolo o di una partecipazione rispetto al valore indicato in bilancio
Fra gli elementi di carattere straordinario, va segnalata la minusvalenza di 5,6 miliardi sul portafoglio titoli a reddito fisso in parte controbilanciata da minori accantonamenti a fondi rischi.

MISTO /'misto/
agg.
formato da elementi pubblici e privati(2)
Le imprese italiane che vogliono costituire società miste all'estero potranno beneficiare di crediti agevolati promossi dalla Cee.

MOBILIARE /mobi'ljare/
agg.
relativo a ciò che è quotato in borsa
L'intermediazione dei patrimoni mobiliari è un importante settore di attività di banche e di società finanziarie. Gli italiani si rivolgono a loro per avere dei consigli su come investire i risparmi.

MOBILITÀ /mobili'ta*/
sos. f. inv.
provvedimento con cui un lavoratore(1) è trasferito in una sede di lavoro diversa
Uno degli obiettivi delle organizzazioni sindacali è quello di contenere i licenziamenti, oltre che di agevolare la mobilità dei lavoratori.

MODULO /'mɔdulo/
sos. m.
documento stampato da compilare
Sui moduli inviati compaiono anche le indicazioni necessarie per il corretto versamento dell'imposta.

MOLTIPLICATORE /moltiplika'tore/
sos. m.
in macroeconomia, meccanismo per cui la variazione di una grandezza economica genera una variazione superiore in un'altra grandezza economica ad essa collegata
Le prime tracce di una rudimentale ma profonda intuizione del moltiplicatore si ritrovano già in Marx.

MONETA(1) /mo'neta/
sos. f.
il complesso dei mezzi di pagamento, dei depositi(2) e dei titoli disponibili in breve tempo in un Paese
Secondo i dati più recenti, l'aumento dell'offerta di moneta sarebbe di nuovo in rallentamento in Germania e l'inflazione da domanda è in questo momento molto contenuta.

MONETA(2) /mo'neta/
sos. f.
mezzo di scambio utilizzato per acquistare beni e servizi
La moneta è desiderata non per il suo valore intrinseco, ma per le cose che permette di acquistare.

MONETA BANCARIA /mo'neta ban'karja/
loc. sos. f.
moneta(2) rappresentata da assegni
I titoli di credito bancari hanno una circolazione fiduciaria e inoltre, siccome richiedono l'intervento di un istituto di credito in qualità di emittente o di trattario, prendono la denominazione di moneta bancaria.

MONETA CARTACEA /mo'neta kar'tatʃea/
loc. sos. f.
V. carta moneta
La moneta metallica e la moneta cartacea (la cui somma è definita moneta circolante, o più semplicemente moneta o denaro) ammontano a circa un quarto della moneta totale per transazioni.

MONETA ELETTRONICA /mo'neta elet'trɔnika/
loc. sos. f. Sin. monetica

modalità di pagamento rappresentata dal trasferimento elettronico di denaro dal conto corrente dell'acquirente (1) a quello del venditore (1)
L'avvento della telematica ha qualificato le card come un aspetto importante del più generale concetto di moneta elettronica.

MONETA LEGALE /mo'neta le'gale/
loc. sos. f.

moneta (2) ufficialmente riconosciuta dallo Stato
I biglietti di banca potevano essere sempre convertiti nella moneta legale ed erano utilizzati per ragioni di comodità.

MONETA METALLICA /mo'neta me'tallika/
loc. sos. f. pl. monete metalliche

moneta (2) rappresentata da piccoli dischi di metallo
Per quanto concerne la moneta metallica, anzitutto ci sono le monete che usiamo come spiccioli, come quelle da 200 e da 500 lire.

MONETARIO (1) /mone'tarjo/
agg. pl. m. monetari, pl. f. monetarie

relativo alla moneta (1)
L'altro aggregato monetario in ordine di importanza è la "moneta in senso lato" (detta anche quasi-moneta).

MONETARIO (2) /mone'tarjo/
agg. pl. m. monetari, pl. f. monetarie

relativo alla moneta (2)
A proposito dell'unità monetaria belga, dobbiamo dire che oggi è in ribasso rispetto alla quotazione di venerdì scorso.

MONETARISMO /moneta'rizmo/
sos. m.

teoria economica secondo cui lo Stato deve limitarsi a emettere moneta (1) in quantità costante poiché il sistema economico privato (2) tende all'equilibrio in modo automatico
Come vedremo, il monetarismo concorda con la macroeconomia dominante nel dare molta importanza a una seria considerazione delle determinanti della spesa aggregata e delle condizioni dell'offerta.

MONETARISTA (1) /moneta'rista/
sos. m./ f. pl. m. monetaristi

chi segue il monetarismo
I monetaristi pensano che un tasso fisso di crescita della moneta elimineratebbe la maggiore causa di instabilità di un sistema economico moderno, cioè gli spostamenti inaffidabili della politica monetaria.

MONETARISTA (2) /moneta'rista/
agg. pl. m. monetaristi, pl. f. monetariste

che segue il monetarismo
La teoria monetarista attribuisce grande importanza alla moneta, come fattore determinante del PNL nominale nel breve periodo e dei prezzi nel lungo.

MONETICA /mo'netika/
sos. f.

V. moneta elettronica
Se non è un problema di infrastrutture, allora cos'è che frena nel nostro Paese lo sviluppo della monetica?

MONETIZZARE /monetid'dzare/
v. tr.

trasformare risorse in denaro
Le aziende di credito riescono a monetizzare attività di dubbia consistenza; i Governi dei Paesi interessati riducono in parte il peso del debito estero indirizzando fondi verso scopi di chiara utilità sociale.

MONETIZZAZIONE /monetiddzat'tsjone/
sos. f.

atto con cui le risorse sono trasformate in denaro
La banca, una volta effettuate attente indagini nei confronti degli obbligati principali, può aprire un credito al proprio cliente permettendo la monetizzazione dei suoi crediti.

MONEY MANAGER /'mʌni 'mænidʒə/ (It. /'mani 'mɛnadʒer/)
loc. sos. m. inv. Prov. inglese

chi per professione si occupa di gestione patrimoniale
Al posto del singolo risparmiatore ci sono oggi grandi realtà, come i fondi comuni oppure i money manager che gestiscono patrimoni mobiliari o amministrano le risorse di ricche istituzioni finanziarie.

MONOPOLIO /mono'pɔljo/
sos. m. pl. monopoli

forma di mercato in cui c'è un unico venditore (1)
La prima cosa da fare è rompere i monopoli e impedire i cartelli e deve essere instaurato un sistema di controllo pubblico dei prezzi.

MONOPOLISTA /monopo'lista/
sos. m./f. pl. m. monopolisti

nel monopolio, l'unico venditore (1)
Per il monopolista è indispensabile avere delle idee su cosa può accadere una volta che il potenziale concorrente è entrato nel mercato.

MONOPOLISTICO /monopo'listiko/
agg. pl. m. monopolistici, pl. f. monopolistiche

relativo al monopolio
Il motivo per cui il meccanismo di liberalizzazione dei prezzi in Russia non funziona è che i prezzi liberi non sono esattamente compatibili con una economia monopolistica.

MONOPOLIZZARE /monopolid'dzare/
v. tr.

ottenere il controllo di un mercato in modo da essere l'unico venditore (1)
La liberalizzazione dei prezzi è avvenuta all'interno di un sistema assai monopolizzato e ciò ha determinato un incontrollato aumento dei prezzi.

MONOPSONIO /monop'sɔnjo/
sos. m. pl. monopsoni

forma di mercato in cui c'è un unico acquirente (1)

In questa situazione (che gli economisti definiscono "**monopsonio**", per indicare il singolo acquirente, proprio come "monopolio" indica un singolo venditore), la costituzione di un sindacato può far aumentare i salari senza provocare minor occupazione.

MONOPSONISTA /monopso'nista/
sos. m./f. pl. m. monopsonisti
nel monopsonio, l'unico acquirente(1)
Il **monopsonista** può prima di tutto decidere se acquistare o non acquistare il prodotto di cui è l'unico acquirente.

MONOPSONISTICO /monopso'nistiko/
agg. pl. m. monopsonistici, pl. f. monopsonistiche
relativo al monopsonio
Un esempio di mercato **monopsonistico** del lavoro è dato dal caso di una regione in cui una sola grande impresa industriale offre occupazione stabile.

MONOREDDITO /mono'rɛddito/
agg. inv.
con una sola fonte di reddito
In alcune regioni italiane è altissimo il numero delle famiglie **monoreddito**.

MONTANTE /mon'tante/
sos. m.
importo, comprensivo degli interessi maturati, pagato dal debitore(1) alla scadenza(2)
Attualizzando a tassi correnti il **montante** e rapportando il tutto alla struttura dei tassi, si ricava un'incidenza percentuale in termini di minor rendimento che varia dallo 0,50 allo 0,70.

MONTE TITOLI /'monte 'titoli/
loc. sos. f.
società per azioni che custodisce i valori mobiliari ad essa affidati dalle banche e ne facilita il trasferimento(2)
Il piano Di Lazzaro pone alcune condizioni, tra cui la smaterializzazione delle movimentazioni dei titoli in consegna e in ritiro attraverso le stanze di compensazione, mediante l'intervento obbligatorio di **Monte Titoli**.

MORA /'mɔra/
sos. f.
ritardo non giustificato di un pagamento dovuto
Gli interessi di **mora** saranno calcolati su base annua, a un tasso superiore di 8 punti al tasso ufficiale di sconto.

MORATORIA /mora'tɔrja/
sos. f.
proroga che sospende la scadenza(2) di un'obbligazione(2)
In seguito alla gravità dell'annuncio, il Presidente del Consiglio ha proposto una **moratoria** per dare la possibilità al Paese di superare l'attuale dissesto economico. Non tutti i partner sono d'accordo nel rinviare le scadenze per i rimborsi dei prestiti.

MOROSITÀ /morosi'ta*/
sos. f. inv.
condizione di chi è in mora

E non tutti rispettano esattamente le scadenze. Una prova ad esempio è data dalla **morosità** delle banche in riferimento allo scorso anno. Si parla di quasi un miliardo di lire, contro gli 827 milioni di un anno prima.

MOROSO /mo'roso/
agg.
chi è in mora
La società è autorizzata a cedere a terzi i propri crediti vantati nei confronti del titolare della carta di credito divenuto **moroso**.

MOVIMENTARE /movimen'tare/
v. tr.
eseguire operazioni in entrata e in uscita su un conto
Per un risparmiatore, tutto questo si traduce nella mancata convenienza di **movimentare** il proprio portafoglio, a meno che non vi siano oscillazioni di prezzo molto forti.

MOVIMENTAZIONE /movimentat'tsjone/
sos. f.
V. movimento
Qualsiasi dirigente del ministero delle Finanze dotato di personal computer potrà interrogare le banche dati degli istituti di credito e avere gli estremi di tutte le **movimentazioni** di ciascun cittadino italiano.

MOVIMENTO /movi'mento/
sos. m. Sin. movimentazione
insieme delle entrate e delle uscite di un conto in un certo periodo di tempo
Il cliente se vuole il **movimento** del proprio conto deve pagare alla banca una commissione di 2.000 lire.

MOVIMENTO DI CAPITALI /movi'mento di kapi'tali/
loc. sos. m. pl. movimenti di capitali
trasferimento a scopo speculativo di denaro da un Paese all'altro o da un impiego all'altro
Allora i risparmiatori scoprivano in massa che si poteva investire anche in Borsa con poche conoscenze del mercato mobiliare e dei **movimenti di capitali** attorno al listino di Piazza Affari.

MULTA /'multa/
sos. f. Sin. ammenda
somma di denaro da pagare in caso di infrazione di determinate leggi
Nei delitti causati da motivi di lucro, puniti con la sola pena detentiva, il giudice può aggiungere la pena della **multa**, da lire 10.000 a 4 milioni.

MULTARE /mul'tare/
v. tr.
condannare a una multa
Il giudice **ha multato** l'imputato, che dovrà così pagare 2 milioni di lire.

MULTINAZIONALE(1) /multinattsjo'nale/
sos. f.
V. società multinazionale
La **multinazionale** svedese è leader di mercato in Europa.

MULTINAZIONALE (2) /multinattsjo'nale/
agg.
relativo a ciò che interessa più Paesi
*Il management opera scelte di politica industriale di largo respiro, nel senso più tradizionale dell'evoluzione **multinazionale**.*

MUTUANTE (1) /mutu'ante/
sos. m./f.
nel mutuo, chi dà il prestito (2)
*Il **mutuante** deve prima garantirsi con una rigida selezione della clientela, accompagnata da una seria ricerca di informazioni sull'affidabilità di coloro che chiedono finanziamenti.*

MUTUANTE (2) /mutu'ante/
agg.
nel mutuo, che dà il prestito (2)
*La banca **mutuante** ha applicato in questo caso dei tassi agevolati, nella nuova ottica di favorire la ripresa delle piccole e medie imprese.*

MUTUATARIO (1) /mutua'tarjo/
sos. m. pl. mutuatari
nel mutuo, chi riceve il prestito (2)
*La differenza fra il tasso-base e il tasso agevolato posto a carico del **mutuatario** determina la misura del concorso agli interessi.*

MUTUATARIO (2) /mutua'tarjo/
agg. pl. m. mutuatari, pl. f. mutuatarie

nel mutuo, che riceve il prestito (2)
*Si verifica talvolta che il cliente **mutuatario** non è in grado di soddisfare le proprie obbligazioni.*

MUTUO /'mutuo/
sos. m.
prestito (2) a medio termine o a lungo termine
*Le banche devono comunicare all'anagrafe tributaria l'elenco di coloro che pagano **mutui**, premi assicurativi e contributi previdenziali.*

MUTUO AGEVOLATO /'mutuo adʒevo'lato/
loc. sos. m. pl. mutui agevolati
mutuo concesso a un tasso di interesse vantaggioso
*Le banche offrono **mutui agevolati** a chi ha intenzione di comprare la prima casa.*

MUTUO CHIROGRAFARIO /'mutuo kirogra'farjo/
loc. sos. m. pl. mutui chirografari
mutuo concesso senza garanzia di ipoteca
*Nel conto economico della banca vengono quindi iscritti i mutui ipotecari e i **mutui chirografari**.*

MUTUO IPOTECARIO /'mutuo ipote'karjo/
loc. sos. m. pl. mutui ipotecari
mutuo concesso dietro garanzia di ipoteca
*La situazione del Paese è particolarmente drammatica: circa 900mila famiglie hanno visto il valore delle proprie abitazioni scendere al di sotto di quello dei **mutui ipotecari**.*

N

NAZIONALIZZARE /nattsjonalid'dzare/
v. tr.
rendere statale (2) un'attività in precedenza privata (2)
*Lo Stato **nazionalizzò** la maggior parte dell'industria pesante, si diffusero i controlli sui prezzi e le tariffe amministrate, mentre i sindacati imposero la loro politica salariale.*

NAZIONALIZZAZIONE /nattsjonaliddzat'tsjone/
sos. f.
operazione con cui un'attività in precedenza privata (2) è resa statale (2)
*La **nazionalizzazione** del servizio telefonico ha portato a una notevole diminuzione della sua efficienza.*

NEGOZIABILE /negot'tsjabile/
agg.
che si può negoziare
*In borsa oggi grandi quantità di titoli **negoziabili** a un prezzo inferiore rispetto alla scorsa settimana.*

NEGOZIALE /negot'tsjale/
agg.
relativo al negoziato

*Il mancato utilizzo dei fondi Cee disponibili tra l'89 e il '93 con il rischio concreto di perdere 3.500 miliardi di lire, non facilitava certo la posizione **negoziale** dell'Italia.*

NEGOZIANTE /negot'tsjante/
sos. m./f.
chi gestisce un negozio
*Il titolare della Carta Aura della Cassa di Risparmio di Firenze può presentarla ai **negozianti** convenzionati.*

NEGOZIARE /negot'tsjare/
v. tr.
V. contrattare
*Il colosso americano sta **negoziando** con la nuova Eunetctom, in vista della privatizzazione delle aziende di telecomunicazioni di Stato in Germania e in Francia.*

NEGOZIATO /negot'tsjato/
sos. m.
trattativa fra parti volta al raggiungimento di accordi
*Subito dopo l'incontro con i sindacalisti, il ministro del Lavoro si è dichiarato soddisfatto dell'andamento del **negoziato** sul costo del lavoro.*

NEGOZIATORE /negottsja'tore/
sos. m. f. negoziatrice
chi negozia
*Il **negoziatore** del trattato ammonisce di non rischiare, di attendere ulteriori sviluppi.*

NEGOZIAZIONE /negottsjat'tsjone/
sos. f.
V. contrattazione
*Le **negoziazioni** a Piazza Affari avvengono dal lunedì al venerdì.*

NEGOZIO /ne'gɔttsjo/
sos. m. pl. negozi Sin. esercizio commerciale
locale destinato alla vendita di beni
*Da domani comincia l'orario estivo dei **negozi**, dalle nove alle tredici e dalle sedici alle venti.*

NETTO (1) /'netto/
sos. m. Contr. lordo (1)
quantità da cui sono state sottratte certe componenti
*Sulla scadenza triennale il **netto** è passato dal 10,19% all'8,70%.*

NETTO (2) /'netto/
agg. Contr. lordo (2)
relativo a una quantità da cui sono state sottratte certe componenti
*È stato calcolato l'importo **netto**, che ammonta a cinque milioni di lire.*

NETTO RICAVO /'netto ri'kavo/
loc. sos. m. pl. netti ricavi
nello sconto (2), importo anticipato (2) al cliente alla presentazione degli effetti o delle ricevute bancarie
*Il **netto ricavo** si determina sottraendo dal valore nominale del credito ceduto il totale delle competenze richieste dalla banca.*

NETWORK /'netwɜːk/
sos. m. inv. Prov. inglese
sistema
*Il progetto di holding prevede un **network** bancario con oltre 10mila miliardi di depositi, 5mila miliardi di impieghi, una rete territoriale di oltre 250 sportelli e un più consistente numero di dipendenti.*

NOCH /nɔx/
sos. m. inv. Prov. tedesco Sin. contratto di aggiunta
in borsa, opzione che dà il diritto, a una data futura stabilita, di eseguire un contratto per una quantità di titoli multipla di quella negoziata inizialmente

*Nel contratto **noch**, analogamente a quanto avviene per il dont, l'ammontare del premio è sempre compreso nel prezzo.*

NOLEGGIARE (1) /noled'dʒare/
v. tr.
dare a noleggio
*Attualmente **noleggiare** mezzi di trasporto sull'isola è un'attività redditizia.*

NOLEGGIARE (2) /noled'dʒare/
v. tr.
prendere a noleggio
*Chi compra o **noleggia** una videocassetta non autorizzata commette un reato e danneggia l'industria cinematografica.*

NOLEGGIATORE /noleddʒa'tore/
sos. m. f. noleggiatrice
chi dà a noleggio
*In questo caso la responsabilità del danno va imputata interamente al **noleggiatore**.*

NOLEGGIO /no'leddʒo/
sos. m. pl. noleggi
contratto con cui una parte concede a un'altra l'utilizzo di beni capitali, mezzi di trasporto o beni mobili
*Il **noleggio** del terminale costa 7mila lire al mese, mentre il canone annuo di manutenzione raggiunge le 12mila lire.*

NOLO /'nɔlo/
sos. m.
importo pagato in cambio dell'utilizzo di beni capitali, mezzi di trasporto o beni mobili
*Attività di mercato ancora ridotta sia nell'area orientale che occidentale. Rate di **nolo** ancora in ribasso anche per il trasporto di granaglie.*

NOMINALE /nomi'nale/
agg.
espresso in termini monetari (2)
*Il tasso **nominale** annuale di emissione viene reso noto quotidianamente assieme ai rendimenti effettivi.*

NOMINATIVO /nomina'tivo/
agg.
relativo a un titolo intestato al proprietario (1)
*I proprietari di azioni **nominative** saranno ammessi all'Assemblea Generale Straordinaria dopo accertamento della loro identità.*

OBBLIGAZIONARIO /obbligattsjo'narjo/
agg. pl. m. obbligazionari, pl. f. obbligazionarie
relativo all'obbligazione (1)

*Il prestito **obbligazionario** servirà a finanziare l'investimento per la costruzione del palazzo degli uffici, nuovo centro direzionale della pubblica amministrazione.*

OBBLIGAZIONE (1) /obbligat'tsjone/
sos. f. Sin. titolo obbligazionario

titolo di credito che rappresenta una parte del debito fatto dalla società che lo emette

Per far fronte ad esigenze finanziarie di lunga durata, l'emissione di **obbligazioni** *è uno strumento utile per mantenere una valida coordinazione finanziaria all'interno dell'azienda, senza ricorrere ad un aumento di capitale o a un credito bancario.*

OBBLIGAZIONE (2) /obbligat'tsjone/
sos. f.

obbligo del debitore (1) di compiere una certa prestazione a favore del creditore (1)

Le fideiussioni rilasciate da un terzo a garanzia dell'adempimento di **obbligazioni** *verso la banca devono essere prestate per un importo massimo determinato.*

OBBLIGAZIONE CONVERTIBILE /obbligat'tsjone konver'tibile/
loc. sos. f. pl. obbligazioni convertibili

obbligazione (1) sostituibile con azioni della società emittente (2) o di altre società

Il consiglio di amministrazione è stato autorizzato dall'assemblea ad aumentare il capitale e ad emettere **obbligazioni convertibili** *per un importo non superiore a 500 miliardi di lire.*

OBBLIGAZIONISTA (1) /obbligattsjo'nista/
sos. m./f. pl. m. obbligazionisti

chi possiede obbligazioni (1)

A difesa dei loro interessi, gli **obbligazionisti** *sono organizzati in assemblea, la quale delibera su materie di interesse comune.*

OBBLIGAZIONISTA (2) /obbligattsjo'nista/
agg. pl. m. obbligazionisti, pl. f. obbligazioniste

che possiede obbligazioni (1)

Dal lato della società emittente, il vantaggio è rappresentato dall'inserimento dell'interesse corrisposto ai risparmiatori **obbligazionisti** *fra i componenti negativi del conto economico.*

OCCUPATO (1) /okku'pato/
sos. m.

chi svolge un'attività lavorativa

Dopo i tagli dello scorso anno, il numero degli **occupati** *nella fabbrica è sceso a 120.*

OCCUPATO (2) /okku'pato/
agg.

che svolge un'attività lavorativa

I giovani **occupati** *lamentano condizioni di lavoro al limite della sopportabilità, retribuzioni basse e ricatti continui da parte del datore di lavoro.*

OCCUPAZIONALE /okkupattsjo'nale/
agg.

relativo all'occupazione

I metalmeccanici chiedono che il Governo chiarisca come intende procedere sulle questioni finanziaria e **occupazionale**.

OCCUPAZIONE /okkupat'tsjone/
sos. f.

in un sistema economico, insieme delle persone che svolgono un'attività lavorativa

*A Taranto l'***occupazione** *è continuamente in calo: è previsto un nuovo taglio di 1.800 posti di lavoro.*

OFFERTA /of'fɛrta/
sos. f.

quantità di beni e servizi a disposizione sul mercato

*Scarsi effetti, in apertura, sono stati registrati in dipendenza dell'asta di titoli decennali, accolta con una domanda ampiamente superiore all'***offerta**.

OFFERTA PUBBLICA DI ACQUISTO /of'fɛrta 'pubblika di ak'kwisto/
loc. sos. f. pl. offerte pubbliche di acquisto Sigla opa

dichiarazione pubblica dell'intenzione di acquistare azioni di una società per ottenerne il controllo

Sono emerse le polemiche sulle due **offerte pubbliche di acquisto** *lanciate dalla controllante francese. La società contesta il prezzo dell'opa e la quantità di azioni oggetto dell'offerta.*

OFFERTA PUBBLICA DI VENDITA /of'fɛrta 'pubblika di 'vendita/
loc. sos. f. pl. offerte pubbliche di vendita Sigla opv

dichiarazione pubblica dell'intenzione di vendere azioni di una società per permetterne la quotazione in borsa

*L'Ina sarà ceduta per intero sul mercato con un'***offerta pubblica di vendita** *(opv).*

OFFERTA SPECIALE /of'fɛrta spe'tʃale/
loc. sos. f. pl. offerte speciali

vendita di merci a prezzi ribassati

Partono da oggi le **offerte speciali** *al grande magazzino.*

OLIGOPOLIO /oligo'pɔljo/
sos. m. pl. oligopoli

forma di mercato in cui prevalgono pochi venditori (1) di grandi dimensioni

Nell'ottica neoclassica, perfino nei casi di monopolio e **oligopolio** *i prezzi dovrebbero muoversi in base agli scarti tra domanda e offerta.*

OLIGOPOLISTA /oligopo'lista/
sos. m./f. pl. m. oligopolisti

nell'oligopolio, uno dei pochi venditori (1) di grandi dimensioni

Ogni **oligopolista** *formula i propri piani di produzione ipotizzando le reazioni degli* **oligopolisti** *rivali.*

OLIGOPOLISTICO /oligopo'listiko/
agg. pl. m. oligopolistici, pl. f. oligopolistiche

relativo all'oligopolio

A causa di fenomeni economici quali la concentrazione industriale, la diversificazione produttiva e il coordinamento **oligopolistico** *dei mercati, le grandi imprese moderne hanno un potere di mercato discrezionale; esse utilizzano tale potere per fissare, tra l'altro, i prezzi dei prodotti.*

OMBUDSMAN BANCARIO /'ɔmmudzman ban'karjo/
loc. sos. m. pl. ombudsman bancari Prov. svedese

organismo che risolve i disaccordi tra banca e clienti

*Prima la legge sulla trasparenza bancaria e poi l'accordo interbancario per l'istituzione dell'Ufficio Reclami e dell'**ombudsman bancario** puntano a riavvicinare cittadini e banche.*

ONCIA /'ontʃa/
sos. f. pl. once

misura di peso equivalente a 28,35 grammi

*Con un balzo di 9 dollari l'**oncia** in un solo giorno la quotazione dell'oro al Comex di New York ha raggiunto in chiusura 387,4 dollari.*

ONERE /'ɔnere/
sos. m.

obbligo a carico di un soggetto economico

*Non possono addebitarsi alla clientela **oneri** diversi da quelli fissati dalla Banca d'Italia.*

ONERE DEDUCIBILE /'ɔnere dedu'tʃibile/
loc. sos. m. pl. oneri deducibili

spesa detratta dal reddito complessivo del contribuente per determinare il suo reddito imponibile

*Nelle annotazioni in calce al modello 740, il contribuente avrà cura di indicare che si intende modificare e integrare il modello 730 evidenziando le modifiche apportate (nuovi redditi imponibili, maggiori o minori **oneri deducibili**, maggiori o minori imposte, acconti o contributi).*

ONERE FISCALE /'ɔnere fis'kale/
loc. sos. m. pl. oneri fiscali

denaro da versare(2) al Fisco

*La norma agevolativa asseconda il processo di capitalizzazione avviato con la legge 59/1992, liberando il campo da **oneri fiscali** e adempimenti burocratici che avrebbero ostacolato le preventivate operazioni societarie.*

ONERE SOCIALE /'ɔnere so'tʃale/
loc. sos. m. pl. oneri sociali

denaro da versare(2) allo Stato per finanziare la previdenza sociale

*A dare un altro colpo di freno al costo del lavoro è giunta la diminuzione delle indennità di fine rapporto corrisposte nel primo trimestre dell'anno: a determinare l'andamento dell'indice infatti contribuiscono non solo i guadagni lordi, ma anche gli **oneri sociali** e, appunto, le indennità di fine rapporto.*

ONEROSO /one'roso/
agg.

che comporta un onere

*È importante rendere l'acquisto dei prodotti meno **oneroso** per i clienti delle Casse Rurali che, in grande numero, sono gli stessi soci.*

ONORARIO /ono'rarjo/
sos. m. pl. onorari

somma di denaro dovuta a un professionista in cambio di una prestazione di lavoro

*Qualcuno si è lamentato per gli spropositati **onorari** degli avvocati, i quali si difendono dicendo che la loro è un'attività altamente qualificata.*

OPA /'ɔpa/
sos. f. Sigla Sciogl. offerta pubblica di acquisto

V. offerta pubblica di acquisto

*La scalata al fondo assicurativo potrebbe essere fatta solo se il tribunale di Roma decidesse di lanciare un'**opa**.*

OPEC /'ɔpek/
sos. f. Prov. inglese Sigla Sciogl. Organization of the Petroleum Exporting Countries

organizzazione che riunisce i Paesi produttori(2) di petrolio

*Quando lo Stato del Texas inviò per la prima volta una delegazione ufficiale alla riunione dell'**Opec**, molti statunitensi in altre regioni considerarono questa decisione un tradimento.*

OPERAIO /ope'rajo/
sos. m. pl. operai

chi svolge un lavoro manuale alle dipendenze di altri

*Pur di non perdere il posto di lavoro, gli **operai** della fabbrica di Porto Marghera hanno deciso di autoridursi il salario.*

OPERATORE /opera'tore/
sos. m. f. operatrice

chi svolge operazioni di acquisto(1) o di vendita per conto proprio o per altri

*Il ritiro del pubblico dal mercato quale **operatore** economico dovrà essere accompagnato dall'assunzione di specifiche responsabilità di regolamentazione attraverso un organo tecnico.*

OPERAZIONE DI BORSA /operat'tsjone di 'borsa/
loc. sos. f. pl. operazioni di borsa

in borsa, ogni acquisto(1) o vendita di titoli o valute(2)

*Stamattina le **operazioni di borsa** sono state influenzate dalle notizie positive che provengono dai vertici della Banca d'Italia.*

OPUSCOLO /o'puskolo/
sos. m.

libretto di poche pagine utilizzato come mezzo di informazione pubblicitaria(2)

*Gli **opuscoli** relativi alla nuova offerta saranno a disposizione della clientela al più presto.*

OPV /ɔ* pi* vu*/
sos. f. Sigla Sciogl. offerta pubblica di vendita

V. offerta pubblica di vendita

*L'azienda verrà privatizzata per intero attraverso una **opv**.*

OPZIONE /op'tsjone/
sos. f.

in borsa, diritto di acquistare o vendere un determinato titolo a una data e a un prezzo stabiliti

*Le **opzioni** su titoli azionari e obbligazionari e su indici di borsa e valute sono trattate al mercato telematico da un buon numero di intermediari.*

ORDINATIVO /ordina'tivo/

sos. m.

V. ordinazione

Provvederemo al più presto a fornirVi la merce come da **ordinativo** *del 23 scorso.*

ORDINAZIONE /ordinat'tsjone/

sos. f. Sin. ordinativo

incarico di fornire una determinata quantità di merce o di prestare un determinato servizio

La ditta ha visto aumentare del 30% il volume delle **ordinazioni** *negli ultimi sei mesi.*

ORDINE DEL GIORNO /'ordine del 'dʒorno/

loc. sos. m. pl. ordini del giorno

elenco scritto degli argomenti da trattare in una riunione

*Unico argomento all'***ordine del giorno***, la discussione sul disegno di legge sulla composizione e l'attribuzione di poteri del consiglio di amministrazione della Rai.*

ORGANICO /or'ganiko/

sos. m. pl. organici

insieme di individui che svolgono una determinata attività

La società, che ha sede e stabilimento nel Nord Italia, ed un **organico** *di 30 unità, è dotata di attrezzature e macchinari modernissimi.*

ORGANIGRAMMA /organi'gramma/

sos. m. pl. organigrammi

tabella in cui è rappresentata graficamente la struttura dei rapporti, per autorità o per funzione, fra organi e settori di un'azienda

Una vera rivoluzione che mise sottosopra gli **organigrammi** *al vertice della holding torinese.*

ORO /'ɔro/

sos. m.

metallo prezioso di colore giallo, utilizzato come riserva e mezzo di pagamento

*L'ultimo grande dibattito sul ruolo monetario dell'***oro** *si svolse negli anni '60, quando si pose il problema se aumentare il prezzo ufficiale dell'***oro** *e mantenere la convertibilità dollaro-***oro** *o attuare il completo sganciamento.*

ORSO /'orso/

sos. m. Contr. toro

in borsa, andamento al ribasso delle contrattazioni

*Questa settimana l'***orso** *è il protagonista delle contrattazioni evidentemente a causa delle brutte notizie che stanno giungendo ogni giorno da Torino e da Ravenna, due piazze veramente "calde".*

OTTAVA /ot'tava/

sos. f.

in borsa, periodo di tempo equivalente a una settimana

La prossima **ottava** *potrebbe aprirsi sotto la stessa favorevole congiuntura che ha segnato la seconda parte della settimana borsistica in corso.*

OUTPUT /'autput/

sos. m. inv. Prov. inglese

V. prodotto (1)

Gli indicatori della Banca d'Italia (sulla base dei dati doganali e delle informazioni sui prezzi alla produzione e al consumo) sono rappresentativi dei prezzi degli **output** *e dei costi degli input.*

OVERNIGHT /'ouvə'nait/

sos. m. inv. Prov. inglese

tasso interbancario sui depositi (2) che sono estinti il giorno lavorativo successivo a quello in cui sono effettuati

*Sulla scia delle tensioni valutarie all'interno dello Sme i tassi interbancari si sono irrigiditi. L'***overnight** *è passato dal 9,15% al 9,44%.*

P

PACCHETTO /pak'ketto/

sos. m.

V. pacchetto azionario

Il maggiore azionista conserverà le sue azioni ancora per poco tempo, in quanto si ritirerà fra due mesi e venderà il suo **pacchetto***.*

PACCHETTO AZIONARIO /pak'ketto attsjo'narjo/

loc. sos. m. pl. pacchetti azionari Sin. pacchetto

insieme di azioni relative a una società

Nonostante l'aumento della quota di partecipazione della Bank of New York nella Ifim, la maggioranza del **pacchetto azionario** *rimane agli italiani, con il 60%.*

PAESE INDUSTRIALIZZATO /pa'eze industrjalid'dzato/

loc. sos. m. pl. Paesi industrializzati

Paese con un'economia basata sull'industria (1)

È stato definito come un successo l'incontro a Tokyo dei sette maggiori **Paesi industrializzati***, che hanno raggiunto accordi anche sull'abolizione delle barriere tariffarie.*

PAESE IN VIA DI SVILUPPO /pa'eze in 'via di zvi'luppo/

loc. sos. m. pl. Paesi in via di sviluppo

Paese con un grado di sviluppo economico ancora arretrato ma in fase di crescita

Il fatturato è aumentato del 10%, tasso che avrebbe potuto essere superiore se le difficoltà finanziarie nelle quali versano i **Paesi in via di sviluppo** *non ne avessero contratto le ordinazioni.*

PAGAMENTO /paga'mento/

sos. m.

atto del pagare

*Il blocco dei **pagamenti** aggrava la situazione delle imprese fornitrici mettendo a rischio 40mila posti di lavoro.*

PAGAMENTO IN NATURA /paga'mento in na'tura/
loc. sos. m. pl. pagamenti in natura

pagamento con beni o servizi anziché con moneta (2)

*In alcuni casi il **pagamento in natura** è preferito, vista la scarsa affidabilità della moneta locale.*

PAGHERO' /page'rɔ*/
sos. m. inv. Sin. vaglia cambiario

titolo di credito con cui l'emittente (1) promette di pagare una certa somma a una data e a una persona stabilite

*Il 12 luglio la ditta presentò allo sconto, presso la locale filiale della Banca Commerciale, un **pagherò** al 31 agosto di lire 10 milioni, emesso il 16 giugno.*

PANIERE /pa'njɛre/
sos. m.

insieme di beni o servizi utilizzato come riferimento per calcolare determinati prezzi

*La forbice interna delle fluttuazioni medie mensili dei tassi di cambio rispetto al **paniere** Sme varia dal minimo dello 0,35% del fiorino olandese al massimo dello 0,58% della lira.*

PARABANCARIO (1) /paraban'karjo/
sos. m. Solo singolare

settore dell'attività bancaria (3) che offre alla clientela determinati servizi diversi da quelli tradizionali

*Siamo a disposizione dei nostri clienti, con il nostro gruppo di istituti finanziari specializzati nelle diverse attività del credito ordinario e del **parabancario**.*

PARABANCARIO (2) /paraban'karjo/
agg. pl. m. parabancari, pl. f. parabancarie

relativo al parabancario (1)

*Saranno le società finanziarie e del settore **parabancario** che, con servizi innovativi, contribuiranno al processo di disintermediazione del sistema bancario.*

PARADISO FISCALE /para'dizo fis'kale/
loc. sos. m. pl. paradisi fiscali

Paese in cui le imposte che colpiscono il reddito sono molto limitate

*Il Principato di Monaco, **paradiso fiscale** e centro di attività economiche e finanziarie, mostra le quotazioni immobiliari più alte d'Europa.*

PARASTATALE (1) /parasta'tale/
sos. m./f.

chi lavora in un ente non pubblico ma con uno scopo di interesse generale

*Per la definizione politica del contratto dei **parastatali** l'appuntamento tra Governo e sindacati è fissato per il prossimo 30 maggio.*

PARASTATALE (2) /parasta'tale/
agg.

relativo a un ente non pubblico ma con uno scopo di interesse generale

*Quanto affermato appare in tutta la sua evidenza se si considera che molti valori quotati in borsa sono emessi dallo Stato o da amministrazioni **parastatali**.*

PARASTATO /paras'tato/
sos. m.

insieme dei parastatali (1)

*Il **parastato** ha goduto a lungo di prerogative assimilabili a quelle dei dipendenti statali.*

PARCELLA /par'tʃɛlla/
sos. f.

documento in cui è indicata la somma dovuta a un professionista in cambio di una prestazione di lavoro

*In molti casi quest'anno il risparmio fiscale che si ottiene dalle detrazioni è talmente basso da non compensare la **parcella** del commercialista.*

PARITÀ /pari'ta*/
sos. f. inv.

V. parità di cambio

*Quanto a lungo resisterà il marco? La valuta tedesca arriverà con le **parità** attuali all'anno prossimo?*

PARITÀ DI CAMBIO /pari'ta* di 'kambjo/
loc. sos. f. inv. Sin. parità

rapporto tra i valori delle monete (2) di due Paesi

*L'attesa per la riduzione dei tassi tedeschi ha influenzato l'andamento delle **parità di cambio**. Al fixing di Francoforte il dollaro si è portato a 1,71 marchi.*

PARTE /'parte/
sos. f.

uno dei soggetti di un rapporto giuridico

*Se necessario il Governo convocherà le **parti** anche questa domenica, per imprimere al negoziato una forte accelerazione.*

PARTECIPATA /partetʃi'pata/
sos. f.

V. società partecipata

*Il comunicato di martedì parla di una **partecipata**. E in effetti C&P controlla solo il 49% del capitale.*

PARTECIPAZIONE /partetʃipat'tsjone/
sos. f.

quota (1) di capitale sociale

*La **partecipazione** dell'istituto di credito americano al capitale della Ifim è passata dal 19,9% al 40%*

PARTECIPAZIONI STATALI /partetʃipat'tsjoni sta'tali/
loc. sos. f. pl.

insieme delle partecipazioni possedute dallo Stato

*Le **partecipazioni statali** sono ormai al capolinea; lo Stato infatti sta vendendo tutte le proprie quote.*

PARTENARIATO /partena'rjato/
sos. m.

V. partnership

*Al centro dell'evento è stata la firma del nuovo accordo di cooperazione e di **partenariato** tra la Cee e la Russia.*

PARTERRE /par'tɛːr/
sos. m. inv. Prov. francese

in borsa, spazio dove si trovano i recinti alle grida

Il parterre di Piazza Affari è quasi deserto. Delle oltre 500 persone che in passato quotidianamente affollavano le corbeille, quasi tutte sono negli uffici delle Sim, ai monitor.

PARTI SOCIALI /'parti so'tʃali/
loc. sos. f. pl.

parti che collaborano alla definizione di un contratto nazionale di lavoro

Le parti sociali si sono sedute ieri per la prima volta al tavolo delle trattative. Per la Confindustria era presente il presidente Abete.

PARTITA (1) /par'tita/
sos. f.

registrazione in un conto

Per quanto riguarda il consolidato Fiat, le rettifiche contabili si sono tradotte in un aumento del patrimonio netto del gruppo per circa 11 miliardi, somma algebrica delle partite attive e passive delle gestioni riservate.

PARTITA (2) /par'tita/
sos. f.

grande quantità di beni dello stesso tipo

In questi giorni a Piazza Affari sedute di grande animazione, con passaggi di mano rapidi anche in presenza di partite di titoli consistenti.

PARTITA ANTERGATA /par'tita anter'gata/
loc. sos. f. pl. partite antergate

operazione bancaria (3) con valuta (1) anteriore alla data della precedente liquidazione (1) del conto corrente

L'esempio più cospicuo di partite antergate è offerto dalla estinzione degli assegni emessi dal cliente, operazione che comporta un addebito con retrodatazione della valuta alla data di emissione.

PARTITA DI GIRO /par'tita di 'dʒiro/
loc. sos. f. pl. partite di giro

in contabilità, operazione registrata contemporaneamente in entrata e in uscita

Per fare un esempio di tali operazioni, dette partite di giro, possiamo prendere, nel bilancio di una regione, le somme date dallo Stato per il sistema sanitario nazionale.

PARTITA DOPPIA /par'tita 'doppja/
loc. sos. f.

in contabilità, metodo per cui ogni operazione dà origine a due registrazioni uguali nel dare di un conto e nell'avere di un altro conto

La Consob deve essere costantemente informata quando tra le maglie della contabilità in partita doppia si nasconde qualche tangente.

PARTITA IVA /par'tita 'iva/
loc. sos. f. pl. partite Iva

serie di numeri e lettere attribuita dallo Stato a chi esercita un'attività economica in proprio nel territorio nazionale

La prima operazione necessaria per intraprendere l'attività

commerciale è stata l'apertura della **partita Iva** presso il locale Ufficio Iva.

PARTITA POSTERGATA /par'tita poster'gata/
loc. sos. f. pl. partite postergate

operazione bancaria (3) con valuta (1) posteriore alla data della successiva liquidazione (1) del conto corrente

In genere, le partite postergate sono rappresentate da operazioni a credito del correntista, ma talvolta può trattarsi anche di addebitamenti.

PARTITA SEMPLICE /par'tita 'semplitʃe/
loc. sos. f.

in contabilità, metodo per cui sono registrate le entrate e le uscite senza rilevazione del reddito

Il metodo della partita semplice si applica per rappresentare i movimenti del denaro e i cambiamenti nella posizione di debiti e crediti verso terzi.

PARTITE CORRENTI /par'tite kor'rɛnti/
loc. sos. f. pl.

nella bilancia dei pagamenti, registrazioni dei movimenti relativi a beni e servizi

I disavanzi di partite correnti possono essere compensati da flussi netti di capitali senza rischi di avvitamento che possono condurre a una ulteriore perdita di competitività.

PARTITE INVISIBILI /par'tite invi'zibili/
loc. sos. f. pl.

nella bilancia dei pagamenti, registrazioni dei movimenti relativi ai servizi

Tradizionalmente il saldo delle partite invisibili è stato per gli Stati Uniti decisamente positivo.

PARTITE VISIBILI /par'tite vi'zibili/
loc. sos. f. pl.

nella bilancia dei pagamenti, registrazioni dei movimenti relativi a merci

La bilancia in conto corrente si suddivide nella bilancia delle partite visibili e bilancia delle partite invisibili.

PARTNER /'paːtnə/
sos. m./f. inv. Prov. inglese

chi è legato ad altri da un accordo economico

Il consorzio occidentale fornirà le componenti per le quattro turbine che saranno assemblate dai partner russi.

PARTNERSHIP /'paːtnəʃip/
sos. f. inv. Prov. inglese Sin. partenariato

accordo economico

La partnership italo-francese porterà a una razionalizzazione del settore, attraverso nuovi investimenti e, purtroppo, dolorosi tagli all'occupazione.

PASSIVITÀ /passivi'ta*/
sos. f. inv.

insieme di debiti

Tra le passività, esplodono i debiti verso banche, così come fanno la loro comparsa 8 miliardi di cambiali passive.

PASSIVITÀ CONSOLIDATE /passivi'ta* konsoli'date/

loc. sos. f. pl.

insieme di debiti a medio termine e a lungo termine

Nella contabilità di un'azienda le obbligazioni e i mutui fanno parte delle passività consolidate.

PASSIVITÀ CORRENTI /passivi'ta* kor'rɛnti/

loc. sos. f. pl.

insieme di debiti a breve termine

Durante l'assemblea si è parlato del notevole e preoccupante aumento delle passività correnti.

PASSIVO (1) /pas'sivo/

sos. m.

totale delle perdite

La compagnia di assicurazioni ha chiuso l'esercizio con pesanti passivi.

PASSIVO (2) /pas'sivo/

agg.

che determina una perdita

In crescita anche il volume degli interessi passivi che le imprese hanno pagato a fronte dei prestiti e dei mutui contratti.

PATRIMONIALE /patrimo'njale/

agg.

relativo al patrimonio

La Banca di Roma primeggia per dotazione patrimoniale, redditività e diffusione territoriale.

PATRIMONIO /patri'mɔnjo/

sos. m. pl. patrimoni

insieme dei beni appartenenti a una persona fisica o a una persona giuridica

La progressione delle perdite costringerà gli amministratori a portare i libri in tribunale, a meno che l'azionista non deliberi interventi di sostegno al patrimonio e di riduzione dei debiti.

PATRIMONIO NETTO /patri'mɔnjo 'netto/

loc. sos. m. pl. patrimoni netti Sin. mezzi propri, capitale netto

V. capitale di rischio

Il patrimonio netto della caposettore dell'acciaio Iri è ridotto a circa 120 miliardi dopo le perdite accumulate negli ultimi cinque mesi dell'esercizio.

PECULATO /peku'lato/

sos. m.

reato commesso da un pubblico ufficiale quando si appropria di denaro o beni della pubblica amministrazione

La precaria salute dell'imperatore non bastò a frenare lo slancio del mercato, come non bastò lo scandalo Recruit Cosmos, un caso di insider trading e peculato che coinvolse l'impero nipponico.

PECUNIARIO /peku'njarjo/

agg. pl. m. pecuniari, pl. f. pecuniarie

che si può valutare in denaro

Il magistrato francese Jean Cosson anni fa disse: "Il fisco è molto severo con le sanzioni per le irregolarità formali, così

quello che non riesce a trovare come imponibile evaso lo recupera in termini di pene pecuniarie".

PEGNO /'peɲɲo/

sos. m.

diritto di garanzia che permette al creditore (1), in caso di insolvenza del debitore (1), di soddisfarsi su determinati suoi beni mobili

All'assemblea avrebbero dovuto partecipare i rappresentanti delle banche a cui l'imprenditore ha dato in pegno a più riprese diversi pacchetti azionari della società.

PENSIONAMENTO /pensjona'mento/

sos. m.

provvedimento con cui un lavoratore (1) è esonerato dal rapporto di lavoro per raggiunti limiti di età

Il pensionamento di numerosi dipendenti dell'azienda di credito non è stato seguito da nuove assunzioni.

PENSIONATO /pensjo'nato/

sos. m.

chi riceve una pensione (2)

La Banca Nazionale del Lavoro propone Garanzie assicurative, un prodotto destinato ai pensionati e collegato al conto corrente.

PENSIONE (1) /pen'sjone/

sos. f.

condizione di riposo a cui è destinato un lavoratore (1) esonerato dal lavoro per raggiunti limiti di età

Gli artigiani potranno andare in pensione solo dopo il sessantacinquesimo anno di età.

PENSIONE (2) /pen'sjone/

sos. f.

pagamenti periodici destinati a una persona come indennità per la fine del rapporto di lavoro

Se è vero che a Bari e a Catania un qualsiasi reddito monetario vale il 50% in più che a Milano e a Torino, si dovrebbe tentare di ridurre le retribuzioni dello Stato e le pensioni del 35% nell'Italia del Sud e del 20% nell'Italia centrale.

PENSIONISTICO /pensjo'nistiko/

agg. pl. m. pensionistici, pl. f. pensionistiche

relativo alla pensione (2)

Con i fondi pensione i lavoratori di un'impresa o di una categoria professionale possono integrare il trattamento pensionistico pubblico.

PER CONTANTE /per kon'tante/

loc. agg./avv. Var. per contanti

V. in contante

Attualmente sono operativi tre tipi di liquidazione: giornaliera per i contratti per contante, mensile per i contratti a termine, straordinaria per i diritti di opzione.

PER CONTO TERZI /per 'konto 'tɛrtsi/

loc. agg./avv.

relativamente a un accordo, per conto di estranei all'accordo stesso

Gli intermediari autorizzati allo svolgimento dell'attività di gestione di patrimoni mobiliari possono effettuare negoziazioni **per conto terzi**.

PERDITA /'pɛrdita/
sos. f.

differenza negativa tra ricavi e costi di produzione di un'attività economica

*La situazione patrimoniale della società al 31 maggio scorso evidenzia una **perdita** di 492 miliardi, a fronte di un patrimonio netto di soli 993 miliardi.*

PERSONA FISICA /per'sona 'fizika/
loc. sos. f. pl. persone fisiche

essere umano, considerato in contrapposizione alla persona giuridica

*L'anagrafe tributaria è in possesso degli elenchi delle **persone fisiche** che hanno corrisposto interessi passivi o premi di assicurazione.*

PERSONA GIURIDICA /per'sona dʒu'ridika/
loc. sos. f. pl. persone giuridiche

organizzazione riconosciuta dallo Stato come soggetto di diritto

*L'imposta è corrisposta dalla persona fisica o dalla **persona giuridica** che si è resa garante per il trasporto.*

PERSONALE /perso'nale/
sos. m. Solo singolare

insieme delle persone occupate in un'azienda

*Il nuovo piano economico prevede un taglio del **personale** da 12mila a 9.500 unità nel prossimo anno.*

PESETA /pe'zɛta/
sos. f.

unità monetaria (2) di Spagna e Andorra

*Gli operatori mostrano di avere i nervi saldi anche di fronte alle tensioni della **peseta** (con qualche riflesso sulla lira).*

PIANIFICARE /pjanifi'kare/
v. tr.

organizzare l'economia in base a un piano determinato

*Si pensò di **pianificare** l'economia, senza tener conto che un sistema economico moderno è troppo complesso per poter essere fatto funzionare con un così alto grado di centralizzazione.*

PIANIFICAZIONE /pjanifikat'tsjone/
sos. f.

organizzazione dell'economia in base a un piano determinato

*Il dibattito più importante si è svolto fra chi desidera una migliore **pianificazione** centralizzata e chi invece desidera decentrare le decisioni e dare ruoli guida ai prezzi e ai profitti.*

PIAZZA /'pjattsa/
sos. f.

luogo dove si svolgono operazioni commerciali

*Se i Lloyd's dovessero cambiare, la concorrenza con altre **piazze** assicurative, particolarmente quelle americane, diventerebbe irresistibile.*

PIAZZA AFFARI /'pjattsa af'fari/
loc. sos. f.

a Milano, luogo dove si svolge una parte delle contrattazioni di borsa

*L'affollamento di **Piazza Affari** è più che dimezzato, la maggior parte degli operatori ha trasferito monitor e block notes nei più confortevoli uffici delle Sim, ma sull'onda del computer gli ordini corrono copiosi come raramente è accaduto nel passato.*

PIBOR /'pibor/
sos. m. Prov. inglese Sigla Sciogl. Paris Interbank Offered Rate

tasso di interesse per le principali eurovalute sul mercato interbancario di Parigi

*Anche il future sul **Pibor** con scadenza settembre ha perso terreno, cedendo 30 centesimi a 93,25 sulla scia dei timori degli investitori.*

PIENA OCCUPAZIONE /'pjɛna okkupat'tsjone/
loc. sos. f.

situazione economica in cui esiste soltanto un livello minimo di disoccupazione (2) volontaria

*Il mercato del lavoro è in equilibrio quando il livello del salario reale eguaglia la domanda di lavoro e l'offerta di lavoro. Quando il salario è a livello di equilibrio, la disoccupazione esistente è soltanto volontaria, e dunque siamo in **piena occupazione**; solo se il livello del salario reale è superiore al livello di equilibrio si ha disoccupazione vera e propria, cioè involontaria.*

PIGNORAMENTO /piɲɲora'mento/
sos. m.

atto giudiziario con cui la proprietà di un bene precedentemente impegnato o ipotecato è tolta al debitore (1) insolvente

*La Bastogi ha in corso contatti per liberare la sua principale partecipazione dalla procedura di **pignoramento** avviata dalla BNL.*

PIGNORARE /piɲɲo'rare/
v. tr.

togliere al debitore (1) insolvente la proprietà di un bene precedentemente impegnato o ipotecato

***Sono stati pignorati** mobili di antiquariato e quadri antichi per un valore stimato in 200 milioni di lire.*

PIGNORATIZIO /piɲɲora'titsjo/
agg. pl. m. pignoratizi, pl. f. pignoratizie

relativo al pignoramento

*Il procedimento **pignoratizio** prevede anzitutto la ricerca delle cose mobili nella casa del debitore o in altri luoghi di sua proprietà.*

PIL /pil/
sos. m. Sigla Sciogl. prodotto interno lordo

V. prodotto interno lordo

*Per il '95 gli obiettivi sono per un deficit di 85mila miliardi e un attivo primario di 116mila. E tutto questo basterebbe appena a stabilizzare il rapporto fra debito pubblico e **pil**.*

PLAFOND /pla'fɔ̃/
sos. m. inv. Prov. francese
limite massimo
La carta di debito appena introdotta dalla banca rappresenta un aiuto efficace nella gestione e nel controllo delle spese. L'azienda può infatti concordare con la banca dei **plafond** *differenziati per ogni titolare di carta.*

PLURIENNALE /plurien'nale/
agg. Sin. poliennale
che ha la durata di più anni
Gli ammortamenti considerati sono gli accantonamenti per ammortamento di capitale fisso e spese **pluriennali** *effettuati da società industriali nell'ultimo esercizio.*

PLUSVALENZA /pluzva'lɛntsa/
sos. f. Contr. minusvalenza
maggior valore di un'attività, di un titolo o di una partecipazione
La situazione negativa si è modificata nei primi mesi dell'anno, quando si sono verificate **plusvalenze** *di 70 miliardi sulla vendita di immobili.*

PLUSVALORE /pluzva'lore/
sos. m.
guadagno di cui si appropria il capitalista(1) in seguito a un'operazione commerciale
Il commercialista sostiene che fra i suoi clienti nessuno pensa di vendere case: "Il Fisco si incamera anche il 50% del **plusvalore** *che si ottiene vendendo con il mercato così basso".*

PNL /pi* 'ɛnne 'ɛlle/
sos. m. Sigla Sciogl. prodotto nazionale lordo
V. prodotto nazionale lordo
Per quanto riguarda la crescita economica, la stima ufficiale è di un aumento del **pnl** *del 4% nell'anno fiscale in corso e del 4,5% nel prossimo anno.*

POLIENNALE /polien'nale/
agg.
V. pluriennale
Invece che impegnarsi con un contratto **poliennale** *è più redditizio farlo anno per anno.*

POLITICA ECONOMICA /po'litika eko'nɔmika/
loc. sos. f. pl. politiche economiche
attività di controllo e intervento dello Stato sull'economia
Il Comitato, riunitosi ieri a Strasburgo, ha il compito di promuovere il coordinamento delle **politiche economiche** *degli Stati membri, ai fini del raggiungimento di una Unione europea più solida.*

POLITICA MONETARIA /po'litika mone'tarja/
loc. sos. f. pl. politiche monetarie
attività di controllo e intervento della Banca Centrale sull'offerta di moneta(1) e sui tassi di interesse
Domani si riunisce il consiglio della Bundesbank, dal quale potrebbe uscire un segnale di allentamento della **politica monetaria***.*

POLIZZA DI ASSICURAZIONE /'pɔlittsa di assikurat'tsjone/
loc. sos. f. pl. polizze di assicurazione
documento che prova l'esistenza di un'assicurazione(1)
Nel settore nautico esistono **polizze di assicurazione** *molto diffuse, offerte da quasi tutte le compagnie.*

POLIZZA DI CARICO /'pɔlittsa di 'kariko/
loc. sos. f. pl. polizze di carico
documento che prova l'esistenza di un contratto di trasporto di merce
La **polizza di carico** *è disciplinata dagli artt. 457 e seguenti del Codice Navale.*

POLIZZA VITA /'pɔlittsa 'vita/
loc. sos. f. pl. polizze vita
documento che prova l'esistenza di un'assicurazione sulla vita
Questi conti sono spesso agganciati a **polizze vita** *i cui proventi sono riservati, in caso di morte del titolare, alla moglie o ai figli.*

POOL /puːl/
sos. m. inv. Prov. inglese
V. cartello
Gli strumenti bancari fondamentali per la gestione a breve e medio periodo delle fonti di finanziamento sono: lo scoperto di c/c, il denaro caldo, le operazioni a diciotto mesi meno un giorno, concesse solitamente da un **pool** *di banche.*

POPOLAZIONE ATTIVA /popolat'tsjone at'tiva/
loc. sos. f.
V. forze di lavoro
Negli ultimi anni si è registrato un ulteriore calo della **popolazione attiva** *nel nostro Paese.*

PORTAFOGLIO /porta'fɔʎʎo/
sos. m. pl. portafogli
insieme delle risorse possedute da un soggetto economico in un certo momento
La situazione della chimica, caratterizzata da un **portafoglio** *estremamente esteso, richiede operazioni differenziate di consolidamento nel core business, di cessione delle attività sulle quali il gruppo non può investire e di chiusura delle attività in perdita.*

PORTAFOGLIO TITOLI /porta'fɔʎʎo 'titoli/
loc. sos. m. pl. portafogli titoli
insieme dei titoli posseduti da una banca in un certo momento
Le svalutazioni operate sul **portafoglio titoli** *hanno pesato sul conto economico consolidato del gruppo per oltre 23 miliardi.*

PORTFOLIO /pɔːt'fouliou/
sos. m. inv. Prov. inglese
insieme di documenti relativi a una campagna pubblicitaria
L'agente ha appena mostrato il suo **portfolio** *ad un cliente che desidera affidargli la pubblicità di un suo articolo.*

PORTO FRANCO /'pɔrto 'franko/

loc. sos. m. pl. porti franchi

porto in cui è possibile introdurre merci senza il pagamento delle tasse doganali

*Le operazioni che vengono effettuate in un **porto franco** non sono soggette ad alcun tipo di dazio.*

POS /pɔs/
sos. m. Prov. inglese Sigla Sciogl. point of sale

apparecchiatura elettronica collegata a una banca, che permette il trasferimento immediato del denaro dal conto corrente dell'acquirente (1) a quello del venditore (1)

*All'atto dell'acquisto di merci o servizi, il possessore della carta dispone per l'inserimento della stessa nel dispositivo di lettura di cui è dotata l'apparecchiatura **POS**, e convaliderà l'operazione.*

POTERE D'ACQUISTO /po'tere dak'kwisto/
loc. sos. m.

quantità di beni e servizi che è possibile acquistare con una unità di moneta (2)

*Il Governo si è assunto due impegni: mantenere sotto controllo l'inflazione attraverso politiche concordate; mantenere, in questo modo, il **potere d'acquisto** dei salari.*

PRELEVAMENTO (1) /preleva'mento/
sos. m. Sin. prelievo (1) Contr. deposito (1), versamento (1)

operazione con cui una somma di denaro è prelevata

*A scoraggiare i pagamenti al Pos con il bancomat ci sono anche i costi dell'operazione che si ripetono per ogni pagamento, rispetto a quelli fissi di un unico **prelevamento** ma di importo superiore.*

PRELEVAMENTO (2) /preleva'mento/
sos. m. Sin. prelievo (2) Contr. deposito (2), versamento (2)

somma di denaro prelevata

*La banca ha registrato un **prelevamento** di 10 milioni di lire; l'operazione è stata eseguita in data 2 luglio scorso.*

PRELEVARE /prele'vare/
v. tr. Contr. depositare, versare (1)

ritirare una somma di denaro depositata in precedenza

*Il manager **ha prelevato** un'ingente somma da un conto corrente cifrato, quindi è partito per una destinazione ignota. La polizia è sulle sue tracce.*

PRELIEVO (1) /pre'ljɛvo/
sos. m. Contr. deposito (1), versamento (1)

V. prelevamento (1)

*Esistono in Italia oltre dieci milioni di possessori di bancomat, che effettuano ogni anno circa 60 milioni di **prelievi** o altre operazioni allo sportello automatico.*

PRELIEVO (2) /pre'ljɛvo/
sos. m. Contr. deposito (2), versamento (2)

V. prelevamento (2)

*Sono possibili **prelievi** fino a un massimo di 500.000 lire al giorno.*

PREMIO (1) /'prɛmjo/
sos. m. pl. premi

nell'assicurazione (1), somma di denaro da pagare in cambio della copertura di un rischio

*Si dovrebbe arrestare il flusso dei **premi** da versare all'Ina, che hanno raggiunto un ammontare di circa 1.100 miliardi.*

PREMIO (2) /'prɛmjo/
sos. m. pl. premi

in borsa, somma di denaro da pagare in cambio del diritto di eseguire, modificare o abbandonare il contratto alla data stabilita

*Il rischio di perdita, nel caso di ribasso dell'azione, è limitato al solo pagamento del **premio**.*

PREMIO (3) /'prɛmjo/
sos. m. pl. premi

in borsa, maggior valore di una quotazione rispetto a un'altra

*Il risultato, secondo i Paesi firmatari, comporterà una riduzione del **premio** tra le quotazioni degli arabica e dei robusta.*

PREPENSIONAMENTO /prepensjona'mento/
sos. m.

pensionamento anticipato

*Il numero degli esuberi è ancora fisso a 8mila unità, da recuperare attraverso **prepensionamenti**, mobilità e blocco del turnover.*

PRESENTAZIONE FOGLI /prezentat'tsjone 'fɔʎʎi/
loc. sos. f. pl. presentazioni fogli Var. presentazione dei fogli

presentazione della situazione contabile (2) degli operatori di borsa alla Stanza di compensazione

*Nel giorno di **presentazione fogli**, dopo aver controllato i fogli presentati dagli associati, la stanza di compensazione rileva le eventuali discordanze che gli interessati, tramite l'invio di fogli suppletivi, provvedono ad eliminare.*

PRESSIONE FISCALE /pres'sjone fis'kale/
loc. sos. f. pl. pressioni fiscali

rapporto fra l'insieme delle entrate tributarie e contributive e il prodotto interno lordo

*Se si scompone la **pressione fiscale** totale nelle sue tre principali componenti (imposte dirette, imposte indirette e contributi sociali), si osserva che la pressione totale per l'Italia è dovuta per il 14% alle imposte dirette, per l'11% a quelle indirette e per il 13% ai contributi sociali.*

PRESTARE /pres'tare/
v. tr.

dare un bene ad altri per un determinato periodo di tempo

*Le aziende italiane specializzate si sono offerte di **prestare** le loro apparecchiature e la loro manodopera qualificata. Saranno utilizzate per la ricerca di eventuali sorgenti d'acqua.*

PRESTATORE (1) /presta'tore/
sos. m. f. prestatrice

chi presta

*Stiamo organizzando una marcia delle banche verso le imprese, non come **prestatrici** di denaro, ma come azioniste.*

PRESTATORE (2) /presta'tore/
agg. f. prestatrice

che presta

*Il soggetto **prestatore** deve specificare la data della restituzione sull'apposito modulo.*

PRESTITO (1) /'prɛstito/

sos. m.

operazione con cui un bene è dato ad altri per un determinato periodo di tempo

*Il **prestito** è l'attività principale della banca, l'operazione che permette i maggiori guadagni.*

PRESTITO (2) /'prɛstito/

sos. m.

ciò che è dato ad altri solo per un determinato periodo di tempo

*Il piano è ormai avviato: tutte le banche hanno aderito all'aumento di capitale, alla sottoscrizione del **prestito** obbligazionario convertibile e al consolidamento del debito.*

PREVENTIVARE /preventi'vare/

v. tr.

calcolare una spesa prevista

*La ditta costruttrice **ha preventivato** una spesa di dieci milioni di lire.*

PREVENTIVO /preven'tivo/

sos. m.

calcolo di una spesa prevista

*Si possono tollerare variazioni fino al 10% sul **preventivo**.*

PREVIDENZA SOCIALE /previ'dɛntsa so'tʃale/

loc. sos. f.

complesso di leggi e istituti che assicurano vari tipi di assistenza ai lavoratori (1)

*In attesa della ratifica di un accordo più generale che tocca gli aspetti più importanti della vita del piccolo Stato, dalla **previdenza sociale** alla cultura, è stata resa operativa la parte dell'intesa che riguarda le relazioni commerciali.*

PREVIDENZIALE /previden'tsjale/

agg.

relativo alla previdenza sociale

*La manovra del Governo ha deciso l'aumento del contributo **previdenziale** degli artigiani.*

PREZZO /'prɛttso/

sos. m.

quantità di moneta (2) necessaria per acquistare un bene o un servizio

*Il ribasso dei tassi di interesse deve avvenire senza compromettere gli obiettivi fondamentali, cioè la stabilità dei **prezzi** e il mantenimento di tassi a lungo termine poco elevati.*

PREZZO AL CONSUMO /'prɛttso al kon'sumo/

loc. sos. m. pl. prezzi al consumo

prezzo applicato sui beni di consumo

*I **prezzi al consumo** sono aumentati durante ogni guerra, terminata la quale sono diminuiti.*

PREZZO ALLA PRODUZIONE /'prɛttso 'alla produt'tsjone/

loc. sos. m. pl. prezzi alla produzione Sin. prezzo di fabbrica

prezzo applicato sui beni all'ingrosso

*I dati testimoniano un andamento dell'inflazione non molto preoccupante. I **prezzi alla produzione** sono saliti solo dello 0,5% e del 3% su base annua.*

PREZZO DI COMPENSO /'prɛttso di kom'pɛnso/

loc. sos. m. pl. prezzi di compenso

in borsa, prezzo di un titolo stabilito in base alla media delle quotazioni dell'ultimo periodo

*Quando l'ordine non stabilisce diversamente, la valutazione dei titoli da consegnare o da ritirare avviene al **prezzo di compenso**.*

PREZZO DI FABBRICA /'prɛttso di 'fabbrika/

loc. sos. m. pl. prezzi di fabbrica

V. prezzo alla produzione

*Su questo tipo di articoli il grossista carica un 30% sul **prezzo di fabbrica.***

PREZZO FATTO /'prɛttso 'fatto/

loc. sos. m. pl. prezzi fatti

in borsa, prezzo di un titolo stabilito al termine delle contrattazioni

*Ricordiamo che il prezzo di listino è indicato per tutti i titoli quotati, sia che si tratti di **prezzi fatti**, sia che si tratti di prezzi nominali.*

PREZZO NOMINALE /'prɛttso nomi'nale/

loc. sos. m. pl. prezzi nominali

in borsa, prezzo di un titolo stabilito dagli operatori in mancanza di contrattazioni

*Il Comitato direttivo degli agenti di cambio definisce un **prezzo nominale**. Tale prezzo può corrispondere a quello di chiusura del giorno precedente quando non c'è stata né domanda né offerta.*

PRIME RATE /praim reit/

loc. sos. m. inv. Prov. inglese

in banca, tasso di interesse sui crediti (1) concessi ai clienti migliori

*San Paolo di Torino, Credito Italiano e Banca Nazionale del Lavoro hanno ridotto da oggi il **prime rate** di un quarto di punto.*

PRIVATE BANKING /'praivit 'bæŋkiŋ/

loc. sos. m. inv. Prov. inglese

V. home banking

*Il **private banking** offre la possibilità di ottenere un certo numero di informazioni sul proprio conto via telefono, in comunicazione diretta con la banca.*

PRIVATISTICO /priva'tistiko/

agg. pl. m. privatistici, pl. f. privatistiche

basato sull'iniziativa privata (2)

*La riforma dell'Anas dovrà essere fondata su norme e comportamenti di tipo **privatistico**.*

PRIVATIZZARE /privatid'dzare/

v. tr.

trasformare un'attività economica da statale (2) a privata (2)

Il problema che si pone è quello della sequenza logica delle privatizzazioni, assumendo che una soluzione di tipo "big bang", in cui tutte le imprese statali vengano privatizzate contemporaneamente, non sia possibile.

PRIVATIZZAZIONE /privatiddzat'tsjone/
sos. f.

atto con cui un'attività economica è trasformata da statale (2) a privata (2)

Il cane a sei zampe zoppica vistosamente, ma continua la faticosa marcia verso il risanamento e la privatizzazione.

PRIVATO (1) /pri'vato/
sos. m.

persona singola, non investita di cariche pubbliche

Affidando a privati la gestione di aziende si migliora la loro efficienza in termini di professionalità e rendimento.

PRIVATO (2) /pri'vato/
agg. Contr. pubblico

che ha come scopo gli interessi di un individuo o di un gruppo di individui

Quella delle compagnie è una scelta che rientra nel pieno diritto di una azienda privata, la quale può giudicare la maggiore o minore convenienza di certe forme di contratto.

PRIVILEGIATA /privile'dʒata/
sos. f.

V. azione privilegiata

L'operazione prevede l'emissione di 8,55 milioni di azioni ordinarie e 5,7 milioni di privilegiate che verranno riservate alla Res a fronte del conferimento del ramo d'azienda e di un conguaglio in denaro.

PRO CAPITE /prɔ 'kapite/
loc. agg./avv. Prov. latino Var. procapite

per ogni persona

È necessario osservare che, in termini di entrate pro capite, esse sono più che doppie nell'Italia nord-occidentale rispetto al Sud e alle isole.

PROCESSO DI PRODUZIONE /pro'tʃɛsso di produt'tsjone/
loc. sos. m. pl. processi di produzione Sin. processo produttivo

successione organizzata di operazioni necessarie per la produzione (1) di un bene o di un servizio

Il processo di produzione viene accelerato grazie all'introduzione di nuovi macchinari elettronici.

PROCESSO PRODUTTIVO /pro'tʃɛsso produt'tivo/
loc. sos. m. pl. processi produttivi

V. processo di produzione

Punto di partenza fu il riconoscimento del fatto che la struttura di un processo produttivo può essere rappresentata nei termini della serie di quantità di lavoro impiegato per produrre i beni.

PRODOTTO (1) /pro'dotto/

sos. m. Sin. output

bene che costituisce il risultato dell'attività di un'azienda

Bisognerà aspettare l'approvazione della legge di conversione per poter ricondurre al regime speciale Iva le vendite di prodotti agricoli effettuate nei mesi scorsi.

PRODOTTO (2) /pro'dotto/
sos. m.

insieme dei beni e servizi prodotti in un certo periodo di tempo da un'azienda o da un Paese

Le società multinazionali americane continuavano ad avere la stessa quota di prodotto mondiale che avevano venti anni prima.

PRODOTTO DERIVATO /pro'dotto deri'vato/
loc. sos. m. pl. prodotti derivati

V. strumento derivato

La proposta prevede il passaggio graduale alla liquidazione per contanti, partendo da un primo gruppo di titoli meno liquidi, da completare comunque per tutti i titoli non appena avviati i mercati a termine dei prodotti derivati (future, opzioni, swap, forward rate agreement).

PRODOTTO INTERNO LORDO /pro'dotto in'tɛrno 'lordo/
loc. sos. m. Sin. reddito nazionale Sigla pil

valore dei beni e servizi prodotti in un Paese in un anno, compresi gli ammortamenti (1)

Secondo lo studio previsionale elaborato dall'Isco, il prossimo anno il prodotto interno lordo dovrebbe crescere dello 0,2%.

PRODOTTO INTERNO NETTO /pro'dotto in'tɛrno 'netto/
loc. sos. m.

valore dei beni e servizi prodotti in un Paese in un anno, esclusi gli ammortamenti (1)

Tornando ad esaminare il prodotto interno netto, possiamo vedere che è stato influenzato negli anni passati dalla generale crisi congiunturale.

PRODOTTO NAZIONALE LORDO /pro'dotto nattsjo'nale 'lordo/
loc. sos. m. Sigla pnl

valore dei beni e servizi prodotti in un Paese e all'estero in un anno con fattori di produzione appartenenti a residenti

Tali pagamenti sono trasferimenti di reddito erogati per ragioni diverse dal pagamento di un lavoro o di altri servizi correnti e perciò sono esclusi dal prodotto nazionale lordo.

PRODURRE /pro'durre/
v. tr.

svolgere un'attività di trasformazione che mira ad ottenere un bene o a fornire un servizio

L'azienda dovrà produrre una minor quantità di automobili, e per questo farà ricorso alla cassa integrazione.

PRODUTTIVITÀ /produttivi'ta*/
sos. f. inv.

rapporto fra la quantità di prodotto (2) ottenuto e la quantità di fattori di produzione impiegati

Il solo prolungamento della durata del lavoro non è sufficiente a risolvere i problemi di produttività delle imprese.

PRODUTTIVO (1) /produt'tivo/
agg.

relativo alla produzione (1)

L'apparato produttivo, fragile e squilibrato, non è in grado di creare nuova ricchezza.

PRODUTTIVO (2) /produt'tivo/
agg. Contr. improduttivo

che dà un vantaggio economico

L'investimento in titoli pubblici al giorno d'oggi non è più così produttivo in quanto il Governo sta indirizzando i risparmi verso i fondi comuni.

PRODUTTORE (1) /produt'tore/
sos. m. f. produttrice

chi produce

L'accordo USA-CEE sui semi oleosi ratificato martedì scorso a Lussemburgo preoccupa i produttori italiani.

PRODUTTORE (2) /produt'tore/
agg. f. produttrice

che produce

I maggiori Paesi produttori di vino europei si riuniranno domani a Bruxelles.

PRODUZIONE (1) /produt'tsjone/
sos. f.

attività di trasformazione che mira ad ottenere un bene o a fornire un servizio

Cento miliardi di investimento per fare di Bergamo una delle capitali europee nella produzione di stampanti laser.

PRODUZIONE (2) /produt'tsjone/
sos. f.

quantità di beni o servizi ottenuti da un'attività di trasformazione

Lo stabilimento sorgerà nei pressi di Città del Messico. Secondo le previsioni, avrà una produzione di 3,5 milioni di metri quadri di piastrelle l'anno.

PROFESSIONALE /professjo'nale/
agg.

relativo alla professione

Il nuovo progetto ha tre obiettivi: favorire la creazione di nuovi impieghi, ripensare i tempi di lavoro, riorganizzare la formazione professionale.

PROFESSIONALITÀ /professjonali'ta*/
sos. f. inv.

capacità di fare un lavoro a un buon livello di efficienza

Il buon successo della casa automobilistica è dovuto soprattutto alla serietà e all'alta professionalità della sua dirigenza.

PROFESSIONE /profes'sjone/
sos. f.

attività intellettuale svolta per ottenere un guadagno

La professione di commercialista è resa complicata dalla rapidità con cui le norme fiscali si trasformano.

PROFESSIONISTA /professjo'nista/

sos. m./f. pl. m. professionisti

chi esercita una professione

Se la prestazione rientra nel contratto d'opera intellettuale, le amministrazioni pubbliche sono obbligate a contattare i professionisti.

PROFITTO /pro'fitto/
sos. m.
V. utile

Il piano di riassetto e di risparmio dei costi avviato dalla Grundig l'anno scorso sta cominciando a dare i suoi frutti e dovrebbe risultare in un ritorno al profitto e in un miglioramento del fatturato.

PROJECT FINANCING /'prɔdʒekt fai'nænsiŋ/
loc. sos. m. inv. Prov. inglese

finanziamento (1) di opere pubbliche realizzato in collaborazione con investitori (1) privati (2)

La parola magica per rilanciare i grandi appalti è project financing: è lo strumento legislativo e pratico attraverso il quale sono state realizzate tutte le grandi opere europee degli ultimi decenni, dall'Eurotunnel a Eurodisney.

PROMOTORE FINANZIARIO /promo'tore finan'tsjarjo/
loc. sos. m. pl. promotori finanziari

chi per professione fa da intermediario (1) nella contrattazione di valori mobiliari

La legge sulle Sim, con l'istituzione dell'Albo dei promotori finanziari al quale si può accedere solo dopo un apposito esame, ha messo un po' di ordine nel mondo del risparmio.

PROMOZIONE /promot'tsjone/
sos. f.

avanzamento a una posizione professionale migliore

Una promozione spesso è la giusta ricompensa per anni di lavoro qualificato e serio.

PROMUOVERE /pro'mwɔvere/
v. tr.

fare avanzare a una posizione professionale migliore

Il Presidente ha promosso tre dipendenti, i quali avranno un maggiore stipendio ma anche maggiori responsabilità.

PRONTI CONTRO TERMINE /'pronti 'kontro 'tɛrmine/
loc. sos. m. inv. Sigla p/t

in borsa, operazione con cui sono acquistati titoli a pronti e nello stesso tempo sono venduti titoli della stessa specie a termine, o viceversa

Sul mercato interbancario si è registrata un po' di tensione a causa delle scadenze tecniche di questi giorni, in attesa di un nuovo pronti contro termine della Banca d'Italia.

PROPENSIONE AL CONSUMO /propen'sjone al kon'sumo/
loc. sos. f.

rapporto fra il reddito disponibile e i consumi (2)

La propensione al consumo dei cittadini statunitensi, complice la recessione, è scesa a picco.

PROPENSIONE ALL'INVESTIMENTO /propen'sjone allinvesti'mento/

loc. sos. f.

rapporto fra il reddito disponibile e gli investimenti (2)

*Il motivo di questo ritardo sta nella scarsa **propensione all'investimento** delle piccole aziende, che rappresentano una cospicua quota del sistema manifatturiero dell'Emilia-Romagna.*

PROPENSIONE AL RISPARMIO /propen'sjone al ris'parmjo/

loc. sos. f.

rapporto fra il reddito disponibile e i risparmi (1)

*L'elevato indebitamento delle famiglie ha fatto sì che la **propensione al risparmio** abbia subito un incremento.*

PROPRIETÀ /proprje'ta*/

sos. f. inv.

diritto di disporre di un bene

*Per quanto riguarda i terreni, si devono definire i diritti di **proprietà** con le loro caratteristiche e i loro limiti.*

PROPRIETARIO (1) /proprje'tarjo/

sos. m. pl. proprietari

chi ha la proprietà

*I **proprietari** di immobili sono alle prese con la prima scadenza dell'imposta comunale.*

PROPRIETARIO (2) /proprje'tarjo/

agg. pl. m. proprietari, pl. f. proprietarie

che ha la proprietà

*Il costruttore ha incassato i soldi e non ha pagato la banca. L'inadempimento del venditore ha così determinato l'azione esecutiva nei confronti dei terzi **proprietari**.*

PROROGA /'prɔroga/

sos. f. pl. proroghe Sin. dilazione

prolungamento del periodo di tempo stabilito per una scadenza (2)

***Proroga** fino al giugno '96 delle agevolazioni fiscali per fusioni e concentrazioni.*

PROROGARE /proro'gare/

v. tr. Sin. dilazionare

prolungare il periodo di tempo stabilito per una scadenza (2)

*È **stato prorogato** il termine ultimo per il versamento dell'imposta.*

PROTESTARE /protes'tare/

v. intr.

levare protesto contro un titolo di credito

*La cambiale è **protestata** ufficialmente da un notaio o da un ufficiale giudiziario.*

PROTESTATO /protes'tato/

agg.

relativo a un titolo di credito che ha subito un protesto

*In caso di assegno **protestato**, si applicano le sanzioni previste dalla legge, che nei casi più gravi prevedono anche la reclusione.*

PROTESTO /pro'tɛsto/

sos. m.

atto con cui la mancata accettazione o il mancato pagamento di un titolo di credito sono resi ufficiali

*I tempi indicati sono quelli per cui l'emittente ha l'obbligo di mantenere disponibili sul suo conto le somme corrispondenti all'importo dell'assegno. Trascorsi i termini per la presentazione, qualora non sussistano sul conto i fondi necessari al pagamento, l'assegno non potrà considerarsi a vuoto, e non sarà possibile elevare **protesto**.*

PROTEZIONISMO /protettsjo'nizmo/

sos. m.

politica economica volta a favorire i produttori (1) nazionali rispetto a quelli esteri

*Un notevole grado di **protezionismo** caratterizza la maggior parte dei Paesi in via di sviluppo.*

PROTEZIONISTICO /protettsjo'nistiko/

agg. pl. m. protezionistici, pl. f. protezionistiche

volto a favorire i produttori (1) nazionali rispetto a quelli esteri

*In realtà, poiché le misure **protezionistiche** fanno aumentare i prezzi e sorreggono industrie inefficienti, possiamo dire che la stagflazione viene esacerbata dai dazi.*

PROVENTO /pro'vɛnto/

sos. m. Sin. ricavato, ricavo, realizzo (1)

V. guadagno

*I **proventi** dell'operazione saranno destinati allo sviluppo del progetto.*

PROVVIGIONE /provvi'dʒone/

sos. f.

compenso (1), espresso in percentuale, calcolato in base alle vendite fatte o agli affari conclusi

*Le compagnie assicurative non incoraggiano il 'premio unico' perché in questo caso le loro **provvigioni** sono dimezzate.*

PROVVISTA /prov'vista/

sos. f.

insieme delle operazioni con cui la banca ottiene fondi da impiegare

*Complessivamente la massa amministrata sale a 10.400 miliardi. Il costo della **provvista** è risultato di 680 miliardi. Crescono anche gli impieghi economici.*

P/T /pi* ti*/

sos. m. Sigla Sciogl. pronti contro termine

V. pronti contro termine

*Le notizie incontrollate su un **p/t** della Banca Centrale e la domanda da parte di investitori poco esposti sulla valuta tedesca hanno contribuito a formare una piattaforma sulla quale si sono adagiati i prezzi.*

PUBBLICA AMMINISTRAZIONE /'pubblika amministrat'tsjone/

loc. sos. f. Var. amministrazione pubblica

insieme degli enti pubblici che svolgono un'attività amministrativa

*Per invertire la rotta il ministro propone una revisione radicale della **pubblica amministrazione**, attuando provvedimenti impopolari ma necessari.*

PUBBLICITÀ /pubblitʃi'ta*/
sos. f. inv.

insieme delle attività svolte da un'azienda per far conoscere i propri prodotti (1) ai consumatori (1)

*Oggi le aziende sanno benissimo che la fortuna commerciale di un loro prodotto dipende in gran parte da una buona **pubblicità**; per questo si avvalgono dell'aiuto di esperti.*

PUBBLICITARIO (1) /pubblitʃi'tarjo/
sos. m. pl. pubblicitari

chi lavora nel settore della pubblicità

*È una provocazione del celebre **pubblicitario** italiano, che si scaglia contro la televisione e l'ossessione degli indici d'ascolto.*

PUBBLICITARIO (2) /pubblitʃi'tarjo/
agg. pl. m. pubblicitari, pl. f. pubblicitarie
relativo alla pubblicità

*L'azienda ha pensato a un manifesto **pubblicitario** molto forte, l'immagine di un bambino appena nato, sporco di sangue, ancora legato al cordone ombelicale della madre.*

PUBBLICIZZARE /pubblitʃid'dzare/
v. tr.

diffondere la conoscenza di un prodotto (1) tra i consumatori (1), attraverso la pubblicità

*Non è facile trovare nuove idee per **pubblicizzare** un articolo del genere; forse la soluzione potrebbe essere proporre l'immagine silenziosa.*

PUBBLICO /'pubbliko/
agg. pl. m. pubblici, pl. f. pubbliche Contr. privato (2)
che ha come scopo gli interessi della comunità

*È stato siglato ieri l'accordo tra il Comune del capoluogo emiliano e la società torinese che coinvolge anche altre imprese del settore **pubblico** e privato.*

PUBBLICO UFFICIALE /'pubbliko uffi'tʃale/
loc. sos. m. pl. pubblici ufficiali

chi è autorizzato a svolgere una funzione pubblica

*Sempre nell'ambito del settore del credito, bisogna tener presente che gli impiegati di banca non sono **pubblici ufficiali**, incaricati di pubblico servizio.*

PUBLIC COMPANY /'pʌblik 'kʌmpəni/
loc. sos. f. inv. Prov. inglese

società per azioni di grandi dimensioni con azionariato diffuso tra i risparmiatori (1)

*Il management del gruppo assicurativo ha elaborato un programma per dar vita, con la privatizzazione, ad una **public company**, includendo tra i nuovi azionisti gli assicurati.*

PUNTO DI PAREGGIO /'punto di pa'reddʒo/
loc. sos. m. pl. punti di pareggio
V. break-even point

*Nel lunghissimo periodo le imprese produrranno soltanto quando il prezzo di mercato risulta uguale o superiore al **punto di pareggio** di lungo periodo.*

PUNTO VENDITA /'punto 'vendita/
loc. sos. m. pl. punti vendita Var. punto di vendita
luogo dove è svolta un'attività di vendita al pubblico

*La distribuzione moderna ha iniziato la battaglia contro i venditori ambulanti. C'è un vero boom di domande per l'apertura di nuovi **punti vendita**, nonostante le difficoltà economiche attuali.*

PUT /put/
sos. m. inv. Prov. inglese

in borsa, opzione che dà il diritto di vendere un determinato titolo a una data e a un prezzo stabiliti

*Gli americani dispongono di un'opzione call per acquistare la partecipazione Jamont in mano alla società delle Isole Vergini, mentre quest'ultima dispone a sua volta di un **put** per cedere la stessa quota a James River.*

Q

QUADRARE /kwa'drare/
v. tr.

in contabilità, registrare le esatte corrispondenze tra voci diverse

*In poche parole, i conti dell'Inps potranno benissimo **quadrare** anche nei prossimi anni.*

QUADRATURA /kwadra'tura/
sos. f.

in contabilità, registrazione delle esatte corrispondenze tra voci diverse

*La **quadratura** viene effettuata dal cassiere al termine di ogni giornata.*

QUADRO (1) /'kwadro/
sos. m.

nel personale di un'azienda, impiegato che occupa posizioni di responsabilità

*Il suo arrivo potrebbe essere sgradito a molti **quadri** della banca, che non amano vedere un esterno prendere il potere alla Maison Dorée, l'edificio della direzione generale.*

QUADRO (2) /'kwadro/
agg. inv.

che determina solo i principi fondamentali

*L'accordo del 3 luglio, come tutte le intese **quadro**, fissa soltanto coordinate generali: date, scadenze, materie ammesse e vietate, criteri.*

QUANTITATIVO /kwantita'tivo/
sos. m.

quantità

Noi dobbiamo garantire ai nostri centri di distribuzione un **quantitativo** *annuo di 2,7 milioni di tonnellate di prodotto petrolifero.*

QUASI MONETA /'kwazi mo'neta/
loc. sos. f. pl. quasi monete

risorse finanziarie prive di rischio facilmente trasformabili in contante (1)
Gli esempi di tali **quasi monete** *comprendono un conto di dieci milioni di lire vincolato a un anno presso una banca o un conto di risparmio postale di venti milioni.*

QUASI SOCIETÀ /'kwazi sotʃe'ta*/
loc. sos. f. inv.

impresa individuale, società di persone o società di fatto con un numero di addetti pari o superiore alle venti unità
Nella categoria relativa alle società e alle **quasi società** *private e pubbliche figurano le aziende autonome, le aziende municipalizzate, le Ferrovie dello Stato e l'Enel.*

QUIESCENZA /kwjeʃʃɛntsa/
sos. f.

condizione di riposo a cui è destinato un lavoratore dipendente esonerato dal lavoro per raggiunti limiti di età.
Le obbligazioni sono offerte al pubblico alla pari senza spese e commissioni per il sottoscrittore. I dipendenti in servizio ed il personale in **quiescenza** *dell'ENEL S.p.A. potranno sottoscrivere le obbligazioni loro riservate.*

QUIETANZA /kwje'tantsa/
sos. f.

attestazione del creditore (1) che prova la riscossione di un pagamento dovuto dal debitore (1)
La prova del pagamento e la determinazione del giorno in cui esso è stato eseguito sono date dal timbro per **quietanza** *apposto dal concessionario oppure dal bollo dell'ufficio postale.*

QUIETANZARE /kwjetant'tsare/
v. tr.

firmare una ricevuta di pagamento
Il contribuente deve presentare la ricevuta di versamento debitamente **quietanzata**.

QUINTALE /kwin'tale/
sos. m.

misura di peso equivalente a 100 chilogrammi
Il prezzo base delle aste è stato fissato in 35mila lire al **quintale**.

QUORUM /'kwɔrum/
sos. m. inv. Prov. latino
numero minimo di partecipanti o di voti favorevoli per ren-

dere valida un'assemblea o per prendere una decisione all'interno di essa
In calce alla lettera ci sono le firme del 95% degli istituti esposti, il **quorum** *imposto da Cuccia per accettare l'incarico.*

QUOTA (1) /'kwɔta/
sos. f.
parte di una quantità intera
La società versava in cattive acque finanziarie. Forem rilevò una prima **quota** *pari al 31% con opzione sulla parte rimanente.*

QUOTA (2) /'kwɔta/
sos. f.
livello
La seduta si è chiusa con un tendenziale positivo, attestato a **quota** *0,42%.*

QUOTA DI MERCATO /'kwɔta di mer'kato/
loc. sos. f. pl. quote di mercato

parte di mercato conquistata da un'azienda o da un prodotto (1)
L'emittente della carta, se intende ottenere la **quota di mercato**, *è tenuto a concedere buone condizioni sulle commissioni.*

QUOTARE /kwo'tare/
v. tr.

in borsa, assegnare un prezzo a titoli, monete (2), merci e metalli
Basta paragonare le quotazioni precedenti con alcune delle attuali. Il titolo Calp, ad esempio, **era quotato** *a 4.120 lire.*

QUOTARSI /kwo'tarsi/
v. intr. pron.

in borsa, iscriversi al listino
La società sta crescendo rapidamente, i dirigenti promettono che entro un paio di anni **si quoterà** *a Piazza Affari.*

QUOTAZIONE /kwotat'tsjone/
sos. f. Sin. quotazione ufficiale, corso

in borsa, prezzo di titoli, monete (2), merci e metalli
Le **quotazioni** *sono risalite di 50 centesimi rispetto ai minimi della seduta, con un rialzo di 10 centesimi dal giorno precedente.*

QUOTAZIONE UFFICIALE /kwotat'tsjone uffi'tʃale/
loc. sos. f. pl. quotazioni ufficiali Sin. corso
V. quotazione
I certificati di credito del Tesoro sono ammessi di diritto alla **quotazione ufficiale** *in tutte le Borse valori italiane.*

R

RAGIONERIA /radʒone'ria/
sos. f.
disciplina che si occupa della contabilità di un'azienda

Per ciò che riguarda la collocazione disciplinare, la **ragioneria** *si trova in diretto collegamento con l'economia aziendale, in più si occupa di ricerca operativa: infatti uti-*

lizza i dati contabili nell'applicazione di modelli matematici volti all'ottimizzazione delle scelte di gestione.

RAGIONERIA GENERALE DELLO STATO /radʒone'ria dʒene'rale 'dello 'stato/
loc. sos. f.

organo del <u>ministero del Tesoro</u> che si occupa della <u>contabilità</u> dello Stato

La Ragioneria generale dello Stato, tra l'altro, verifica che funzionino regolarmente i servizi che interessano la finanza pubblica, prepara il bilancio di previsione e quello consuntivo, assicura la regolare tenuta delle scritture contabili.

RAGIONE SOCIALE /ra'dʒone so'tʃale/
loc. sos. f.

nome con cui operano le <u>società di persone</u> e le <u>società di capitale</u>

Nelle spese di rappresentanza l'oggetto del messaggio è la ditta, ivi compresi l'immagine o i segni distintivi dell'imprenditore come, per esempio, il nome e la ragione sociale.

RAGIONIERE /radʒo'njɛre/
sos. m.

chi per <u>professione</u> si occupa della <u>contabilità</u> di un'<u>azienda</u>

È partito come un semplice ragioniere, all'interno di una piccola azienda. Oggi dirige una delle maggiori compagnie di assicurazione della Comunità d'Europa.

RAPPRESENTANTE /rapprezen'tante/
sos. m./f.

chi svolge operazioni di <u>compravendita</u> per conto di un'<u>azienda</u>

Il rappresentante della ditta sarà munito di auto propria e dovrà coprire l'intera area di Siena e Perugia.

RAPPRESENTANZA /rapprezen'tantsa/
sos. f.

incarico di svolgere operazioni di <u>compravendita</u> dato a un <u>rappresentante</u> da un'<u>azienda</u>

Vogliate comunicarci a quali condizioni siete disposti ad accordarci la rappresentanza esclusiva.

RASTRELLAMENTO /rastrella'mento/
sos. m.

in <u>borsa</u>, <u>acquisto (1)</u> di piccole quantità di uno stesso <u>titolo</u> per accrescere la <u>partecipazione</u> a una <u>società</u>

Ed è ancora il caso dello scontro fra la Cassa di Bologna e quella di Parma, sollevato dal rastrellamento di un pacchetto di azioni di quest'ultima da parte dei cugini bolognesi.

RASTRELLARE /rastrel'lare/
v. tr.

in <u>borsa</u>, <u>acquistare</u> piccole quantità di uno stesso <u>titolo</u> per accrescere la <u>partecipazione</u> a una <u>società</u>

Il finanziere era arrivato, rastrellando in borsa, ad ottenere oltre il 2 per cento della Ferfin.

RATA /'rata/
sos. f.

ciascuna delle parti in cui è diviso un <u>pagamento</u> da <u>saldare (2)</u> entro un determinato periodo di tempo

Sono arrivati a molti cittadini i bollettini per il versamento dell'Ici, la cui prima rata dovrà essere pagata fra il 1º e il 19 luglio.

RATEALE /rate'ale/
agg.

diviso in <u>rate</u>

La casa automobilistica propone offerte vantaggiose, come il pagamento rateale a un anno, con interesse zero.

RATEAZIONE /rateat'tsjone/
sos. f. Sin. rateizzazione

operazione con cui un <u>pagamento</u> è diviso in <u>rate</u>

Il tasso di interesse mensile applicato alla rateazione è del 2 per cento.

RATEIZZARE /rateid'dzare/
v. tr.

dividere un <u>pagamento</u> in <u>rate</u>

È possibile rateizzare l'acquisto, nel caso che i fondi non siano disponibili immediatamente.

RATEIZZAZIONE /rateiddzat'tsjone/
sos. f.

V. rateazione

Il pagamento è reso meno oneroso da una rateizzazione a diciotto mesi a interessi zero.

RATEO DI INTERESSE /'rateo di inte'rɛsse/
loc. sos. m. pl. ratei di interesse Sin. dietimo

in <u>borsa</u>, <u>interessi</u> maturati da un <u>titolo</u> dalla data dell'ultimo <u>godimento</u> alla data della <u>contrattazione</u>

In ciò sono diversi dai titoli a corso secco, vale a dire a un prezzo che comprende solo il valore capitale, con esclusione del rateo di interesse maturato.

RATING /'reitiŋ/
sos. m. inv. Prov. inglese

sistema di valutazione e classificazione della qualità dei <u>titoli</u> di una <u>società</u>

Scende anche il rating di Comit e Credit dopo il declassamento della Repubblica italiana deciso da Moody's il 5 maggio scorso. L'agenzia Usa di valutazione del credito ha abbassato ieri da A1 ad A2 il voto sul debito subordinato dei due istituti italiani.

RATIO /'reiʃiou/
sos. m. inv. Prov. inglese

coefficiente

Gli analisti utilizzano un rapporto ormai alquanto diffuso che consiste nel calcolo della percentuale rappresentata dal dividendo globale sull'utile di esercizio. Si tratta del cosiddetto pay out ratio.

REALE /re'ale/
agg.

espresso in termini di <u>beni</u>

Le transazioni economiche si sostanziano nel passaggio di proprietà di risorse sia reali (beni, servizi, redditi) sia fi-

nanziarie: in quest'ultimo caso, esse creano una variazione delle attività o passività dei residenti verso l'estero.

REALIZZARE /realid'dzare/
v. tr. Sin. lucrare
V. guadagnare
Le aziende hanno realizzato più di quello che si aspettavano, grazie alla diminuzione del costo del lavoro.

REALIZZO (1) /rea'liddzo/
sos. m. Sin. provento, ricavo, ricavato
V. guadagno
Non sono stati considerati i realizzi conseguiti da vendite e rimborsi.

REALIZZO (2) /rea'liddzo/
sos. m.
vendita di beni a un prezzo più basso di quello corrente
I prezzi sono saliti al termine della mattinata grazie a ricoperture dopo un'apertura difficile caratterizzata da realizzi sui titoli che più hanno guadagnato nelle ultime sedute.

RECEDENTE (1) /retʃe'dɛnte/
sos. m./f.
chi si libera dai vincoli di un contratto
I recedenti hanno diritto di ottenere il rimborso delle proprie azioni.

RECEDENTE (2) /retʃe'dɛnte/
agg.
che si libera dai vincoli di un contratto
Lo statuto sociale prevede le modalità di pagamento delle somme spettanti all'artigiano recedente.

RECEDERE /re'tʃɛdere/
v. intr.
liberarsi dai vincoli di un contratto
Talvolta per recedere da un contratto una parte deve pagare una somma di denaro alla controparte.

RECESSIONE /retʃes'sjone/
sos. f. Contr. espansione
fase del ciclo economico in cui la produzione (2), la domanda, l'occupazione e i redditi diminuiscono
Anche in fase di recessione economica le piccole e medie imprese della CEE continuano a pianificare futuri investimenti.

RECESSIVO /retʃes'sivo/
agg.
relativo alla recessione
La bilancia commerciale va a gonfie vele. Fra i fattori cruciali del successo sono gli ampi margini di capacità produttiva lasciati disponibili per l'export dal ciclo interno recessivo.

RECESSO /re'tʃɛsso/
sos. m.
atto giuridico con cui una parte si libera dai vincoli di un contratto
L'articolo 16 prevede una diversa tassazione se il periodo

di tempo intercorso tra la costituzione della società e la data di *recesso* è superiore a cinque anni.

RECINTO ALLE GRIDA /re'tʃinto 'alle 'grida/
loc. sos. m. pl. recinti alle grida Var. recinto delle grida Sin. corbeille
in borsa, spazio riservato alle grida
Nel recinto alle grida ormai vengono negoziati soltanto pochissimi titoli.

RECLAME /re'klam/
sos. f. inv. Prov. francese
pubblicità in favore di un prodotto (1)
La reclame della nota bevanda americana è sempre stata indovinata dai pubblicitari.

RECLAMIZZARE /reklamid'dzare/
v. tr.
fare pubblicità in favore di un prodotto (1)
Il nuovo modello di computer portatile non è stato sufficientemente reclamizzato.

RECLAMO /re'klamo/
sos. m.
documento in cui è espressa una protesta
La ditta acquirente ha inviato un reclamo alla ditta venditrice a causa della scarsa qualità della merce.

REDDITIVITÀ /redditivi'ta*/
sos. f. inv.
capacità di dare un reddito o un guadagno
La buona redditività genera risorse per lo sviluppo della tecnologia.

REDDITIZIO /reddi'tittsjo/
agg. pl. m. redditizi, pl. f. redditizie
che dà un reddito o un guadagno
Le banche assicurano che i certificati di deposito nel futuro saranno sempre più redditizi, offriranno interessi superiori a quelli dei titoli di Stato.

REDDITO /'rɛddito/
sos. m.
insieme delle entrate di un soggetto economico in un certo periodo di tempo
Dalle tabelle statistiche risultava che la provincia di Palermo aveva il più basso reddito pro capite.

REDDITO AGRARIO /'rɛddito a'grarjo/
loc. sos. m. pl. redditi agrari
reddito dato dall'esercizio di attività agricole su un terreno
Il reddito agrario è determinato attraverso l'applicazione delle tariffe d'estimo determinate per ogni qualità e classe secondo le norme della legge catastale.

REDDITO DEI FABBRICATI /'rɛddito 'dei fabbri'kati/
loc. sos. m. pl. redditi dei fabbricati
reddito dato dalla proprietà di edifici
Il reddito dei fabbricati di nuova costruzione fa parte del reddito complessivo solo dalla data in cui il fabbricato è divenuto atto all'uso cui è destinato.

REDDITO DI CAPITALE /'rɛddito di kapi'tale/

loc. sos. m. pl. redditi di capitale

reddito dato dall'uso del capitale(2)

Il reddito di capitale è costituito dall'ammontare di interessi, utili o altri proventi percepiti durante il periodo di imposta, senza alcuna deduzione.

REDDITO DI IMPRESA /'rɛddito di im'presa/

loc. sos. m. pl. redditi di impresa

reddito dato dall'esercizio di attività commerciali

Il reddito di impresa e quello di lavoro autonomo non devono essere, nel loro insieme, inferiori al 60% del reddito complessivo.

REDDITO DI LAVORO AUTONOMO /'rɛddito di la'voro au'tɔnomo/

loc. sos. m. pl. redditi di lavoro autonomo

reddito dato dall'attività di chi lavora in proprio

Nell'ipotesi che alla formazione del reddito complessivo concorrano sia il reddito di lavoro autonomo sia quello d'impresa, le percentuali alternative devono essere separatamente determinate, e si applica la percentuale più elevata.

REDDITO DI LAVORO DIPENDENTE /'rɛddito di la'voro dipen'dɛnte/

loc. sos. m. pl. redditi di lavoro dipendente

reddito dato dall'attività di chi lavora alle dipendenze di altri

Sono considerati redditi di lavoro dipendente anche i compensi dei lavoratori soci di certe cooperative.

REDDITO DIVERSO /'rɛddito di'vɛrso/

loc. sos. m. pl. redditi diversi

reddito dato da entrate di varia natura

Tra i redditi diversi, in particolare, sono le vincite alle lotterie e ai concorsi a premio, oppure i redditi che provengono da attività di lavoro autonomo non esercitate abitualmente.

REDDITO DOMINICALE /'rɛddito domini'kale/

loc. sos. m. pl. redditi dominicali

reddito dato dalla proprietà di terreni agricoli

Non producono reddito dominicale i terreni che costituiscono pertinenza di fabbricati urbani e neppure quelli dati in affitto per usi non agricoli.

REDDITO FONDIARIO /'rɛddito fon'djarjo/

loc. sos. m. pl. redditi fondiari Sin. rendita

reddito dato dalla proprietà di terreni o edifici

I redditi fondiari rappresentano una delle sei categorie in cui sono divisi i redditi, nell'ambito della disciplina dell'Irpef per determinare la base imponibile.

REDDITO IMPONIBILE /'rɛddito impo'nibile/

loc. sos. m. pl. redditi imponibili

parte del reddito su cui è calcolata l'imposta

È evidente che l'entità dell'agevolazione è tale da annullare il reddito imponibile degli istituti coinvolti in operazioni di fusione per alcuni anni.

REDDITOMETRO /reddi'tɔmetro/

sos. m.

documento utilizzato dal Fisco per determinare il reddito complessivo di un contribuente

Se il redditometro segna rosso, il contribuente è costretto a segnalare nel 740 tutto quello che fino a ieri non era tenuto a dichiarare, come la consistenza del suo conto in banca o del suo giardinetto in boT o ccT.

REDDITO NAZIONALE /'rɛddito nattsjo'nale/

loc. sos. m. pl. redditi nazionali

V. prodotto interno lordo

Oggi molti governi sono più moderati nell'uso di aliquote fiscali elevatissime, perché queste potrebbero ridurre gli incentivi e far diminuire l'ammontare complessivo del reddito nazionale.

REDDITUALE /redditu'ale/

agg.

relativo al reddito

Il bilancio consolidato del gruppo chiude in rosso per 5 miliardi, mentre aumentano i ricavi e la capacità reddituale dell'attività caratteristica.

REGIME FISCALE /re'dʒime fis'kale/

loc. sos. m. pl. regimi fiscali Sin. regime tributario

insieme di regole che definiscono il sistema tributario di un Paese

Si tratta del regime fiscale applicabile alla fabbricazione e alla circolazione di alcuni tipi di prodotti.

REGIME TRIBUTARIO /re'dʒime tribu'tarjo/

loc. sos. m. pl. regimi tributari

V. regime fiscale

La modifica del regime tributario vigente porterà a una sempre maggiore tassazione sui beni immobili e sui titoli di Stato, in modo da stimolare diverse e più produttive forme di investimento da parte dei risparmiatori.

REGOLAMENTAZIONE /regolamentat'tsjone/

sos. f. Contr. deregolamentazione, deregulation

insieme di norme legislative volte a controllare i prezzi

Molti economisti hanno osservato che il processo di regolamentazione ha avuto in realtà l'obiettivo di creare un potere di mercato artificiale e non quello di contenere i monopoli naturali.

REMUNERARE /remune'rare/

v. tr. Var. rimunerare

dare come compenso(1)

Il deficit dei conti pubblici ormai è dovuto solo all'enorme cifra necessaria a remunerare i possessori di titoli di Stato.

REMUNERATIVITÀ /remunerativi'ta*/

sos. f. inv. Var. rimuneratività

capacità di dare un compenso(1)

Le banche corrono ai ripari abbinando i conti correnti ad altri servizi, in modo da renderli più appetibili, nonostante la scarsa remuneratività.

REMUNERATIVO /remunera'tivo/

agg. Var. rimunerativo

che dà un compenso(1)

*I promotori allo sportello sono riusciti a dirottare parte dei depositi della clientela verso i più **remunerativi** fondi comuni.*

REMUNERAZIONE /remunerat'tsjone/
sos. f. Var. rimunerazione

tipo di compenso (1)

*Proprio l'opacità della **remunerazione** dell'investimento resta uno dei principali problemi delle gestioni bancarie.*

RENDERE /'rɛndere/
v. tr.

V. fruttare

*I risparmiatori si sono accorti che la proprietà di un immobile **rende** sempre meno, a causa dell'aumento delle imposte.*

RENDICONTO /rendi'konto/
sos. m.

esposizione scritta di conti

*Il **rendiconto** del 31 dicembre salda con un utile netto di 29 miliardi peraltro dopo aver contabilizzato al conto profitti e perdite un saldo positivo della gestione straordinaria per un importo di 12,6 miliardi.*

RENDIMENTO /rendi'mento/
sos. m.

reddito dato da un investimento (1)

*I vantaggi dell'operazione sono essenzialmente due: l'ottenimento di un maggior **rendimento** della polizza e di una maggiore flessibilità come forma di investimento.*

RENDITA /'rɛndita/
sos. f.

V. reddito fondiario

*L'imposta si calcola moltiplicando per 100 la **rendita** catastale dell'immobile.*

REPARTO /re'parto/
sos. m.

sezione di un'azienda

*Alla Fiat si sono verificati problemi di salute per gli operai del **reparto** verniciatura.*

RESIDUALE /residu'ale/
agg.

che costituisce un residuo (1)

*La crescente complessità della funzione finanziaria e la consapevolezza della necessità di integrare tale funzione con il processo produttivo, senza considerarla più come semplice variabile **residuale**, spingono le imprese italiane verso l'utilizzo dei numerosi strumenti elaborati nel corso degli anni Ottanta.*

RESIDUI ATTIVI /re'sidui at'tivi/
loc. sos. m. pl.

nel bilancio dello Stato, insieme delle entrate accertate, ma non ancora riscosse

*Le quote non versate dei tributi accertati negli ultimi mesi dell'anno danno luogo alla formazione di **residui attivi**.*

RESIDUI PASSIVI /re'sidui pas'sivi/
loc. sos. m. pl.

nel bilancio dello Stato, insieme delle spese impegnate, ma non ancora pagate

*Negli anni '80 i **residui passivi** sono stati una costante dei bilanci della regione Sicilia, denunciata non solo dai giornali, ma anche dai magistrati.*

RESIDUO (1) /re'siduo/
sos. m.

ciò che rimane

*Una volta regionalizzate le entrate e le uscite dello Stato, è possibile esaminare il loro saldo o "**residuo** fiscale", che è anche un indicatore del beneficio percepito da ogni regione.*

RESIDUO (2) /re'siduo/
agg.

che rimane

*In ciascuna riunione sarà offerto un quinto del totale dei diritti inoptati, maggiorato, nelle sedute dopo la prima, dell'eventuale quantità **residua** non collocata nei giorni precedenti.*

RESPONSABILITÀ /responsabili'ta*/
sos. f. inv.

principio secondo cui i soci sono tenuti a soddisfare gli eventuali debiti societari

*La **responsabilità** è solo patrimoniale; il debitore risponde con tutti i suoi beni, presenti e futuri, nel caso di inadempimento delle obbligazioni.*

RESPONSABILITÀ ILLIMITATA /responsabili'ta* illimi'tata/
loc. sos. f.

principio secondo cui i soci sono tenuti a soddisfare gli eventuali debiti societari con tutti i beni di cui sono in possesso

*La tradizione della **responsabilità illimitata**, che per oltre tre secoli ha distinto i Lloyd's di Londra dalle compagnie di assicurazione di tutto il mondo, si è conclusa con l'annuncio del nuovo piano economico da parte del presidente David Rowland.*

RESPONSABILITÀ LIMITATA /responsabili'ta* limi'tata/
loc. sos. f.

principio secondo cui i soci sono tenuti a soddisfare i debiti societari solo con il valore del capitale sociale sottoscritto

*Dopo l'iscrizione al registro delle imprese, la società può emettere azioni e operare con il beneficio della **responsabilità limitata**.*

RETRIBUIRE /retribu'ire/
v. tr.

pagare un lavoratore dipendente per il suo lavoro

*Il datore di lavoro ha la stima delle organizzazioni sindacali; **retribuisce** regolarmente i suoi dipendenti, investe parte degli utili in nuove attrezzature, dimostra attenzione per le tematiche sociali.*

RETRIBUTIVO /retribu'tivo/
agg.

relativo alla retribuzione

*La Fiat è disponibile a stabilire incrementi **retributivi** in base al conseguimento di determinati obiettivi.*

RETRIBUZIONE /retribut'tsjone/
sos. f.

denaro che il <u>lavoratore dipendente</u> riceve per il suo lavoro

*La questione più delicata rigurda la richiesta dei sindacati di avere un riallineamento delle **retribuzioni**.*

REVISORE /revi'zore/
sos. m.

<u>amministratore</u> di una <u>società di revisione</u>

*La lente di **revisori** e collegio sindacale si è stretta in particolare su alcune operazioni intercorse tra la società quotata in borsa e le iniziative private del principe ismailita.*

REVOCA /'rɛvoka/
sos. f. pl. revoche

annullamento

*La **revoca** del mandato è stata annunciata ieri sera dal ministro del Tesoro.*

REVOCARE /revo'kare/
v. tr.

annullare

*Lo sciopero generale **è stato revocato** dopo l'incontro svoltosi stamattina tra Confindustria, sindacati e governo.*

RIALLINEAMENTO /riallinea'mento/
sos. m.

operazione volta a ristabilire le <u>parità di cambio</u> tra le <u>monete(2)</u>

*La peseta svaluta dell'8% e l'escudo del 6,5, proprio mentre la Comunità europea sta studiando una riforma dello Sme che preveda **riallineamenti** più frequenti e rapidi che mettano al riparo da nuove crisi.*

RIALZISTA(1) /rial'tsista/
sos. m./f. pl. m. rialzisti Contr. ribassista(1)

in <u>borsa</u>, chi compra <u>titoli</u> o <u>merci</u> per rivenderli a un <u>prezzo</u> più alto, prevedendo un aumento delle <u>quotazioni</u>

*Il **rialzista**, prevedendo un aumento delle quotazioni, si limiterà a riscuotere la differenza fra il prezzo di acquisto e il prezzo di vendita.*

RIALZISTA(2) /rial'tsista/
agg. pl. m. rialzisti, pl. f. rialziste Contr. ribassista(2)

in <u>borsa</u>, che compra <u>titoli</u> o <u>merci</u> per rivenderli a un <u>prezzo</u> più alto, prevedendo un <u>aumento</u> delle <u>quotazioni</u>

*Nell'ipotesi precedente si è brevemente riguardato il caso di un operatore a termine **rialzista**, di colui cioè che compera a termine una certa quantità di titoli nella speranza di poterli rivendere per la stessa liquidazione a prezzi più alti.*

RIALZO /ri'altso/
sos. m. Contr. ribasso

in <u>borsa</u>, aumento delle <u>quotazioni</u> di <u>titoli</u> o <u>merci</u>

*Il **rialzo** finale del Mib, pari allo 0,17%, deriva da una partenza piuttosto sostenuta, cui ha fatto seguito un progressivo affievolimento.*

RIASSICURARE /riassiku'rare/
v. tr.

<u>garantire</u> con una <u>riassicurazione</u>

*È l'assicuratore che può stabilire quali rischi intende **riassicurare** presso l'altro assicuratore, il quale generalmente è specializzato in questo tipo di attività.*

RIASSICURAZIONE /riassikurat'tsjone/
sos. f.

<u>contratto</u> con cui l'<u>assicuratore(1)</u> <u>assicura</u> i rischi dei propri <u>assicurati(1)</u> presso un altro <u>assicuratore(1)</u>

*La **riassicurazione** di norma è stipulata "per trattati", con cui l'assicuratore riassicura una percentuale di tutti i rischi o tutta la parte dei rischi assunti che eccede una data quota.*

RIBASSISTA(1) /ribas'sista/
sos. m./f. pl. m. ribassisti Contr. rialzista(1)

in <u>borsa</u>, chi vende <u>titoli</u> o <u>merci</u> per ricomprarli a un <u>prezzo</u> più basso, prevedendo una diminuzione delle <u>quotazioni</u>

*Il **ribassista** è uno speculatore, cioè cerca di guadagnare dalle oscillazioni di prezzo dei titoli.*

RIBASSISTA(2) /ribas'sista/
agg. pl. m. ribassisti, pl. f. ribassiste Contr. rialzista(2)

in <u>borsa</u>, che vende <u>titoli</u> o <u>merci</u> per ricomprarli a un <u>prezzo</u> più basso, prevedendo una diminuzione delle <u>quotazioni</u>

*L'operatore **ribassista**, nel gergo di borsa, viene anche chiamato "bear".*

RIBASSO /ri'basso/
sos. m. Contr. rialzo

in <u>borsa</u>, diminuzione delle <u>quotazioni</u> di <u>titoli</u> o <u>merci</u>

*I **ribassi** registrati sui mercati delle materie prime hanno dato un importante contributo alla ripresa di numerose aziende.*

RICAPITALIZZARE /rikapitalid'dzare/
v. intr.

aumentare il <u>capitale sociale</u> con l'<u>emissione(1)</u> di nuove <u>azioni</u>

*La società chiede di **ricapitalizzare**. L'assemblea dei soci, fissata per l'approvazione del bilancio, è chiamata quindi anche a deliberare un aumento di capitale.*

RICAVATO /rika'vato/
sos. m. Sin. ricavo, provento, realizzo(1)

V. guadagno

*Il **ricavato** della vendita andrà in parte in beneficienza e in parte sarà destinato alla ristrutturazione di un castello della Toscana.*

RICAVO /ri'kavo/
sos. m. Sin. ricavato, provento, realizzo(1)

V. guadagno

*Nell'esercizio passato l'azienda ha conseguito un utile netto di 1,9 miliardi e **ricavi** per circa 140 miliardi.*

RICCHEZZA /rik'kettsa/
sos. f.

disponibilità di beni a cui può essere dato un valore

Al sud c'è una **ricchezza** *individuale diffusa che risulta sorprendente.*

RICEVUTA /ritʃe'vuta/
sos. f.

documento che attesta l'avvenuta riscossione di una somma di denaro

Senza l'apposita **ricevuta** *l'ufficio non può essere di aiuto al cittadino, che pertanto deve fare molta attenzione a non perderla.*

RICEVUTA BANCARIA /ritʃe'vuta ban'karja/
loc. sos. f. pl. ricevute bancarie

documento che attesta il diritto a un credito (2) da incassare presso una banca, in seguito alla vendita di beni o servizi

Nella nostra banca l'home banking prevede tre funzioni base: le interrogazioni sul conto corrente, le disposizioni (accrediti e bonifici) e il trasferimento archivi (che prevede, per esempio, l'incasso di **ricevute bancarie** *tra fornitore e cliente).*

RICOPERTURA /rikoper'tura/
sos. f.

in borsa, acquisto (1) di titoli in precedenza venduti allo scoperto (2)

I prodotti derivati in Italia vengono impiegati come strumento di speculazione e di **ricopertura** *sui mercati, ma ancora poco come strumento di bilancio all'interno delle banche.*

RIMANENZA /rima'nɛntsa/
sos. f.

merce non venduta e tenuta in magazzino (2)

I negozianti offrono alla clientela le **rimanenze** *a prezzi scontatissimi.*

RIMBORSABILE /rimbor'sabile/
agg.

che si può rimborsare

La tassa sulla società è **rimborsabile**. *Due sentenze accolgono le istanze delle società ricorrenti e condannano l'amministrazione finanziaria a restituire, rispettivamente, 39 e 10 milioni.*

RIMBORSARE /rimbor'sare/
v. tr.

restituire una somma di denaro spesa per interesse di altri o per un servizio di cui non si è usufruito

Lo Stato **rimborserà** *solo i creditori di somme superiori ai 100 milioni di lire.*

RIMBORSO /rim'borso/
sos. m.

restituzione di una somma di denaro spesa per interesse di altri o per un servizio di cui non si è usufruito

Nel caso sottoposto all'esame della Corte di cassazione, il lavoratore percepiva un compenso con natura retributiva, provata dalla destinazione all'estero fin dall'assunzione, dal **rimborso** *delle spese effettivamente sostenute dal lavoratore nell'interesse dell'impresa, dalle ritenute previdenziali e fiscali.*

RINCARARE (1) /rinka'rare/
v. intr.

aumentare di prezzo

L'affitto dell'immobile è **rincarato** *di 200mila lire mensili.*

RINCARARE (2) /rinka'rare/
v. tr.

aumentare il prezzo

L'azienda **ha rincarato** *i prodotti in legno in seguito all'aumento della materia prima.*

RINCARO /rin'karo/
sos. m.

aumento di prezzo

La svalutazione della lira sul dollaro si è tradotta in lievi aumenti del gpl auto, con un **rincaro** *di 10 lire. L'aumento scatterà lunedì prossimo.*

RIPARTO /ri'parto/
sos. m.

operazione con cui sono assegnati i titoli ai sottoscrittori (1) quando la domanda è superiore alla quantità disponibile

L'importo è stato interamente collocato presso gli operatori al prezzo marginale di 102,80 per un rendimento lordo di 10,14% e netto di 8,70% con **riparto** *al 15,443%.*

RIPORTO /ri'pɔrto/
sos. m.

operazione con cui sono venduti a pronti dei titoli di credito e contemporaneamente è acquistato il diritto di riavere, a una data e a un prezzo stabiliti, altrettanti titoli della stessa specie

Anche il **riporto** *di borsa, come quello di banca, consiste in una duplice compravendita a pronti e a termine.*

RIPRESA /ri'presa/
sos. f.

fase positiva del ciclo economico successiva alla recessione

Tutti parlano di ciclicità del mercato e sperano nella **ripresa**, *anche se in Italia il mercato immobiliare non ha mai avuto un vero e proprio andamento ciclico, perché il prezzo delle case, negli ultimi quarant'anni, è sempre cresciuto.*

RISARCIMENTO /risartʃi'mento/
sos. m.

V. indennizzo

Oltre mezzo miliardo è l'ammontare della richiesta di **risarcimento** *di un gruppo di dipendenti di una società che si sono rivolti al pretore per far valere i loro diritti.*

RISARCIRE /risar'tʃire/
v. tr.

V. indennizzare

Se l'inquilino del piano di sopra non vi riconosce i danni che vi ha procurato, se la compagnia di assicurazione che deve **risarcirvi** *per un incidente stradale non paga, non c'è che una via: rivolgersi a un avvocato.*

RISCATTARE /riskat'tare/

v. tr.

acquistare di nuovo un bene venduto in precedenza

*Se il buono **viene riscattato** prima della sua scadenza naturale (cioè sette anni), l'interesse riconosciuto è uguale a quello corrispondente al buono ordinario, diminuito dello 0,5%.*

RISCATTO /ris'katto/

sos. m.

operazione con cui un bene venduto in precedenza è acquistato di nuovo

*Sui proventi spettanti a soggetti che esercitano imprese commerciali, comprese le plusvalenze realizzate in sede di cessione o di **riscatto** delle quote, è riconosciuto un credito di imposta pari al 25% dei proventi stessi.*

RISCONTO /ris'konto/

sos. m.

operazione con cui una banca presenta allo sconto (2) presso un'altra banca effetti già scontati (2)

*Le attese degli operatori a Francoforte sono state raffreddate ieri dai risultati del collocamento dei titoli a **risconto** operato dalla Banca centrale con un taglio dei tassi di aggiudicazione di solo lo 0,01% (tasso minimo al 7,58%).*

RISCOSSIONE /riskos'sjone/

sos. f.

atto del riscuotere

*Per quanto riguarda i crediti vantati dalle imprese, per la maggior parte di questi i termini di **riscossione** si sono allungati.*

RISCUOTERE /ris'kwɔtere/

v. tr.

ricevere una somma di denaro in cambio di un bene o di un servizio

*I fornitori si sono lamentati con l'azienda in quanto non **hanno** ancora **riscosso** ciò che è loro dovuto.*

RISERVA /ri'sɛrva/

sos. f.

fondi che un'azienda tiene a disposizione

*A copertura degli impegni presi con gli assicurati – le **riserve** appunto – vi sono investimenti di pari entità: titoli, ma soprattutto un ingente patrimonio immobiliare.*

RISERVA OBBLIGATORIA /ri'sɛrva obbliga'tɔrja/

loc. sos. f. pl. riserve obbligatorie

fondi che una banca tiene a disposizione a garanzia dei depositi (2) dei clienti

*I certificati di deposito permettono alle banche una remunerazione della **riserva obbligatoria** dell'8,50 per cento, ben superiore al 5,50 per cento stabilito per le altre forme di raccolta.*

RISERVA SOCIALE /ri'sɛrva so'tʃale/

loc. sos. f. pl. riserve sociali

fondi che una società tiene a disposizione a garanzia del capitale sociale

*Tra le **riserve sociali**, oltre a quella legale, possono esisterne altre previste dall'atto costitutivo della società.*

RISORSA /ri'sorsa/

sos. f.

ciò che può essere fonte di ricchezza

*Il nuovo governo ha avviato una riforma burocratica che garantisce gestioni fondate sul corretto impiego produttivo delle **risorse** disponibili.*

RISORSE UMANE /ri'sorse u'mane/

loc. sos. f. pl.

insieme dei lavoratori (1) a disposizione di un'azienda

*Per quello che riguarda la politica delle **risorse umane**, le imprese italiane indicano delle aree prioritarie da sviluppare: la qualità del personale, la formazione e lo sviluppo manageriale.*

RISPARMIARE /rispar'mjare/

v. tr.

mettere da parte denaro per investimenti (1) o consumi (1) futuri

*Le famiglie, in Italia, **risparmiano** sempre meno; l'aumento dei consumi sta lentamente portando il Paese a un tasso d'inflazione intorno al 5%.*

RISPARMIATORE (1) /risparmja'tore/

sos. m. f. risparmiatrice

chi risparmia

*I titoli sottoscritti sono poi collocati sul mercato appena si verificano le condizioni favorevoli al loro assorbimento da parte dei **risparmiatori**.*

RISPARMIATORE (2) /risparmja'tore/

agg. f. risparmiatrice

che risparmia

*Negli ultimi tempi le abitudini dei cittadini **risparmiatori** sono cambiate a causa della grande differenza di rendimento che esiste tra i normali depositi bancari e altre forme di investimento.*

RISPARMIO (1) /ris'parmjo/

sos. m. pl. risparmi

denaro non consumato subito e disponibile per investimenti (1) o consumi (1) futuri

*C'è un settore, la famiglia, in cui si concentra l'accumulazione del **risparmio**, e ci sono altri settori, le imprese e la pubblica amministrazione, che impiegano questo **risparmio**, incrementando di anno in anno il proprio deficit finanziario.*

RISPARMIO (2) /ris'parmjo/

sos. f. inv.

V. azione di risparmio

*Alla caduta del titolo principale si sono accodati i ribassi del 3,98% della privilegiata e del 4,92% della **risparmio**.*

RISPARMIO POSTALE /ris'parmjo pos'tale/

loc. sos. m. pl. risparmi postali

forma di investimento (1) attraverso il deposito (1) di denaro presso gli uffici postali

L'alternativa del **risparmio postale** *per il momento non è valida, anche se i servizi "bancari" offerti dalle Poste hanno aspetti interessanti, per esempio con i libretti di risparmio.*

RISPOSTA PREMI /ris'posta 'prεmi/
loc. sos. f. pl. risposte premi

in borsa, comunicazione di un operatore con cui un contratto già stipulato è eseguito, modificato o abbandonato

Le sistemazioni derivanti dalla **risposta premi** *continuano a pesare sul mercato; ciò dipende dalla consistenza sempre modesta degli affari conclusi.*

RISULTATO OPERATIVO /risul'tato opera'tivo/
loc. sos. m. pl. risultati operativi

V. utile operativo

Il **risultato operativo**, *dopo ammortamenti per 2,7 miliardi, si è assestato a 3,5 miliardi, confermando un quadro economico in miglioramento.*

RITENUTA ALLA FONTE /rite'nuta 'alla 'fonte/
loc. sos. f. pl. ritenute alla fonte

imposta sul reddito trattenuta dal Fisco al momento in cui è distribuito

Il giudizio sulla riforma fiscale degli anni '70 (quella che introdusse la **ritenuta alla fonte** *sugli stipendi e l'imposta sul valore aggiunto per i consumi) è contrastante.*

RITENUTA FISCALE /rite'nuta fis'kale/
loc. sos. f. pl. ritenute fiscali

importo che lo Stato trattiene come imposta sul reddito

Il prezzo totale di vendita dei boT è comprensivo dell'importo della **ritenuta fiscale** *e della commissione.*

RIVALUTARE /rivalu'tare/
v. tr. Contr. svalutare

aumentare il valore

Trascinata dai dati positivi della bilancia dei pagamenti e dalle buone condizioni della moneta, **rivalutata** *nei confronti delle altre valute forti, l'azienda Italia si appresta ad attaccare il debito pubblico.*

RIVALUTARSI /rivalu'tarsi/
v. intr. pron. Contr. svalutarsi

aumentare di valore

In una logica di parità dei tassi di interesse, coperti per l'attesa variazione del tasso di cambio, avere tassi inferiori a quelli tedeschi significa prevedere che il proprio cambio **si rivaluti** *rispetto al marco tedesco, qualcosa di impensabile per le regole dello Sme.*

RIVALUTAZIONE /rivalutat'tsjone/
sos. f. Contr. svalutazione

aumento di valore

Le esportazioni della Germania verso altri Paesi, complice la **rivalutazione** *del marco che ha portato a una perdita della capacità concorrenziale dei produttori tedeschi, sono calate del 7 per cento.*

RIVENDERE /ri'vendere/
v. tr.

vendere al dettaglio

Non è facile **rivendere** *merci simili in un momento di recessione.*

RIVENDITORE /rivendi'tore/
sos. m. f. rivenditrice

chi vende al dettaglio

È stato reso noto il motivo per cui i **rivenditori** *di sigarette sono in subbuglio. Probabilmente si prepara una protesta di più vasta eco.*

ROSSO /'rosso/
sos. m. Sin. deficit Contr. avanzo

V. disavanzo

I conti dell'azienda segnalano un **rosso** *di oltre 200 miliardi.*

ROYALTY /'rɔialti/
sos. f. inv. Prov. inglese

somma di denaro data a chi possiede un bene in cambio del diritto di sfruttare tale bene a fini commerciali

Abbandonando l'università e mettendomi in affari avevo scandito i miei obiettivi in tre tappe: inventare farmaci che altri vendessero in cambio di **royalty**; *inventare e vendere in parte; inventare e vendere io stesso in tutto il mondo.*

RUBLO /'rublo/
sos. m.

unità monetaria (2) della Russia

La quotidiana svalutazione del **rublo** *è la prova che le scelte finora fatte dal Governo russo non sono quelle giuste.*

S

SAGGIO /'saddʒo/
sos. m. pl. saggi

V. tasso

Il **saggio** *di remunerazione di tali titoli dovrebbe essere superiore a quello con cui si sviluppa il processo inflattivo.*

SAGGIO DI INTERESSE /'saddʒo di inte'rεsse/
loc. sos. m. pl. saggi di interesse

V. tasso di interesse

I prezzi del mercato monetario, in prevalenza funzione dei **saggi di interesse** *a breve, sono caratterizzati da un elevato grado di variabilità.*

SAGGIO DI SCONTO /'saddʒo di 'skonto/

loc. sos. m. pl. saggi di sconto Sin. saggio ufficiale di sconto, tasso di sconto

V. tasso ufficiale di sconto

Le condizioni per un allentamento sono già presenti e pare possibile un calo del saggio di sconto di almeno un quarto di punto.

SAGGIO UFFICIALE DI SCONTO /'saddʒo uffi'tʃale di 'skonto/

loc. sos. m. pl. saggi ufficiali di sconto Sin. saggio di sconto, tasso di sconto

V. tasso ufficiale di sconto

Solo l'aumento di ben due punti del saggio ufficiale di sconto da parte di Copenhagen è riuscito ad allentare le tensioni della corona.

SALARIALE /sala'rjale/

agg.

relativo al salario

Il recupero salariale sull'inflazione reale potrebbe essere contrattato in una fase successiva del negoziato.

SALARIATO /sala'rjato/

sos. m.

chi riceve un salario

La legge non prevede alcuno sgravio fiscale per i salariati.

SALARIO /sa'larjo/

sos. m. pl. salari

retribuzione di un operaio

Alla flessione dei salari in alcuni settori fa riscontro una marcata crescita nell'agricoltura.

SALARIO NOMINALE /sa'larjo nomi'nale/

loc. sos. m. pl. salari nominali

salario inteso come somma di denaro riscossa dall'operaio, in contrapposizione al salario reale

Il salario nominale nell'ultimo anno ha subito un aumento del 4%.

SALARIO REALE /sa'larjo re'ale/

loc. sos. m. pl. salari reali

salario inteso in riferimento al suo potere d'acquisto, in contrapposizione al salario nominale

Siccome l'inflazione è aumentata del 3% e il salario del 2%, il salario reale ha subito una diminuzione.

SALDARE (1) /sal'dare/

v. tr.

calcolare la differenza fra gli addebiti e gli accrediti di un conto

La gestione 1993 salda con un utile netto di 4,6 miliardi (-8,4) che è stato destinato in particolare alle riserve.

SALDARE (2) /sal'dare/

v. tr.

estinguere un debito

Il cliente ha saldato il conto relativo alla fornitura di caffè pagando i 2 milioni residui.

SALDO (1) /'saldo/

sos. m.

risultato della differenza fra gli addebiti e gli accrediti di un conto

Il declino delle medie e piccole aziende si può leggere quotidianamente nelle quote di mercato, nei fatturati, nei saldi commerciali, nell'occupazione.

SALDO (2) /'saldo/

sos. m.

merce messa in vendita a un prezzo basso con lo scopo di liberare il magazzino (2)

Come accade ogni anno di questi tempi, i negozi della città hanno dato il via all'operazione saldi: in questi giorni è possibile acquistare a prezzi più bassi del solito.

SALDO (3) /'saldo/

sos. m.

importo ancora dovuto per estinguere un debito

Il saldo verrà pagato dall'utente all'arrivo del prossimo bollettino di conto corrente.

SALVO BUON FINE /'salvo bwɔn 'fine/

loc. agg./avv.

clausola con cui una banca anticipa (1) un credito (2) ma si riserva di chiederne la restituzione nel caso che non riesca a riscuoterlo

L'ultimo possessore dell'assegno lo presenta per l'incasso presso la propria banca, che provvede ad accreditarne l'importo con riserva di verifica e salvo buon fine.

SANATORIA /sana'tɔrja/

sos. f.

procedimento giuridico con cui un'infrazione alla legge è annullata

La commissione Finanze della Camera ha inserito un emendamento che prevede la sanatoria per l'errata compilazione dei modelli relativi al versamento dell'Iva.

SCADENZA (1) /ska'dɛntsa/

sos. f.

data in cui un documento cessa di avere validità

La scadenza del contratto di lavoro sta creando tensioni nel sindacato, che pare diviso in due: chi vuole la linea dura, con lo sciopero ad oltranza e chi intenderebbe trovare un compromesso con il governo.

SCADENZA (2) /ska'dɛntsa/

sos. f.

data entro la quale un pagamento deve essere eseguito o un'obbligazione (2) deve essere soddisfatta

La Tokyo Gas ha emesso eurobbligazioni a tasso fisso per un importo di 350 milioni di dollari; la scadenza è fissata per il 21/7/1998.

SCADENZE TECNICHE /ska'dɛntse 'tɛknike/

loc. sos. f. pl.

in borsa, insieme delle operazioni effettuate per liquidare i contratti a termine

Oggi alla Borsa Valori giornata di scadenze tecniche. Si chiudono i conti, si liquidano le operazioni in corso.

SCADERE (1) /ska'dere/

v. intr.

cessare di avere validità

*La convenzione quinquennale **scadrà** il prossimo 15 giugno, data in cui i ministri dei due Paesi dovranno decidere se rinnovare o meno l'accordo.*

SCADERE (2) /ska'dere/

v. intr.

arrivare al termine entro il quale un <u>pagamento</u> deve essere eseguito o un'<u>obbligazione (2)</u> deve essere soddisfatta

*I due prestiti, **scaduti** alla fine dell'anno scorso, non sono stati rimborsati.*

SCALA MOBILE /'skala 'mɔbile/

loc. sos. f.

meccanismo di adeguamento delle <u>retribuzioni</u> al <u>costo della vita</u>

*Il rappresentante della Confindustria ha definito inaccettabile la pretesa dei sindacati di riproporre un sistema di **scala mobile** già da tempo eliminato con un grande beneficio per il Paese.*

SCALARE /ska'lare/

v. tr.

acquistare ripetutamente <u>azioni</u> di una <u>società</u> per ottenerne il controllo

*Nessuno si stupì quando si venne a sapere che con quei soldi il manager **aveva scalato** un'altra società.*

SCALATA /ska'lata/

sos. f.

<u>acquisto (1)</u> ripetuto di <u>azioni</u> di una <u>società</u> per ottenerne il controllo

*Si va dalla **scalata** ad Himont (1987) all'opa di Erbamont sulla controllata Framiterba (già oggetto di indagine della magistratura), fino all'offerta pubblica di acquisto, che risale al 1989, per assicurarsi il controllo totale di Erbamont e Himont.*

SCALATORE /skala'tore/

sos. m. f. scalatrice

chi <u>acquista</u> ripetutamente <u>azioni</u> di una <u>società</u> per ottenerne il controllo

*L'operazione fu possibile grazie a una deroga dei regolamenti Consob. Il gruppo chimico infatti non disponeva dei due bilanci in utile indicati come indispensabili per l'ingresso in borsa. Le autorità di controllo fecero un'eccezione. Una breccia in cui si infilarono prontamente gli **scalatori** del gruppo.*

SCAMBIARE /skam'bjare/

v. tr.

dare <u>beni</u> o <u>servizi</u> in cambio di <u>beni</u> o <u>servizi</u> differenti o di <u>moneta (2)</u>

*Al mercato cittadino è anche possibile **scambiare** merci, cioè effettuare operazioni di compravendita senza far intercorrere denaro.*

SCAMBIO /'skambjo/

sos. m. pl. scambi

passaggio di <u>beni</u> o <u>servizi</u> da un soggetto a un altro in cambio di <u>beni</u> o <u>servizi</u> differenti o di <u>moneta (2)</u>

*La libertà di **scambio** di beni e servizi va difesa e rafforzata, quale condizione fondamentale per una produzione efficiente e per il benessere dei consumatori.*

SCELLINO / *ʃel'lino/

sos. m.

unità <u>monetaria (2)</u> dell'Austria

*Per lo **scellino** la settimana si è chiusa con un segno positivo.*

SCIOPERANTE (1) / *ʃope'rante/

sos. m./f.

chi si astiene dal lavoro in segno di protesta

*Gli **scioperanti** hanno occupato i binari alla stazione di Santa Maria Novella. Chiedono più attenzione nei loro confronti da parte del ministro.*

SCIOPERANTE (2) / *ʃope'rante/

agg.

che si astiene dal lavoro in segno di protesta

*Finalmente, grazie all'intervento delle forze dell'ordine, è tornata la calma tra gli operai **scioperanti**, che hanno deciso di sospendere la protesta per quarantotto ore.*

SCIOPERARE / *ʃope'rare/

v. intr.

astenersi dal lavoro in segno di protesta

*I dipendenti pubblici **sciopereranno** domani per il rinnovo del contratto di lavoro.*

SCIOPERO / *'ʃɔpero/

sos. m.

astensione dal lavoro in segno di protesta

*Il ministro è impegnato a disinnescare un'altra mina vagante, uno **sciopero** nazionale dei postelegrafonici, indetto per il 14 giugno.*

SCONTANTE (1) /skon'tante/

sos. m./f.

nello <u>sconto (2)</u>, chi <u>anticipa (1)</u> un <u>credito (2)</u> dietro <u>compenso (1)</u>

*Lo **scontante** può ammettere allo sconto tali effetti indipendentemente dall'esposizione raggiunta o che si raggiungerà in ordine al castelletto.*

SCONTANTE (2) /skon'tante/

agg.

nello <u>sconto (2)</u>, che <u>anticipa (1)</u> un <u>credito (2)</u> dietro <u>compenso (1)</u>

*Una volta ricevuti gli effetti, l'istituto **scontante** dovrà procedere alla verifica della loro validità formale e fiscale.*

SCONTARE (1) /skon'tare/

v. tr.

ridurre un <u>prezzo</u>

*Gli esercenti della zona, dopo una riunione, hanno deciso di **scontare** i loro prodotti del 10 per cento, in segno di solidarietà con i dipendenti della fabbrica chiusa.*

SCONTARE (2) /skon'tare/

v. tr.

in banca, anticipare (1) un credito (2) dietro compenso (1)

La banca sconta tutti quegli effetti che presentano un grado di rischio accettabile.

SCONTATARIO (1) /skonta'tarjo/

sos. m. pl. scontatari

V. scontista (1)

Le condizioni applicate per lo sconto di effetti bancabili risultano più favorevoli per lo scontatario.

SCONTATARIO (2) /skonta'tarjo/

agg. pl. m. scontatari, pl. f. scontatarie

V. scontista (2)

Ha molta importanza la fiducia che la banca ripone nel cliente scontatario e ciò è confermato dal rilievo sempre maggiore assunto dallo sconto di carta non accettata.

SCONTISTA (1) /skon'tista/

sos. m./f. pl. m. scontisti Sin. scontatario (1)

chi presenta cambiali allo sconto (2)

La commissione d'incasso è un compenso forfettario che la banca richiede allo scontista come rimborso delle spese che la banca stessa prevede di sostenere per l'incasso degli effetti.

SCONTISTA (2) /skon'tista/

agg. pl. m. scontisti, pl. f. scontiste Sin. scontatario (2)

che presenta cambiali allo sconto (2)

La banca, al momento dell'ammissione delle cambiali allo sconto, procede alla determinazione delle competenze che le sono dovute e, in seguito, procede alla comunicazione del netto ricavo all'azienda scontista.

SCONTO (1) /'skonto/

sos. m.

riduzione di prezzo

Il gruppo italiano chiederà a Paribas, azionista di maggioranza della Ciments Français, uno sconto sul prezzo di acquisto del gruppo cementiero transalpino.

SCONTO (2) /'skonto/

sos. m.

contratto con cui una banca anticipa (1) a un cliente un credito (2) dietro compenso (1)

L'operazione di sconto riguarda generalmente la cessione di crediti a breve scadenza, per cui i rischi legati al deterioramento della solvibilità del cliente sono abbastanza limitati.

SCONTO (3) /'skonto/

sos. m.

somma di denaro trattenuta dalla Banca Centrale quando concede finanziamenti (2) al sistema bancario

La Banca Centrale non permette un uso completamente libero dello "sportello di sconto" (come viene chiamato il luogo in cui essa presta moneta alle banche).

SCONTRINO FISCALE /skon'trino fis'kale/

loc. sos. m. pl. scontrini fiscali

ricevuta che documenta un pagamento

Relativamente all'obbligo dell'emissione dello scontrino fiscale viene confermata la norma di esonero dall'Iva per i soggetti in regime speciale Iva già contenuta nel decreto legge 131/93.

SCOPERTO (1) /sko'pɛrto/

sos. m.

debito che un cliente ha verso la banca quando emette un assegno senza copertura

La banca milanese ha un "conto giovane", con uno scoperto a tasso agevolato, studiato per andare incontro alle esigenze di studio di una clientela da allevare.

SCOPERTO (2) /sko'pɛrto/

sos. m.

in borsa, vendita di titoli non posseduti

In questo caso, si tratta di uno scoperto perché, pur dando regolare esecuzione al contratto a premio, i titoli saranno disponibili solo alla liquidazione di dicembre.

SCOPERTO DI CONTO CORRENTE /sko'pɛrto di 'konto kor'rɛnte/

loc. sos. m. pl. scoperti di conto corrente

apertura di credito concessa da una banca su conto corrente

La Banca di Roma dà ai pensionati titolari di un conto corrente la possibilità di avere un anticipo della pensione con qualsiasi forma di prelevamento, dal Bancomat al semplice scoperto di conto corrente, per far evitare agli anziani scomode file agli uffici postali.

SCORTA /'skɔrta/

sos. f.

quantità di beni a disposizione degli operatori in attesa di un impiego successivo

L'efficacia di questi provvedimenti nel costringere i Paesi consumatori a ridurre le scorte in loro possesso potrebbe dipendere in modo decisivo dall'adesione degli altri produttori africani e asiatici ad iniziative analoghe.

SDOGANAMENTO /zdogana'mento/

sos. m.

atto con cui una merce ferma in dogana è liberata attraverso il pagamento di un'imposta

Tutti i documenti relativi allo sdoganamento della merce dovranno essere presentati non più tardi del 15 aprile.

SDOGANARE /zdoga'nare/

v. tr.

liberare una merce ferma in dogana attraverso il pagamento di un'imposta

La ditta "Mebloexport" vende e la ditta "Marco Simoni Spa" compra: il prezzo s'intende per merce sdoganata da parte slovena, libera per l'esportazione.

SEDUTA /se'duta/

sos. f.

riunione

Con la trattazione telematica cambia radicalmente il modo di lavorare degli operatori di borsa, a cominciare dall'orario delle sedute che sarà prolungato fino alle 16.

SEGMENTO /seg'mento/
sos. m.

settore di <u>mercato</u>

*Lo sviluppo delle collezioni firmate e il **segmento** degli occhiali da sole, con le nuove linee, costituiscono la strategia di mercato della Luxottica per i prossimi anni.*

SEGRETO BANCARIO /se'greto ban'karjo/
loc. sos. m.

regola per cui la <u>banca</u> non rivela informazioni riservate sui propri rapporti con la <u>clientela</u>

*Dopo la spallata decisiva al **segreto bancario** (Legge 413/ 91), che ha aperto le porte delle banche ai controlli della Guardia di Finanza, i giochi sembrano fatti.*

SEMESTRALE /semes'trale/
agg.

che ha la durata di sei mesi

*Il mutuo è rimborsabile in rate **semestrali**.*

SENZA LAVORO /'sɛntsa la'voro/
loc. sos. m. inv. Var. senzalavoro

persona in cerca di lavoro

*Fino a qualche anno fa in Francia la spesa per formare gli occupati superava largamente quella usata per riqualificare i **senza lavoro**.*

SERRATA /ser'rata/
sos. f.

chiusura dell'<u>azienda</u> da parte del <u>datore di lavoro</u>, per esercitare una pressione sui <u>dipendenti</u> nel corso di un conflitto <u>sindacale</u>

*In alcuni casi la **serrata** è stata considerata in sede giudiziale come reazione legittima a comportamenti scorretti dei dipendenti dell'azienda, o a forme anomale di sciopero.*

SERVIZIO /ser'vittsjo/
sos. m. pl. servizi

risultato non materiale di un'<u>attività economica</u>

*Lo Stato preleva e restituisce sotto forma di **servizi**, investimenti, trasferimenti.*

SERVIZIO PUBBLICO /ser'vittsjo 'pubbliko/
loc. sos. m. pl. servizi pubblici

<u>servizio</u> fornito dallo Stato a vantaggio della comunità

*Il Governo è costretto a continuare a tagliare i **servizi pubblici** e ad aumentare il peso e il numero dei tributi.*

SETTORE PUBBLICO /set'tore 'pubbliko/
loc. sos. m. pl. settori pubblici

parte del <u>sistema economico</u> controllata dallo Stato

*Il **settore pubblico** sta avviandosi a una totale privatizzazione; tra breve lo Stato avrà venduto gran parte delle sue aziende.*

SFRATTARE /sfrat'tare/
v. tr.

obbligare un <u>locatario</u> a lasciare libero il <u>bene immobile</u> preso in <u>affitto</u>(1)

Gli inquilini, dopo anni di dispute con il proprietario dell'im-

mobile, **sono stati sfrattati** e attualmente risiedono in un alloggio provvisorio.

SFRATTATO /sfrat'tato/
sos. m.

chi ha ricevuto uno <u>sfratto</u>

*Finalmente il Comune ha trovato una sistemazione definitiva per gli **sfrattati** del palazzo di via Meda.*

SFRATTO /'sfratto/
sos. m.

atto giudiziario con cui il <u>locatario</u> è obbligato a lasciare libero il <u>bene immobile</u> preso in <u>affitto</u>(1)

*Il locatore, prima della scadenza del contratto, può intimare rispettivamente licenza o **sfratto** per finita locazione; può anche intimare **sfratto** per morosità in caso di mancato pagamento del canone.*

SGRAVIO /'zgravjo/
sos. m. pl. sgravi Contr. aggravio

riduzione di un <u>onere</u>

*In Francia e in Germania incentivi economici e **sgravi** fiscali alle famiglie con più figli sono in atto già da anni.*

SICAV /'sikav/
sos. f. Sigla Sciogl. società di intermediazione a capitale variabile

V. società di intermediazione a capitale variabile

*Proprio con Krediet Bank l'Intermobiliare ha raggiunto un accordo per l'istituzione di una **Sicav** di diritto lussemburghese che investirà in titoli obbligazionari.*

SIM /sim/
sos. f. Sigla Sciogl. società di intermediazione mobiliare

V. società di intermediazione mobiliare

*Il Mediocredito ha dato vita a Sofipa **Sim**, una **sim** che si caratterizza rispetto alle altre perché oltre ad operare nel settore della negoziazione in Borsa è molto attiva nell'offerta di servizi per la gestione della finanza d'impresa.*

SINDACALE /sinda'kale/
agg.

relativo al <u>sindacato</u>(1)

*Le relazioni **sindacali** dell'ultimo decennio sono state caratterizzate da una serie di accordi fondamentali.*

SINDACALISTA /sindaka'lista/
sos. m./f. pl. m. sindacalisti

membro di un <u>sindacato</u>(1)

*I **sindacalisti** hanno criticato aspramente il piano del Governo.*

SINDACALIZZARE /sindakalid'dzare/
v. tr.

sensibilizzare alle idee di un <u>sindacato</u>(1)

*Nonostante l'area **sia stata** quasi totalmente **sindacalizzata** negli ultimi anni, non si verificheranno i temuti scontri fra lavoratori e industriali soprattutto perché ormai ci si rende conto della gravità della situazione.*

SINDACALIZZAZIONE /sindakaliddzat'tsjone/

sos. f.

sensibilizzazione alle idee di un sindacato (1)

*Il Capo di stato maggiore della Difesa ha polemizzato contro la **sindacalizzazione** eccessiva nelle Forze armate.*

SINDACATO (1) /sinda'kato/

sos. m.

organizzazione che rappresenta gli interessi di una determinata categoria di lavoratori (1)

*Il disegno di legge è già pronto e nei prossimi giorni sarà sottoposto ai **sindacati**.*

SINDACATO (2) /sinda'kato/

sos. m.

accordo fra azionisti (1)

*In base a quanto annunciato dal presidente della società ai soci in assemblea, il **sindacato** controlla il 60% del capitale.*

SINDACATO DI BLOCCO /sinda'kato di 'blɔkko/

loc. sos. m. pl. sindacati di blocco

accordo fra azionisti (1) per non vendere le proprie azioni prima di una certa data

*In merito alle trattative per l'ingresso della Banca Popolare di Verona nel capitale dell'istituto modenese, la banca ha precisato ieri che particolari e dettagli concernenti il **sindacato di blocco** degli azionisti della banca stessa non trovano riscontro negli atti ufficiali presso l'istituto di Modena.*

SINDACATO DI COLLOCAMENTO /sinda'kato di kolloka'mento/

loc. sos. m. pl. sindacati di collocamento

accordo fra banche per collocare titoli per conto della società che li emette

*Le quotazioni dei bond in emissione ieri hanno chiuso la giornata scontando in larga misura le commissioni pagate alle banche nel **sindacato di collocamento**.*

SINDACATO DI CONTROLLO /sinda'kato di kon'trɔllo/

loc. sos. m. pl. sindacati di controllo Sin. sindacato di voto

accordo fra azionisti (1) per ottenere la maggioranza all'assemblea degli azionisti

*L'operazione è stata fatta con l'accordo degli azionisti italiani che fanno parte del **sindacato di controllo** dell'azienda di credito.*

SINDACATO DI VOTO /sinda'kato di 'voto/

loc. sos. m. pl. sindacati di voto

V. sindacato di controllo

*La Pirelli è un'azienda con una struttura azionaria fra le più significative, dal momento che al **sindacato di voto** partecipano alcuni dei nomi più importanti dell'imprenditoria.*

SINDACO /'sindako/

sos. m. pl. sindaci

membro del collegio sindacale

*La relazione dei certificatori e dei **sindaci** non nasconde le preoccupazioni sulla situazione e sulle sorti del gruppo.*

SISTEMA AUREO /sis'tɛma 'aureo/

loc. sos. m. Sin. gold standard

sistema di cambio (1) in cui i Paesi definiscono la loro moneta (2) in base al valore dell'oro

*La seconda parte del ragionamento di Hume dimostrò che esiste un meccanismo automatico che, nel **sistema aureo**, tende a mantenere in equilibrio i pagamenti internazionali.*

SISTEMA BANCARIO /sis'tɛma ban'karjo/

loc. sos. m. pl. sistemi bancari

insieme delle banche di un Paese

*L'analisi dei dati ufficiali sui tassi di interesse dei certificati dal 1989 in poi messi a confronto con quelli applicati dal **sistema bancario** sui depositi permette di capire le ragioni del successo ottenuto dagli stessi certificati.*

SISTEMA ECONOMICO /sis'tɛma eko'nɔmiko/

loc. sos. m. pl. sistemi economici

insieme degli elementi produttivi (1), sociali e politici che caratterizzano la vita economica di un Paese

*Il salto di qualità porterà a un **sistema economico** in cui i lavoratori saranno in grado di controllare collettivamente l'attività produttiva.*

SISTEMA MONETARIO EUROPEO /sis'tɛma mone'tarjo euro'pɛo/

loc. sos. m. Sigla Sme

accordo internazionale che regola i rapporti di cambio (2) tra le monete (2) dei Paesi della Cee

*Le incertezze di numerosi partner hanno messo in discussione la stabilità del **Sistema monetario europeo**; la lira e la sterlina sono state costrette ad uscirne sotto i colpi della speculazione.*

SITUAZIONE PATRIMONIALE /situat'tsjone patrimo'njale/

loc. sos. f. pl. situazioni patrimoniali

V. stato patrimoniale

*In lieve deterioramento anche la **situazione patrimoniale**, con un leggero calo dei mezzi propri e un aumento dei debiti finanziari.*

SLOGAN /'slougən/ (It. /'zlɔgan/)

sos. m. inv. Prov. inglese

messaggio utilizzato per fare pubblicità a un prodotto (1)

*Lo **slogan** è stato ideato da un esperto in marketing, e suona come un invito alla trasgressione.*

SMERCIARE /zmer'tʃare/

v. tr.

vendere la merce

*I prodotti **sono stati smerciati** a prezzi vantaggiosi.*

SMERCIO /'zmɛrtʃo/

sos. m. pl. smerci

vendita di merce

*Lo **smercio** delle sigarette ha trovato difficoltà a causa del prolungato sciopero dei trasportatori.*

SMOBILIZZARE /zmobilid'dzare/

v. tr.

liquidare valori mobiliari

La natura di tale partecipazione è prettamente finanziaria per cui ove emergessero opportunità di investimento più proficue, tale partecipazione potrà essere smobilizzata.

SMOBILIZZAZIONE /zmobiliddzat'tsjone/
sos. f. Sin. smobilizzo
operazione con cui i valori mobiliari sono liquidati
Queste forme non danno rendimenti alti, ma possono essere sempre utili, a patto di usarle bene. La smobilizzazione delle somme generalmente non può essere decisa più di una volta al mese.

SMOBILIZZO /zmobi'liddzo/
sos. m.
V. smobilizzazione
Si procederà gradualmente, entro un periodo di cinque anni, allo smobilizzo delle riserve che assommano complessivamente a 5.550 miliardi.

SOCIALE /so'tʃale/
agg. Sin. societario
relativo alla società
Gli amministratori, nella relazione sull'andamento della gestione sociale, devono mettere in evidenza i rapporti esistenti con le società collegate.

SOCIETÀ /sotʃe'ta*/
sos. f. inv.
organizzazione di persone che mettono in comune delle risorse finanziarie per esercitare un'attività economica
Dopo aver sofferto mantenendo in portafoglio alcuni titoli minori, molti gestori sono adesso restii a cederli lasciando finalmente beneficiare le quote dei propri Fondi del rialzo di queste società.

SOCIETÀ A RESPONSABILITÀ LIMITATA /sotʃe'ta* a* responsabili'ta* limi'tata/
loc. sos. f. inv. Sigla Srl
società a responsabilità limitata, in cui il capitale sociale non può essere rappresentato da azioni
La Prometeo, società a responsabilità limitata specializzata nella produzione del software, ha segnato un giro d'affari di 1,9 miliardi e un risultato in pareggio.

SOCIETÀ CAPOGRUPPO /sotʃe'ta* kapo'gruppo/
loc. sos. f. inv. Sin. capogruppo, holding
società che ha la maggioranza delle azioni di un gruppo e ne definisce la politica di gestione
Netto peggioramento dei risultati del gruppo, che chiude l'esercizio con una forte perdita, dovuta principalmente al passivo della gestione finanziaria e di quella titoli e partecipazioni. La società capogruppo ha fatto registrare, da parte sua, una contrazione dell'utile che si è arrestato a 3,2 miliardi.

SOCIETÀ COLLEGATA /sotʃe'ta* kolle'gata/
loc. sos. f. pl. società collegate Sin. collegata
società legata a un'altra società che possiede una quota(1) del suo capitale sociale
Il collegamento fra società è sempre legato al possesso di un certo numero di azioni (pari al 10% o al 5% del capitale della società collegata a seconda se essa è quotata in borsa oppure no).

SOCIETÀ CONSOCIATA /sotʃe'ta* konso'tʃata/
loc. sos. f. pl. società consociate Sin. consociata
società legata ad altre società all'interno dello stesso gruppo
Il gruppo industriale di cui si parla comprende varie società consociate di diverse dimensioni.

SOCIETÀ CONTROLLANTE /sotʃe'ta* kontrol'lante/
loc. sos. f. pl. società controllanti Sin. controllante
società legata a un'altra società di cui ha il controllo attraverso particolari vincoli contrattuali o attraverso il possesso della maggioranza del suo capitale sociale
L'assemblea degli azionisti ha nominato il nuovo consiglio, più ampio di quello precedente per far posto ad alcuni manager della società controllante Fininvest.

SOCIETÀ CONTROLLATA /sotʃe'ta* kontrol'lata/
loc. sos. f. pl. società controllate Sin. controllata
società legata a un'altra società che ne ha il controllo attraverso particolari vincoli contrattuali o attraverso il possesso della maggioranza del suo capitale sociale
L'imminenza della scadenza ha fatto sì che i soci della principale società controllata rinviassero a una nuova assemblea straordinaria la decisione di abbattere il capitale sociale da 247 miliardi a 142 miliardi.

SOCIETÀ DI CAPITALI /sotʃe'ta* di kapi'tali/
loc. sos. f. inv.
società in cui i soci in caso di fallimento(1) rispondono solo per il capitale sociale sottoscritto
Gli utili distribuiti da società di capitali sono soggetti a una ritenuta alla fonte a titolo di acconto dell'imposta.

SOCIETÀ DI COMODO /sotʃe'ta* di 'kɔmodo/
loc. sos. f. inv.
società costituita con uno scopo diverso da quello dell'esercizio effettivo di un'attività economica
Il finanziere piemontese, adesso sotto inchiesta, si serviva di una società di comodo con sede in Giamaica, che in realtà era utilizzata per fini tutt'altro che commerciali.

SOCIETÀ DI CONSULENZA /sotʃe'ta* di konsu'lɛntsa/
loc. sos. f. inv.
società che dietro compenso(1) dà consigli e informazioni relativi a un determinato settore di sua competenza
I rappresentanti delle 56 società di consulenza raccolte nell'Assco hanno rinnovato giunta e consiglio direttivo dell'associazione.

SOCIETÀ DI FATTO /sotʃe'ta* di 'fatto/
loc. sos. f. inv.
società basata sul comportamento dei soci e non su un contratto
Diversa dalla società in nome collettivo è poi la società di fatto, che nasce senza un contratto, scritto o orale che sia, ma si basa sull'esercizio in comune di un'attività economica e su una partecipazione comune agli utili e alle perdite.

SOCIETÀ DI IMPORTAZIONI /sotʃe'ta* di importat'tsjoni/
loc. sos. f. inv.
società che si occupa della compravendita di merce importata

*In seguito alla richiesta inviataci dalla **società di importazioni**, abbiamo deciso di offrire alla stessa la rappresentanza in Germania dei nostri prodotti.*

SOCIETÀ DI INTERMEDIAZIONE A CAPITALE VARIABILE /sotʃe'ta* di intermedjat'tsjone a* kapi'tale va'rjabile/
loc. sos. f. inv. Sigla Sicav

società di intermediazione mobiliare con capitale sociale che varia secondo il numero degli investitori (1)

*Le **società di intermediazione a capitale variabile**, molto conosciute all'estero, si distinguono dai Fondi comuni soprattutto per la struttura societaria.*

SOCIETÀ DI INTERMEDIAZIONE MOBILIARE /sotʃe'ta* di intermedjat'tsjone mobi'ljare/
loc. sos. f. inv. Sigla Sim

società che contratta valori mobiliari per conto di clienti

*Assosim, l'associazione che raggruppa le principali **società di intermediazione mobiliare**, aveva previsto che il debutto sulla borsa continua delle blue chip del listino avrebbe fatto aumentare notevolmente gli scambi medi giornalieri di Piazza Affari.*

SOCIETÀ DI PERSONE /sotʃe'ta* di per'sone/
loc. sos. f. inv.

società in cui i soci in caso di fallimento (1) rispondono con tutti i beni di cui sono in possesso

*Una **società di persone** può essere sciolta ogni volta che un socio trova insoddisfacente il contratto esistente e desidera ritirarsi.*

SOCIETÀ DI REVISIONE /sotʃe'ta* di revi'zjone/
loc. sos. f. inv.

società che controlla la contabilità delle società per azioni quotate in borsa

*La **società di revisione** ricorda che l'anno passato i valori di alcune partecipazioni sono stati ulteriormente ridotti attraverso uno stanziamento di 150 miliardi.*

SOCIETÀ ESTERA /sotʃe'ta* 'ɛstera/
loc. sos. f. pl. società estere

società costituita all'estero, non soggetta alla disciplina italiana delle società

*È prevista una tassa di 250mila lire per l'iscrizione nel Registro delle imprese di **società estere** con sede secondaria nel territorio dello Stato.*

SOCIETÀ FIDUCIARIA /sotʃe'ta* fidu'tʃarja/
loc. sos. f. pl. società fiduciarie Sin. fiduciaria

società che gestisce valori mobiliari, aziende o beni immobili per conto terzi

*C'è poi la gestione statica, che può essere fatta solo dalle **società fiduciarie**, le uniche che hanno la facoltà di gestire il risparmio per conto del cliente, ma in nome proprio.*

SOCIETÀ FINANZIARIA /sotʃe'ta* finan'tsjarja/
loc. sos. f. pl. società finanziarie Sin. finanziaria (1)

società che si occupa di gestione e intermediazione di titoli

*Nei conti finanziari, in conformità con i conti economici dei settori istituzionali curati dall'Ista, sono incluse le **società finanziarie** di partecipazione, pubbliche e private.*

SOCIETÀ IMMOBILIARE /sotʃe'ta* immobi'ljare/
loc. sos. f. pl. società immobiliari Sin. immobiliare (2)

società che finanzia la costruzione di beni immobili e si occupa della loro gestione

*La **società immobiliare**, tra le tante attività, dovrebbe occuparsi della commercializzazione della carta, attività che da marzo non svolge più.*

SOCIETÀ IN ACCOMANDITA /sotʃe'ta* in akko'mandita/
loc. sos. f. inv.

società in cui i soci, accomandanti (1) e accomandatari (1), hanno diversa responsabilità

*In entrambe le forme di **società in accomandita** gli accomandatari sono di diritto amministratori della società.*

SOCIETÀ IN ACCOMANDITA PER AZIONI /sotʃe'ta* in akko'mandita per at'tsjoni/
loc. sos. f. inv.

società in accomandita in cui il capitale sociale è formato da azioni o obbligazioni (1)

*La **società in accomandita per azioni** è dotata di personalità giuridica, che viene acquistata con l'iscrizione nel registro delle imprese.*

SOCIETÀ IN ACCOMANDITA SEMPLICE /sotʃe'tà* in akko'mandita 'semplitʃe/
loc. sos. f. inv.

società in accomandita in cui il capitale sociale non può essere formato da azioni o obbligazioni (1)

*È soprattutto a base personale, la **società in accomandita semplice**, e fonda il suo credito specialmente nella fiducia di cui godono i soci.*

SOCIETÀ IN NOME COLLETTIVO /sotʃe'ta* in 'nome kol let'tivo/
loc. sos. f. inv.

società in cui tutti i soci partecipano all'amministrazione (1), e hanno responsabilità illimitata

*La **società in nome collettivo** accomuna alla semplicità di organizzazione il vantaggio di una certa autonomia di patrimonio.*

SOCIETÀ MULTINAZIONALE /sotʃe'ta* multinattsjo'nale/
loc. sos. f. pl. società multinazionali Sin. multinazionale (1)

società di grandi dimensioni che svolge attività di produzione (1) e di commercio in molti Paesi

*Quel che è certo è che la **società multinazionale** petrolifera è determinata ad arrivare in tempi rapidi in fondo alle trattative.*

SOCIETÀ PARTECIPATA /sotʃe'ta* partetʃi'pata/
loc. sos. f. pl. società partecipate Sin. partecipata

in un gruppo, società con una parte del pacchetto azionario di proprietà della holding

*L'utile netto della capogruppo è sceso sensibilmente. A tale risultato si è giunti dopo aver contabilizzato minusvalenze per 4 miliardi derivanti dalle svalutazioni effettuate per adeguare il valore di talune partecipazioni al patrimonio netto delle rispettive **società partecipate**.*

SOCIETÀ PER AZIONI /sotʃe'ta* per at'tsjoni/
loc. sos. f. inv. Sigla Spa

società a responsabilità limitata in cui il capitale sociale è rappresentato da azioni

L'amministratore delegato di Eniacqua ha manifestato tutto il suo interesse a entrare nelle nuove **società per azioni**.

SOCIETARIO /sotʃe'tarjo/
agg. pl. m. societari, pl. f. societarie
V. sociale

Nel primo semestre le offerte di titoli **societari** sono aumentate del 19,6% rispetto allo stesso periodo dell'anno scorso.

SOCIETÀ SEMPLICE /sotʃe'ta* 'semplitʃe/
loc. sos. f. pl. società semplici

società costituita per esercitare attività non commerciali

Regolata dagli articoli 2251 e seguenti del codice civile, la **società semplice** potrebbe teoricamente essere utilizzata per ogni attività genericamente definibile come attività economica, tranne alcune specificamente qualificate come commerciali dall'articolo 2195.

SOCIO /'sɔtʃo/
sos. m. pl. soci

membro di una società

Tra i **soci** della società di Agrate Brianza c'è da tempo una tipica finanziaria di investimento.

SOFFERENZE /soffe'rɛntse/
sos. f. pl.

insieme di crediti (2) nei confronti di soggetti insolventi

Dai primi tre mesi di attività arrivano segnali positivi: i margini operativi sono in aumento e gli accantonamenti sulle **sofferenze** saranno molto minori.

SOGGETTO ECONOMICO /sod'dʒɛtto eko'nɔmiko/
loc. sos. m. pl. soggetti economici

chi partecipa a un'operazione economica

Si tratta di verificare se i **soggetti economici** coinvolti nel processo di rinnovamento avranno le intuizioni giuste per portare la regione a un alto livello di produttività.

SOLLECITO DI PAGAMENTO /sol'letʃito di paga'mento/
loc. sos. m. pl. solleciti di pagamento

invito formale ad effettuare un pagamento dovuto

Gli impegni che la ditta si è assunta con noi ultimamente non sono stati rispettati in quanto a regolarità dei pagamenti. Spesso abbiamo dovuto ricorrere a **solleciti di pagamento**.

SOLVENTE /sol'vɛnte/
agg. Sin. solvibile (1) Contr. insolvente, insolvibile (1)

che è in grado di soddisfare un'obbligazione (2)

Si è allargata la polemica sui clienti **solventi**, polemica alimentata dalla notizia di un aumento del deficit dell'azienda di credito.

SOLVENZA /sol'vɛntsa/
sos. f. Sin. solvibilità Contr. insolvenza, insolvibilità

capacità di soddisfare un'obbligazione (2)

Le agenzie definiscono una graduatoria in funzione del grado di **solvenza** dell'emittente: questa graduatoria prevede un massimo di affidabilità contrassegnato con AAA.

SOLVIBILE (1) /sol'vibile/
agg. Contr. insolvibile (1), insolvente
V. solvente

A volte può accadere che un cliente, in seguito a una commessa di lavoro particolare e non prevista, si trovi a disporre di effetti emessi da un soggetto notoriamente **solvibile**. In tal caso la banca può ammettere allo sconto tali effetti, indipendentemente dall'esposizione raggiunta.

SOLVIBILE (2) /sol'vibile/
agg. Contr. insolvibile (2)

relativo a un'obbligazione (2) che può essere soddisfatta

Si tratta di debiti facilmente **solvibili**, vista l'ottima situazione patrimoniale dell'imprenditore.

SOLVIBILITÀ /solvibili'ta*/
sos. f. inv. Contr. insolvibilità, insolvenza
V. solvenza

La natura dell'emittente di un prestito obbligazionario ha una grande importanza soprattutto per quanto riguarda la sua **solvibilità**, la sua capacità cioè di adempiere puntualmente e completamente gli impegni presi.

SOPRA LA PARI /'sopra la 'pari/
loc. agg./avv. Contr. sotto la pari

relativamente alla quotazione di un titolo, a un prezzo più alto del suo valore nominale

Nel caso di titoli fruttiferi di interesse il valore di rimborso coincide con il valore nominale, ma talvolta può essere effettuato **sopra la pari** oppure a un valore indicizzato.

SOPRAVVENIENZE /sopravve'njɛntse/
sos. f. pl.

insieme di entrate o uscite di un'azienda causate da fatti imprevedibili, non derivanti dalla gestione ordinaria

La legge assimila alle **sopravvenienze** attive le somme e i beni ricevuti a titolo di contributo o di liberalità.

SOTTO LA PARI /'sotto la 'pari/
loc. agg./ avv. Contr. sopra la pari

relativamente alla quotazione di un titolo, a un prezzo più basso del suo valore nominale

Le azioni e le obbligazioni convertibili non possono essere emesse **sotto la pari**.

SOTTOPRODUZIONE /sottoprodut'tsjone/
sos. f. Contr. sovrapproduzione

eccedenza della domanda di un bene rispetto alla produzione (2)

Il concorrente imperfetto programma la **sottoproduzione**. Cerca di mantenere il prezzo al di sopra del costo marginale al fine di massimizzare il proprio profitto.

SOTTOSCRITTORE (1) /sottoskrit'tore/
sos. m. f. sottoscrittrice

chi si impegna ad acquistare titoli attraverso una firma

I fondi comuni si sono specializzati, diversificano gli inve-

*stimenti, guadagnano: il che non è poco visto che per anni i rendimenti sono stati scarsi per i **sottoscrittori**.*

SOTTOSCRITTORE (2) /sottoskrit'tore/
agg. f. sottoscrittrice

che si impegna ad acquistare titoli attraverso una firma

*Come in una qualsiasi società per azioni, i soci **sottoscrittori** votano in assemblea e quindi condizionano l'attività del gestore.*

SOTTOSCRIVERE /sottos'krivere/
v. tr.

impegnarsi ad acquistare titoli attraverso una firma

*L'operazione è stata resa possibile attraverso un aumento di capitale con sovrapprezzo di 13 miliardi di lire, che **è stato sottoscritto** dall'istituto di credito americano.*

SOTTOSCRIZIONE /sottoskrit'tsjone/
sos. f.

assunzione dell'impegno di acquistare titoli attraverso una firma

*I portatori di certificati di deposito che desiderano cederli trascorsi almeno sei mesi dalla data di **sottoscrizione** possono rivolgersi agli sportelli emittenti.*

SOVRAIMPOSTA /sovraim'pɔsta/
sos. f. Var. sopraimposta

importo da pagare oltre all'imposta

*I crediti vantati dai soggetti passivi dell'accisa e della **sovraimposta** di confine sull'alcole e sulle bevande alcoliche possono essere addebitati a titolo di rivalsa.*

SOVRAPPIU' /sovrap'pju*/
sos. m. inv. Var. soprappiù

V. surplus

*Il concetto di **sovrappiù** coincide con il concetto di prodotto netto nella fisiocrazia e rappresenta l'aspetto fisico del plusvalore di Marx.*

SOVRAPPREZZO /sovrap'prɛttso/
sos. m. Var. soprapprezzo

importo da pagare oltre al prezzo

*Ci sarà probabilmente un **sovrapprezzo** su tali prodotti, dovuto all'improvvisa carenza della materia prima.*

SOVRAPPRODUZIONE /sovrapprodut'tsjone/
sos. f. Var. soprapproduzione Contr. sottoproduzione

eccedenza della produzione (2) di un bene rispetto alla domanda

*La **sovrapproduzione** delle industrie giapponesi sta preoccupando non poco il Presidente, che domani fra l'altro dovrà accogliere i rappresentanti dei Paesi industrializzati per l'avvio del vertice.*

SOVRATTASSA /sovrat'tassa/
sos. f. Var. soprattassa

importo da pagare oltre alla tassa

*Per i periodi cui tali pagamenti si riferiscono non è dovuta la **sovrattassa** di cui all'articolo 7 del decreto in questione.*

SOVVENZIONARE /sovventsjo'nare/
v. tr.

concedere aiuti finanziari

*L'azienda di credito **sovvenzionerà** in parte la ristrutturazione del monastero che adesso è in uno stato di completo degrado.*

SOVVENZIONATORE (1) /sovventsjona'tore/
sos. m. f. sovvenzionatrice

chi concede aiuti finanziari

*I **sovvenzionatori** dell'impresa portata a termine dopo tante difficoltà sono stati ufficialmente ringraziati dal Presidente della Repubblica, che ha spronato anche gli altri industriali italiani a seguire l'esempio dei fratelli genovesi.*

SOVVENZIONATORE (2) /sovventsjona'tore/
agg. f. sovvenzionatrice

che concede aiuti finanziari

*La società **sovvenzionatrice** ha depositato ieri in una banca locale la prima tranche del finanziamento.*

SOVVENZIONE /sovven'tsjone/
sos. f. Sin. sussidio

aiuto finanziario

*Si attribuisce allo Stato il compito di programmare e non quello di elargire **sovvenzioni**, mentre i privati copriranno i rischi dell'investimento.*

SPA /spa/
sos. f. Sigla Sciogl. società per azioni

V. società per azioni

*L'amministratore delegato di Italgas sud ha già manifestato al Bilancio il suo interesse a entrare nelle nuove **spa**.*

SPECIMEN /'spɛtʃimen/
sos. m. inv. Prov. latino

firma di paragone richiesta da una banca per accertare la vera identità di un cliente

*Le firme sono raccolte dalla banca su appositi moduli, detti **specimen** di firma, e servono a controllare l'autenticità delle sottoscrizioni che saranno poi apposte sugli assegni emessi.*

SPECULARE /speku'lare/
v. intr.

acquistare beni e risorse finanziarie per rivenderli e ricavarne un guadagno

*Si **specula** soprattutto per realizzare plusvalenze di capitale come conseguenza della differenza fra quotazioni, piuttosto che per ricevere dividendi.*

SPECULATIVO /spekula'tivo/
agg.

relativo alla speculazione

*Anche senza ricorrere a questi strumenti altamente **speculativi**, comunque, i fondi rendono piuttosto bene.*

SPECULATORE (1) /spekula'tore/
sos. m. f. speculatrice

chi acquista beni e risorse finanziarie per rivenderli e ricavarne un guadagno

*Avendo acquistato i titoli il 14 ottobre, lo **speculatore** ha la possibilità di venderli entro il 18 aprile.*

SPECULATORE (2) /spekula'tore/

agg. f. speculatrice

che acquista beni e risorse finanziarie per rivenderli e ricavarne un guadagno

*L'operatore **speculatore** si rivolge di solito alle azioni perché la loro quotazione è soggetta a oscillazioni piuttosto ampie, e questo rende possibili maggiori guadagni.*

SPECULAZIONE /spekulat'tsjone/

sos. f.

acquisto (1) di beni e risorse finanziarie per rivenderli e ricavarne un guadagno

*Prendiamo ad esempio il Quantum fund di George Sorol, il mago delle monete che ha fatto soldi a palate con la **speculazione** valutaria e che è specializzato nell'utilizzo dei future.*

SPEDIZIONE /spedit'tsjone/

sos. f.

atto con cui una merce è spedita a una determinata destinazione

*Il pagamento avverrà solo in seguito alla **spedizione** e al ricevimento della merce ordinata.*

SPEDIZIONIERE /spedittsjo'njɛre/

sos. m.

nella spedizione, chi si obbliga a spedire la merce

*Lo **spedizioniere** è responsabile per l'eventuale perdita o deterioramento della merce che gli è stata affidata.*

SPESA /'spesa/

sos. f.

ogni costo sostenuto nello svolgimento di un'attività economica

*Il Ministero della Difesa si è detto pronto a contenere le **spese** in 1,5 miliardi di franchi.*

SPESA PUBBLICA /'spesa 'pubblika/

loc. sos. f.

insieme dei costi sostenuti dallo Stato per la produzione (1) di beni e servizi

*Il treno della ripresa italiana è in partenza. Ma occorre mantenere uno stretto controllo dei salari e della **spesa pubblica**.*

SPESE CORRENTI /'spese kor'rɛnti/

loc. sos. f. pl.

insieme dei costi sostenuti per il normale funzionamento dello Stato

*La diseconomia di scala delle piccole regioni si riflette anche sulle **spese correnti**; la relativa sovra-dotazione infrastrutturale infatti comporta spesso anche una corrispondente crescita dell'onere gestionale.*

SPESE IN CONTO CAPITALE /'spese in 'konto kapi'tale/

loc. sos. f. pl.

insieme dei costi sostenuti per aumentare la capacità produttiva (1) dello Stato

*Le regioni più piccole sono destinatarie di spese assai più elevate di quelle ricevute dalle regioni più grandi. Questo avviene specialmente per le **spese in conto capitale**, ma anche per quelle di parte corrente. Per le prime, certe infrastrutture – strade, uffici, ospedali – costano di più nelle piccole regioni che non nelle grandi.*

SPEZZATURA /spettsa'tura/

sos. f.

in borsa, quantità di titoli contrattati inferiore ai limiti minimi stabiliti

*Le **spezzature** non sono negoziate al mercato ufficiale, ma sono contrattate dagli intermediari di borsa.*

SPICCARE /spik'kare/

v. tr.

relativamente a determinati titoli di credito, emettere

*Nell'apertura di credito per accettazione la banca si impegna ad accettare tratte **spiccate** su di lei da un cliente affidato o da un terzo.*

SPONSOR /'spɔnsor/

sos. m. inv. Prov. latino

chi concede finanziamenti (2) in cambio di pubblicità

*Oltre che sullo **sponsor** della squadra di basket, le casse della Knorr possono contare su un palasport da 6.900 posti sempre esaurito.*

SPONSORIZZARE /sponsorid'dzare/

v. tr.

concedere finanziamenti (2) in cambio di pubblicità

*L'ente creditizio lombardo **ha sponsorizzato** il restauro della celebre abbazia. Si prevede una spesa che si aggira intorno ai tre miliardi di lire.*

SPONSORIZZATORE /sponsoriddza'tore/

agg. f. sponsorizzatrice

che concede finanziamenti (2) in cambio di pubblicità

*Gli ispettori della Finanza qualificano , nella sponsorizzazione, il beneficiario non nel soggetto sponsorizzato, ma in colui per il quale l'impresa **sponsorizzatrice** ha sostenuto il costo contrattuale confidando in un ritorno concretizzabile mediante maggiori introiti.*

SPONSORIZZAZIONE /sponsoriddzat'tsjone/

sos. f.

operazione con cui sono concessi finanziamenti (2) in cambio di pubblicità

*Baker fa centro con la **sponsorizzazione** della squadra di basket livornese.*

SPORTELLO (1) /spor'tɛllo/

sos. m.

agenzia (2) di una banca dove il pubblico può svolgere tutte le operazioni bancarie (3)

*La rete di vendita di questa società è formata esclusivamente da 2.200 **sportelli** degli istituti di credito soci.*

SPORTELLO (2) /spor'tɛllo/

sos. m.

in un ufficio, luogo destinato alle comunicazioni tra impiegati e clienti

*Le operazioni allo **sportello** sono state semplificate e rese più veloci grazie all'introduzione dei computer.*

SPORTELLO AUTOMATICO /spor'tεllo auto'matiko/
loc. sos. m. pl. sportelli automatici

in banca, impianto informatizzato che permette al correntista di eseguire operazioni per 24 ore al giorno e per tutti i giorni dell'anno

*Possiamo trovare, oltre ai servizi tradizionali, alcuni strumenti moderni di utilizzazione delle disponibilità monetarie (servizio di cassa continua, **sportelli automatici**, cash dispenser, ecc.).*

SPOT /spɔt/
sos. m. inv. Prov. inglese

in borsa, contrattazione per contante di merci o valuta (2)
*La Seagas, asse portante del gruppo, è un broker che compra e vende per conto di clienti: acquista i prodotti sul mercato dello **spot** o a termine e li ricede ai committenti intascando le provvigioni.*

SPREAD /spred/
sos. m. inv. Prov. inglese
differenziale

*Gli **spread** tra denaro e lettera sono piuttosto contenuti e l'incontro tra domanda e offerta è sufficientemente rapido.*

SPUNTA /'spunta/
sos. f.

in borsa, controllo dei saldi (1) delle operazioni concluse
*Anzitutto il calendario prevede che al termine dell'ultima riunione valida per la trattazione in borsa dei diritti di opzione gli operatori verifichino le operazioni di compravendita effettuate con le relative scritture contabili (**spunta**).*

SRL /'εsse 'εrre 'εlle/
sos. f. Sigla Sciogl. società a responsabilità limitata
V. società a responsabilità limitata
*La **srl** ha sede legale a Milano, e si è costituita due anni fa.*

STABILIMENTO /stabili'mento/
sos. m.

fabbricato utilizzato per attività produttive (1)
*Fra le maggiori coperture assicurative concesse, è da segnalare l'esportazione di una rotativa in Indonesia per oltre 4 miliardi, forniture dirette in Pakistan per 10 miliardi e la costruzione di uno **stabilimento** in Russia per 9 miliardi.*

STACCO DELLA CEDOLA /'stakko 'della 'tʃεdola/
loc. sos. m. pl. stacchi della cedola
V: stacco dividendi
*Si informano gli azionisti che il dividendo dell'esercizio '93, pari a Lire 30 al lordo delle ritenute, è pagabile contro **stacco della cedola** presso le casse incaricate a Milano.*

STACCO DIVIDENDI /'stakko divi'dεndi/
loc. sos. m. pl. stacchi dividendi Sin. stacco della cedola
in borsa, pagamento dei dividendi dei titoli
*Avvio contrastato del mese borsistico di giugno, stretto tra lo **stacco dividendi** e lo scarto dei riporti.*

STAGFLAZIONE /stagflat'tsjone/
sos. f.
fase del ciclo economico in cui alla recessione si unisce un alto tasso di inflazione
*Il quadro congiunturale sembra tornare allo scoraggiante scenario di un anno fa, quando lo stimolo della Federal Reserve riusciva a scuotere l'economia da una fase di stagnazione accompagnata da un aumento dei prezzi, una delle combinazioni meno auspicabili chiamata dagli economisti "**stagflazione**".*

STAGNAZIONE /staɲɲat'tsjone/
sos. f.
fase del ciclo economico in cui la produzione (1) e il reddito nazionale sono fermi
*Spesso con il termine **stagnazione** viene indicata una prospettiva di graduale estinzione della crescita economica.*

STAMPIGLIARE /stampiʎ'ʎare/
v. tr.
timbrare una cedola per attestare la sua avvenuta utilizzazione
*Il dividendo è pagabile presso l'Ufficio Titoli della società in Milano, Foro Buonaparte 31, dietro presentazione dei certificati da **stampigliare** alla casella 13.*

STAMPIGLIATURA /stampiʎʎa'tura/
sos. f.
timbro fatto su una cedola per attestare la sua avvenuta utilizzazione
*Mediante la **stampigliatura** si dimostra l'avvenuto esercizio del diritto inerente alla cedola o alla casella numerata, come l'incasso del dividendo o il diritto a sottoscrivere l'aumento di capitale.*

STANZA DI COMPENSAZIONE /'stantsa di kompensat'tsjone/
loc. sos. f. pl. Stanze di compensazione
istituzione che regola i rapporti di debito e credito (2) tra gli operatori
*Le liquidazioni dei titoli vengono effettuate presso le maggiori **Stanze di compensazione** (Milano, Torino, Genova, Napoli, Venezia, Firenze e Roma); a esse partecipano gli agenti di cambio, le aziende di credito e le sim.*

STANZIAMENTO /stantsja'mento/
sos. m.
somma di denaro destinata a un'attività economica specifica
*Per rendere credibile la decisione di accelerare la costruzione dell'infrastruttura informatica europea, occorreranno **stanziamenti** per almeno 1,5 miliardi di ecu nei bilanci comunitari dei prossimi anni.*

STANZIARE /stan'tsjare/
v. tr.
destinare una somma di denaro a un'attività economica specifica
*Il bilancio **stanzia** una somma di mille miliardi da destinare a un piano per l'occupazione.*

STANZIATORE (1) /stantsja'tore/
sos. m. f. stanziatrice
chi destina una somma di denaro a un'attività economica specifica

*La seconda tranche del finanziamento che gli **stanziatori** devono versare è subordinata alla verifica dello stato di avanzamento dei lavori.*

STANZIATORE (2) /stantsja'tore/
agg f. stanziatrice
che destina una somma di denaro a un'<u>attività economica</u> specifica
*I rappresentanti dei Paesi **stanziatori** si incontreranno a Oslo per mettere a punto i dettagli del piano di finanziamento.*

STATALE (1) /sta'tale/
sos. m./f.
chi lavora alle dipendenze dello Stato
*E adesso anche gli **statali** hanno un contratto di lavoro di tipo privatistico. Tra le novità, la mobilità, la cassa integrazione e i premi di produttività.*

STATALE (2) /sta'tale/
agg.
relativo allo Stato
*Il nuovo provvedimento fiscale che il Governo si appresta a varare intende principalmente contenere il fabbisogno **statale**.*

STATO ASSISTENZIALE /'stato assisten'tsjale/
loc. sos. m. pl. stati assistenziali
sistema sociale in cui lo Stato assicura a tutti i cittadini un <u>reddito</u> minimo e i <u>servizi</u> indispensabili
*Lo **stato assistenziale** presuppone il riconoscimento dell'insufficienza delle leggi del mercato, ma non necessariamente comporta cambiamenti sostanziali nel modo di produzione e nei rapporti sociali.*

STATO PATRIMONIALE /'stato patrimo'njale/
loc. sos. m. pl. stati patrimoniali Sin. situazione patrimoniale
documento in cui è indicato il <u>valore</u> del <u>patrimonio</u> di un'<u>azienda</u> in un certo momento
*Nello **stato patrimoniale** consolidato da segnalare che la voce titoli negoziabili è scesa da 2.170 miliardi a 1.545 miliardi.*

STATUTARIO /statu'tarjo/
agg. pl. m. statutari, pl. f. statutarie
relativo allo <u>statuto</u>
*Il regolamento **statutario** prevede in casi come questo l'allontanamento del socio.*

STATUTO /sta'tuto/
sos. m.
documento ufficiale che definisce l'organizzazione e l'attività di una <u>società</u>
*Come risulta da **statuto**, i soci non possono sciogliere il vincolo contrattuale senza un preavviso di almeno 45 giorni.*

STELLAGE /stɛl'laːʒ/
sos. m. inv. Prov. francese
Sin. contratto a doppio premio
in <u>borsa</u>, <u>opzione</u> che dà il diritto di <u>acquistare</u> o vendere <u>titoli</u> a una data e a un <u>prezzo</u> stabiliti

*Il problema diventa complesso quando la quotazione del titolo venduto a **stellage** si avvia a superare il limite corrispondente all'importo del premio.*

STERLINA /ster'lina/
sos. f.
unità <u>monetaria (2)</u> di Gran Bretagna e Irlanda del Nord
*La partecipazione all'accordo della lira italiana e della **sterlina** inglese è stata sospesa dal 17 settembre 1992.*

STIPENDIARE /stipen'djare/
v. tr.
<u>retribuire</u> con uno <u>stipendio</u>
*Dopo diverse vicissitudini, finalmente i 57 dipendenti dell'azienda **sono stati stipendiati**, con il contributo dell'amministrazione comunale.*

STIPENDIO /sti'pɛndjo/
sos. m. pl. stipendi
<u>retribuzione</u> di un <u>impiegato</u>
*Lo **stipendio** del nuovo amministratore delegato supera i trecento milioni l'anno.*

STIPULA /'stipula/
sos. f. Sin. stipulazione
atto con cui è preso un impegno attraverso una convenzione scritta
*Nell'ambito dei contratti future e option la Cassa di compensazione assume la posizione di controparte centrale per la **stipula** di ogni operazione.*

STIPULARE /stipu'lare/
v. tr.
prendere un impegno attraverso una convenzione scritta
*La legge prevede che il contratto di lavoro part time **sia stipulato** in forma scritta.*

STIPULAZIONE /stipulat'tsjone/
sos. f.
V. stipula
*Per la **stipulazione** del contratto le parti si riuniranno domani nello studio legale.*

STOCCAGGIO /stok'kaddʒo/
sos. m. pl. stoccaggi Sin. immagazzinamento, immagazzinaggio
accumulazione di <u>merce</u> in <u>magazzino (2)</u>
*Lo **stoccaggio** e il trasporto nella regione dell'Alto Reno costituiscono un buon esempio di questa riorganizzazione.*

STOCCARE /stok'kare/
v. tr. Sin. immagazzinare
accumulare <u>merce</u> in <u>magazzino (2)</u>
*Le merci **sono state stoccate** dopo il trasporto in speciali capannoni dotati di tutte le attrezzature più sofisticate per il controllo della temperatura.*

STOCK /stɔk/
sos. m. inv. Prov. inglese
quantità determinata di <u>merce</u> a disposizione in <u>magazzino (2)</u>

*I bisogni di investimento per i progetti di immagazzinamento sono fortemente diminuiti, così come lo **stock** medio di merci, che si è ridotto del 25%.*

STORNARE (1) /stor'nare/
v. tr.

in contabilità, annullare una registrazione con un'altra di segno opposto

*In borsa, **stornare** equivale a concludere un'operazione di segno opposto a quello previsto inizialmente.*

STORNARE (2) /stor'nare/
v. tr.

in contabilità, trasferire una partita (1) in un altro conto

*Il ragioniere **ha stornato** alcune voci di bilancio.*

STORNO (1) /'storno/
sos. m.

in contabilità, annullamento di una registrazione con un'altra di segno opposto

*I conti saranno confermati solamente dopo gli eventuali **storni**.*

STORNO (2) /'storno/
sos. m.

in contabilità, trasferimento di una partita (1) in un altro conto

*Nella contabilità pubblica, gli **storni** da un capitolo all'altro del bilancio di previsione devono essere approvati per legge.*

STRAORDINARIO /straordi'narjo/
sos. m. pl. straordinari

V. lavoro straordinario

*Gli **straordinari** sono sempre pagati più del lavoro svolto durante il normale orario di lavoro.*

STRAP /stræp/
sos. m. inv. Prov. inglese

in borsa, opzione che dà il diritto di vendere a una data stabilita la quantità di titoli negoziata inizialmente o di comprarne una doppia

*Per quanto attenuata rispetto agli altri contratti a premio a facoltà multiple, la posizione del compratore del premio **strap** è sempre prevalentemente speculativa.*

STRETTA CREDITIZIA /'stretta kredi'tittsja/
loc. sos. f. pl. strette creditizie

operazione della Banca Centrale volta a ridurre l'offerta di moneta (1) e a diminuire i tassi di interesse

*La diminuzione dell'offerta di moneta tende inizialmente a determinare una **stretta creditizia**, cioè a rendere la moneta più cara e meno disponibile.*

STRIP /strip/
sos. m. inv. Prov. inglese

in borsa, opzione che dà il diritto di comprare a una data stabilita la quantità di titoli negoziata inizialmente o di venderne una doppia

*Il contratto **strip** è un'operazione compiuta da uno speculatore ribassista, che prevede però forti oscillazioni dei corsi.*

STRUMENTO DERIVATO /stru'mento deri'vato/
loc. sos. m. pl. strumenti derivati Sin. prodotto derivato

in borsa, strumento finanziario legato da precise relazioni alle quotazioni di altri titoli scambiati

*La gamma degli **strumenti derivati** che si apprezzano con il ribasso dei tassi italiani si è arricchita ieri di due nuovi warrant a un anno sullo swap in lire.*

SUBAFFITTARE /subaffit'tare/
v. tr.

dare in subaffitto

*L'amministratore del condominio ha rilevato che un inquilino **subaffittava** l'appartamento a studenti.*

SUBAFFITTO /subaf'fitto/
sos. m.

contratto con cui l'affittuario (1) affitta (1) a un terzo

*Il **subaffitto** è legalmente possibile solo con il consenso del proprietario dell'immobile.*

SUBAPPALTARE /subappal'tare/
v. tr.

dare a terzi un lavoro preso in appalto

*Il Consorzio dei concessionari ha percepito 55 miliardi lo scorso anno e ben 104 quest'anno, dopo **avere** a sua volta **subappaltato** lavori a 64 centri esterni.*

SUBAPPALTO /subap'palto/
sos. m.

contratto con cui l'appaltatore (1) dà a terzi il lavoro preso in appalto

*Targhe d'auto, patenti, carte intestate e bollate, francobolli ed altro passano per l'Istituto poligrafico e per le numerose imprese grafiche a cui vengono affidate numerose lavorazioni in **subappalto**.*

SUCCURSALE /sukkur'sale/
sos. f.

V. filiale

*La ditta ha aperto una **succursale** in provincia, per venire incontro alle esigenze della clientela.*

SUPPLEMENTO /supple'mento/
sos. m.

somma di denaro da pagare in più

*Per i motivi resi noti in precedenza i contribuenti dovranno versare un **supplemento** d'imposta.*

SURPLUS /syr'ply/ (It. /sur'plus/)
sos. m. inv. Prov. francese Sin. sovrappiù

eccesso di produzione (2) rispetto al consumo (2)

*Parte domani l'operazione voluta da Bruxelles per alleggerire i **surplus** accumulati nelle ultime campagne e in previsione di raccolti che si annunciano più scarsi.*

SUSSIDIO /sus'sidjo/
sos. m. pl. sussidi

V. sovvenzione

*Il Governo verserà un aiuto straordinario alla cassa disoccupazione, affinché anche a giugno possa continuare a pagare i **sussidi**.*

SUSSIDIO DI DISOCCUPAZIONE /sus'sidjo di dizokku-pat'tsjone/

loc. sos. m. pl. sussidi di disoccupazione

V. indennità di disoccupazione

*Il Governo ha deciso di ridurre il **sussidio di disoccupazione** del 10%.*

SUSSISTENZA /sussis'tɛntsa/

sos. f.

quantità di beni e servizi necessari a un individuo per sopravvivere

*Nella maggior parte dei Paesi asiatici e africani il tenore di vita è inferiore, talvolta al di sotto dei livelli di **sussistenza**. Deboli segnali che ci portano a sperare in un cambiamento di rotta. Ma occorrono aiuti, e subito, dai Paesi industrializzati.*

SVALUTARE /zvalu'tare/

v. tr. Contr. rivalutare

ridurre il valore

*Il governo ha deciso di **svalutare** la moneta del 10%, a seguito della grave crisi. Si spera in una ripresa delle esportazioni, grazie alla maggior competitività di cui le nostre imprese godranno da domani.*

SVALUTARSI /zvalu'tarsi/

v. intr. pron. Contr. rivalutarsi

perdere di valore

*Nello stesso momento la moneta nazionale, la lira turca, **si è svalutata** soltanto del 10 per cento rispetto al dollaro.*

SVALUTAZIONE /zvalutat'tsjone/

sos. f. Contr. rivalutazione

perdita di valore

*Fra le manovre di politica monetaria, importante è la **svalutazione** della lira che dovrebbe favorire le esportazioni.*

SVENDERE /'zvendere/

v. tr.

vendere merci a un prezzo inferiore al loro reale valore

*Le privatizzazioni vanno più lentamente del previsto, in quanto il ministro non intende **svendere** i cosiddetti gioielli di famiglia, cioè le aziende a partecipazione statale più redditizie.*

SVENDITA /'zvendita/

sos. f.

vendita di merci a un prezzo inferiore al loro reale valore

*Nelle città, come ogni anno, i commercianti danno il via alle **svendite**; code di persone fin dalle prime ore del mattino attendono l'apertura, per acquistare a prezzi ribassati.*

SVILUPPO ECONOMICO /zvi'luppo eko'nɔmiko/

loc. sos. m.

V. crescita economica

*A Mosca il vertice ha deciso di perfezionare il meccanismo che regola i rapporti con l'estero, al fine di accelerare lo **sviluppo economico** del Paese.*

SVINCOLARE /zvinko'lare/

v. tr. Contr. vincolare

in banca, ottenere la disponibilità di un deposito (2) precedentemente sottoposto a determinati limiti di tempo

*Il cliente preferisce non **svincolare** l'importo prima della naturale scadenza.*

SWAP /swɔp/

sos. m. inv. Prov. inglese

operazione con cui due parti si impegnano a uno scambio reciproco di due serie di pagamenti

*La società statunitense ha lanciato due milioni di call warrant sul tasso **swap** a quattro anni, con un rendimento di esercizio fissato all'11%.*

SWITCH /switʃ/

sos. m. inv. Prov. inglese

in borsa, contratto che dà il diritto di trasferire gratuitamente i propri risparmi (1) da un fondo comune di investimento a un altro dello stesso gruppo

*Con i **switch** anche i disinvestimenti sono gratuiti o quanto meno agevolati.*

T

TAGLIARE /taʎ'ʎare/

v. tr.

ridurre

*Molte imprese si sono trovate nell'impossibilità di **tagliare** i costi.*

TAGLIO /'taʎʎo/

sos. m. pl. tagli

riduzione

*L'economia della regione è in crisi: blocco della spesa pubblica per **tagli** di bilancio, indagini giudiziarie che rallentano il sistema degli appalti.*

TAKE OVER /teik 'ouvə/

loc. sos. m. inv. Prov. inglese

operazione finanziaria con cui è ottenuto il controllo di un'azienda attraverso l'acquisto (1) delle sue azioni

*È stato poi smentito che Bna abbia effettuato acquisti di titoli per difendersi dal **take over**, pur non escludendo che altre banche si siano mosse.*

TANGENTE /tan'dʒɛnte/

sos. f.

compenso (1) ottenuto in cambio di favori illeciti

*È noto che ogni **tangente** pagata nasconde un accomodamento fiscale.*

TARIFFA /ta'riffa/
sos. f.

prezzo di beni o servizi offerti dallo Stato

*Slittano di almeno due mesi gli aumenti delle **tariffe** RC auto; il Consiglio dei ministri di oggi congelerà con un decreto legge le **tariffe** in vigore, rinviando ogni decisione sugli aumenti.*

TARIFFARIO /tarif'farjo/
agg. pl. m. tariffari, pl. f. tariffarie
relativo alla tariffa

*L'azienda non potrà più continuare a investire senza che intervenga una revisione delle politiche **tariffarie**.*

TASSA /'tassa/
sos. f.

somma di denaro pagata dai cittadini allo Stato in cambio di un servizio

*C'è chi propone di obbligare parlamentari e ministri a fare personalmente la fila all'ufficio postale per pagare **tasse** e bollette.*

TASSARE /tas'sare/
v. tr.

imporre una tassa

*Il ministro del Tesoro ha in parte guastato la festa **tassando** del 12,5 per cento i pronti contro termine.*

TASSAZIONE /tassat'tsjone/
sos. f. Contr. detassazione

atto con cui una tassa è imposta

*Sembra che il Governo sia propenso a una completa revisione del sistema di **tassazione** dei telefonini a uso familiare.*

TASSO /'tasso/
sos. m. Sin. saggio

quantità numerica che esprime un rapporto fra due grandezze

*Dall'assemblea dell'Unione dei produttori di macchine utensili è emerso che la stragrande maggioranza delle imprese del settore paga il denaro a un **tasso** medio del 16-17 per cento.*

TASSO DI CAMBIO /'tasso di 'kambjo/
loc. sos. m. pl. tassi di cambio

rapporto tra il valore di due monete (2)

*Gli accordi stipulati a Parigi nel febbraio del 1987 prevedevano un maggior coordinamento delle politiche economiche e, soprattutto, la stabilizzazione dei **tassi di cambio** delle principali valute.*

TASSO DI DISOCCUPAZIONE /'tasso di dizokkupat'tsjone/
loc. sos. m. pl. tassi di disoccupazione

rapporto tra il livello di disoccupazione (1) e le forze di lavoro in un certo momento

*Nello scorso anno il **tasso di disoccupazione** si è attestato al 9 per cento.*

TASSO DI INFLAZIONE /'tasso di inflat'tsjone/
loc. sos. m. pl. tassi di inflazione

rapporto tra il costo della vita calcolato in due periodi di tempo diversi

*L'incertezza è elevata, perché le condizioni dell'economia richiedono allentamenti del credito, ma il **tasso di inflazione** è sempre a livelli troppo elevati, come il deficit pubblico.*

TASSO DI INTERESSE /'tasso di inte'rɛsse/
loc. sos. m. pl. tassi di interesse Sin. saggio di interesse

rapporto tra un capitale (2) dato in prestito (1) e il relativo interesse

*Le incertezze che gravano sull'economia mondiale dipendono dall'ampiezza delle reazioni provocate da alcuni elementi chiave, in particolare dalla dinamica dei **tassi di interesse**.*

TASSO DI SCONTO /'tasso di 'skonto/
loc. sos. m. pl. tassi di sconto Sin. saggio di sconto, saggio ufficiale di sconto

V. tasso ufficiale di sconto

*La Banca Centrale russa ha aumentato il **tasso di sconto** dal 110 al 120%, in esecuzione di un accordo raggiunto con il Governo, tendente a ridurre l'inflazione.*

TASSO INTERBANCARIO /'tasso interban'karjo/
loc. sos. m. pl. tassi interbancari

tasso di interesse sui depositi (2) nei rapporti fra banche nazionali

*In flessione si mostra anche il **tasso interbancario** che, risultando molto reattivo alle tensioni della liquidità del settore creditizio, è sceso ulteriormente.*

TASSO UFFICIALE DI SCONTO /'tasso uffi'tʃale di 'skonto/
loc. sos. m. pl. tassi ufficiali di sconto Sin. tasso di sconto, saggio di sconto, saggio ufficiale di sconto

tasso di interesse a cui la Banca Centrale concede finanziamenti (2) al sistema bancario

*Il barometro è orientato al bello sui mercati finanziari, che registrano il rafforzamento della lira, rendimenti in calo sui titoli di Stato in asta e tassi interbancari sotto il livello del **tasso ufficiale di sconto**.*

TENORE DI VITA /te'nore di 'vita/
loc. sos. m.

insieme delle condizioni economiche e sociali che caratterizzano la vita di un individuo

*Il **tenore di vita** degli italiani, negli ultimi anni, è stato influenzato da una maggiore disponibilità finanziaria.*

TERZIARIO (1) /ter'tsjarjo/
sos. m. Solo singolare

settore dell'attività economica specializzato nei servizi

*Il **terziario** è l'unico settore che non ha risentito della crisi congiunturale.*

TERZIARIO (2) /ter'tsjarjo/
agg.

relativo al settore dell'attività economica specializzato nei servizi

*In ripresa il settore **terziario** dopo la grave crisi che lo aveva colpito nei mesi scorsi.*

TERZISTA (1) /ter'tsista/

sos. m./f. pl. m. terzisti

chi <u>produce</u> per conto terzi

*A differenza di Breil, Vetta (svizzeri) e Radius (italiano) la cui produzione è delegata a **terzisti**, Wyler è prodotto dalla Wyler Bienne in Svizzera.*

TERZISTA (2) /ter'tsista/

agg. pl. m. terzisti, pl. f. terziste

che <u>produce</u> per conto terzi

*Le aziende **terziste** si stanno riprendendo dalla grave crisi che le aveva colpite qualche anno fa.*

TERZO /'tɛrtso/

sos. m.

chi è estraneo a un accordo tra due <u>parti</u>

*La Austop lavorerà lana per **terzi**, garantendo assoluta discrezione.*

TERZO MONDO /'tɛrtso 'mondo/

loc. sos. m.

insieme di Paesi con un basso livello di <u>sviluppo economico</u>

*I ministri dei Paesi più industrializzati hanno convenuto nel decidere al più presto lo stanziamento di fondi a sostegno del **Terzo Mondo**. Si è parlato in particolare dell'area asiatica, colpita dalle recenti inondazioni.*

TESORERIA /tezore'ria/

sos. f.

organo che <u>amministra</u> le <u>entrate</u> e le <u>uscite</u> dello Stato

*Il conto corrente per il servizio di **tesoreria** è intrattenuto dal Tesoro con la Banca d'Italia. Sul conto sono registrate le operazioni di incasso e pagamento provenienti dal servizio di tesoreria dello Stato.*

TESORIERE /tezo'rjɛre/

sos. m.

<u>dirigente (1)</u> che rappresenta la <u>tesoreria</u>

*I Comuni e le Province invieranno, per il tramite dei rispettivi **tesorieri**, il modello di rilevazione dei movimenti di cassa del trimestre precedente.*

TESORO /te'zɔro/

sos. m.

V. ministero del Tesoro

*Il **Tesoro** ha potuto così dare il via a un finanziamento di 750 miliardi, di cui 305 già assicurati. Per la parte restante, Imi e Mediobanca sono d'accordo per aprire le linee di credito non appena la Sace darà la copertura assicurativa.*

TETTO /'tetto/

sos. m.

limite massimo

*L'importo dell'emissione ha un **tetto** predeterminato a 800mila call warrant, che corrispondono al 3% circa delle azioni in circolazione.*

TIROCINIO /tiro'tʃinjo/

sos. m. pl. tirocini Sin. apprendistato

<u>contratto</u> con cui un <u>lavoratore dipendente</u> lavora in cambio dell'addestramento <u>professionale</u>

*Dal suo curriculum vitae risulta che ha fatto un **tirocinio** di due anni presso una ditta artigiana, quindi si è messo in proprio.*

TITOLARE /tito'lare/

sos. m./f.

chi ha diritto di <u>proprietà</u>

*I **titolari** di conti correnti hanno avuto una brutta sorpresa alla notizia del prelievo forzato sui depositi deciso dal Governo.*

TITOLO /'titolo/

sos. m. Sin. titolo di credito

documento che dà un diritto al <u>proprietario (1)</u>

*Il **titolo** Fiat ordinarie è l'indiscusso protagonista di questi giorni in Piazza Affari: ieri ha guadagnato il 3,5%, salendo a quota 8.649.*

TITOLO A CEDOLA ZERO /'titolo a* 'tʃedola *'dzɛro/

loc. sos. m. pl. titoli a cedola zero

V. zero-coupon bond

*Un ruolo rilevante potrebbe essere affidato ai **titoli a cedola zero** nell'ambito di una strategia di immunizzazione finanziaria dei portafogli.*

TITOLO AZIONARIO /'titolo attsjo'narjo/

loc. sos. m. pl. titoli azionari

V. azione

*Una specialità del finanziere svizzero restano le operazioni sui mercati dei **titoli azionari**, di cui le due società hanno un portafoglio diversificato.*

TITOLO DI CREDITO /'titolo di 'kredito/

loc. sos. m. pl. titoli di credito

V. titolo

*Il **titolo di credito** è trasferibile in modi diversi a seconda che si tratti di un titolo al portatore, all'ordine o nominativo.*

TITOLO GUIDA /'titolo 'gwida/

loc. sos. m. pl. titoli guida Sin. blue chip

in <u>borsa</u>, <u>titolo</u> a largo <u>flottante</u>

*Tra i **titoli guida** del comparto bancario, l'impostazione è stata riflessiva anche se i rafforzamenti delle azioni del Credito Romagnolo e del Credito Bergamasco hanno contribuito alla tenuta dell'indice.*

TITOLO OBBLIGAZIONARIO /'titolo obbligattsjo'narjo/

loc. sos. m. pl. titoli obbligazionari

V. obbligazione (1)

*L'occasione buona è stata offerta da quei 600 miliardi di **titoli obbligazionari** comprati e rivenduti in poco meno di due mesi.*

TOM/NEXT /tɔm nekst/

sos. m. inv. Prov. inglese Var. tomorrow next

<u>tasso interbancario</u> sui <u>depositi (2)</u> che <u>sono</u> estinti il secondo giorno <u>lavorativo</u> successivo a quello in cui sono effettuati

*Sul mercato interbancario, l'overnight è rimasto stabile, mentre il **tom/next** è passato dal 10,82 all'11 per cento.*

TONNELLATA /tonnel'lata/

sos. f.

misura di peso equivalente a 1.000 chilogrammi

*Lo scorso anno la produzione dei mangimi ha raggiunto i 13 milioni di **tonnellate**.*

TORO /'tɔro/

sos. m. Contr. orso

in borsa, andamento al rialzo delle contrattazioni

*Sulla piazza asiatica continua a dominare il **toro**.*

TRADING /'treidiŋ/

sos. m. inv. Prov. Inglese

insieme delle operazioni con cui determinati beni sono commercializzati

*I titoli di Stato dei singoli Paesi sono trattati su mercati solitamente più liquidi e più adatti al **trading**, ma offrono rendimenti più bassi.*

TRAENTE (1) /tra'ɛnte/

sos. m./f.

nella cambiale, chi dà l'ordine di pagamento

*L'azione giudiziaria è possibile a condizione che il decreto ingiuntivo sia stato notificato al **traente** da almeno cinque giorni.*

TRAENTE (2) /tra'ɛnte/

agg.

nella cambiale, che dà l'ordine di pagamento

*Il trattario può opporre tutte le eccezioni al venditore **traente**, riguardo alla qualità della merce e alle condizioni del contratto.*

TRAENZA /tra'ɛntsa/

sos. f.

condizione di chi è traente (1)

*Prima di pagare l'assegno la banca trattaria deve accertarsi che il titolo sia regolare, controllando soprattutto la regolarità della firma di **traenza**.*

TRANSAZIONE /transat'tsjone/

sos. f.

operazione commerciale che comporta un trasferimento (2) di beni

*Le **transazioni**, cioè importazioni ed esportazioni che derivano da scambi di beni tra Paesi, sono regolate in moneta.*

TRASFERIBILE /trasfe'ribile/

agg.

che si può trasferire

*Alcuni titoli di credito sono **trasferibili** mediante girata.*

TRASFERIMENTO (1) /trasferi'mento/

sos. m.

pagamento effettuato senza l'aspettativa di avere in cambio dei servizi

*Dall'inizio degli anni Settanta la politica dei **trasferimenti** e dei sostegni al reddito ha di fatto svolto un ruolo di domanda Keynesiana, che era il contrario di ciò di cui il Sud aveva bisogno.*

TRASFERIMENTO (2) /trasferi'mento/

sos. m.

passaggio di proprietà da un soggetto a un altro

*Il **trasferimento** di capitale è avvenuto tramite un'emissione azionaria.*

TRASFERIRE /trasfe'rire/

v. tr.

far passare la proprietà da un soggetto a un altro

*I crediti commerciali **trasferiti** alla banca tedesca ammontano a circa due milioni di dollari.*

TRASFERTA (1) /tras'fɛrta/

sos. f.

trasferimento temporaneo di un lavoratore dipendente, su richiesta dell'azienda, fuori della città dove ha sede il posto di lavoro

*Il vicedirettore è in **trasferta** a Palermo, potrete parlare con lui solo la settimana prossima.*

TRASFERTA (2) /tras'fɛrta/

sos. f.

somma di denaro pagata a un lavoratore dipendente per una trasferta (1)

*Abbiamo in busta paga una **trasferta** di settecentomila lire, per i cinque giorni a Roma.*

TRASSATO (1) /tras'sato/

sos. m.

V. trattario (1)

*Fra i requisiti dell'istituto della cessione della provvista, c'è anche la notificazione al **trassato** della cessione a mezzo raccomandata con ricevuta di ritorno.*

TRASSATO (2) /tras'sato/

agg.

V. trattario (2)

*Il traente può in questo caso cedere il credito nei confronti dell'imprenditore **trassato**.*

TRATTA /'tratta/

sos. f. Sin. effetto, cambiale commerciale

V. cambiale

*Può succedere che prima della scadenza la **tratta** sia negoziata più volte, a prezzi sempre più alti, in quanto il numero dei giorni di sconto va riducendosi.*

TRATTAMENTO DI FINE RAPPORTO /tratta'mento di 'fine rap'pɔrto/

loc. sos. m.

V. liquidazione (2)

*Ciò che una volta si chiamava indennità di anzianità oggi è il cosiddetto **trattamento di fine rapporto**, secondo la legge 29 maggio 1982 n. 297.*

TRATTAMENTO DI QUIESCENZA /tratta'mento di kwjeʃ'ʃɛntsa/

loc. sos. m.

pagamenti periodici destinati agli statali (1) in seguito alla fine del rapporto di lavoro per raggiunti limiti di età

*Il **trattamento di quiescenza** dei dipendenti pubblici è ge-*

stito direttamente dal ministero del Tesoro; in altri casi provvedono per determinate categorie di dipendenti pubblici strutture autonome.

TRATTARIO (1) /trat'tarjo/
sos. m. pl. trattari Sin. trassato (1)
nella cambiale, chi riceve l'ordine di pagamento
*Il pagamento da parte del **trattario** estingue il titolo e tutte le azioni relative.*

TRATTARIO (2) /trat'tarjo/
agg. pl. m. trattari, pl. f. trattarie Sin. trassato (2)
nella cambiale, che riceve l'ordine di pagamento
*Se l'imprenditore rilascia una cambiale, il debitore **trattario** diventa obbligato solo se accetta la cambiale.*

TRATTENUTA /tratte'nuta/
sos. f.
parte di un reddito non ricevuta perché destinata al pagamento di tasse e contributi
*Nonostante l'accordo preveda che gli investitori stranieri paghino le stesse tasse che pagherebbero nel Paese di residenza, in Italia è applicata la **trattenuta** d'imposta italiana, e la differenza non viene restituita.*

TREND /trend/
sos. m. inv. Prov. inglese
andamento di un fenomeno economico rilevato nel lungo periodo
*I molti fattori attinenti alla crisi della Borsa indicano chiaramente che per modificare il **trend** seguito nel recente passato è necessario intervenire con provvedimenti correlati.*

TRIBUTARIO /tribu'tarjo/
agg. pl. m. tributari, pl. f. tributarie
relativo al tributo
*Non è stato ancora fatto il nome di chi curerà l'attuazione del programma organizzativo per l'insediamento delle nuove commissioni **tributarie** provinciali e regionali.*

TRIBUTARISTA /tributa'rista/
sos. m./f. pl. m. tributaristi
chi per professione si occupa di questioni tributarie
*Punto di forza è l'insieme dei moduli fiscali venduti ai **tributaristi** e anche alle grandi organizzazioni sindacali.*

TRIBUTO /tri'buto/
sos. m.
importo dovuto allo Stato per sostenere la spesa dei servizi pubblici
*Se i **tributi** di competenza delle commissioni tributarie avranno un procedimento comune, quelli non considerati dal decreto legislativo hanno ciascuno un contenzioso proprio.*

TRIMESTRALE /trimes'trale/
agg.
che ha la durata di tre mesi
*I pagamenti hanno scadenza **trimestrale**.*

TRUFFA /'truffa/
sos. f.
reato commesso da chi si procura un profitto con l'inganno
*La Guardia di Finanza ha battuto a tappeto la provincia, ha controllato i conti di un centinaio di imprese e ne ha denunciate quindici per **truffa**.*

TRUFFARE /truf'fare/
v. tr.
procurarsi un profitto con l'inganno
*Nell'hinterland romano tre aziende **sono state truffate**. Costrette a versare al Fisco cifre intorno ai 600 milioni che pensavano di aver già pagato, hanno dovuto chiudere i battenti.*

TRUFFATO (1) /truf'fato/
sos. m.
chi è truffato
*Il ministero delle Finanze per venire incontro ai **truffati** ha varato una sanatoria che rientra nell'ultimo condono fiscale, all'articolo 62 bis.*

TRUFFATO (2) /truf'fato/
agg.
che è truffato
*La ditta **truffata** sta tentando un'azione legale, ma probabilmente non riavrà più il denaro perduto.*

TRUFFATORE /truffa'tore/
sos. m. f. truffatrice
chi truffa
*Ci sono molti **truffatori** denunciati in tutta Italia e mai puniti dalla giustizia, perché il reato da loro commesso è stato amnistiato.*

TRUST /trʌst/
sos. m. inv. Prov. inglese
concentrazione costituita per creare una situazione di monopolio
*Chi teme che una tal politica porti a **trust** o a gruppi controllati da una grande impresa sottolinea la mancanza di leggi atte ad evitare tali pericoli.*

TURNOVER (1) /'təːnouvə/ (It. /tur'nɔver/)
sos. m. inv. Prov. inglese
ricambio dei lavoratori (1) in un'azienda in un certo periodo di tempo
*Il **turnover** è praticamente inesistente. Tra vertice e dipendenti c'è un flusso continuo di informazioni; ogni due mesi si riuniscono tutti insieme e l'amministratore delegato informa i lavoratori sull'andamento dell'azienda e sui progetti in cantiere.*

TURNOVER (2) /'təːnouvə/ (It. /tur'nɔver/)
sos. m. inv. Prov. inglese
V. giro di affari
*L'impresa italiana, che dà lavoro a 1.427 addetti, ha registrato un **turnover** di 690 miliardi, con una crescita del 20% rispetto all'esercizio precedente.*

U

UEM /'uem/
sos. f. Sigla Sciogl. Unione economica e monetaria
V. Unione economica e monetaria
*Più si avvicinano le scadenze fissate dal trattato di Maastricht, più la prospettiva dell'**Uem** sembra allontanarsi.*

UFFICIO DEL LAVORO /uf'fitʃo del la'voro/
loc. sos. m. pl. Uffici del lavoro Sin. Ufficio di collocamento
organismo statale (2) che dà informazioni su eventuali posti di lavoro disponibili e tratta questioni relative all'occupazione
*L'**Ufficio del lavoro** comunica che sono disponibili due posti di operaio tornitore.*

UFFICIO DI COLLOCAMENTO /uf'fitʃo di kolloka'mento/
loc. sos. m. pl. Uffici di collocamento
V. Ufficio del lavoro
*L'**Ufficio di collocamento** è aperto al pubblico dal lunedì al venerdì, dalle nove alle dodici.*

UFFICIO ITALIANO CAMBI /uf'fitʃo ita'ljano 'kambi/
loc. sos. m. Sigla Uic Sin. Cambital
istituto che controlla i cambi (2) e i movimenti valutari in Italia
*Dei vecchi vincoli valutari è rimasto solo l'obbligo di segnalazione statistica (non nominativa) all'**Ufficio italiano cambi** per trasferimenti di importo superiore a 20 milioni o per l'incasso di cedole superiori a 2 milioni.*

UIC /'uik/
sos. m. Sigla Sciogl. Ufficio italiano cambi Sin. Cambital
V. Ufficio italiano cambi
*La posizione creditoria in valuta verso l'estero di Bankitalia e dell'**Uic** è migliorata, al netto degli aggiustamenti di cambio e della periodica revisione del valore contabile della componente aurea.*

UMBRELLA FUND /ʌm'brelə fʌnd/
loc. sos. m. inv. Prov. inglese
fondo comune di investimento che permette alla clientela di spostare i propri risparmi (1) da un settore a un altro, secondo la convenienza
*Nei Paesi anglosassoni, dove è nata la formula, gli **umbrella fund** sono strumenti "multicomparto", che sotto un unico contratto permettono ai risparmiatori di entrare e uscire nei sub-settori anche una volta al mese, scegliendo il momento e le prospettive più favorevoli.*

UNIONE ECONOMICA E MONETARIA /u'njone eko'nɔmika e* mone'tarja/
loc. sos. f. Sigla Uem
organizzazione economica e monetaria (2) comune all'interno della Cee
*Il Trattato sull'Unione europea, firmato a Maastricht, intende modificare il Trattato di Roma al fine di creare una Comunità europea; la parte III del Trattato riguarda l'**Unione economica e monetaria.***

USCITA /uʃ'ʃita/
sos. f.
ogni tipo di spesa
*Dal lato delle **uscite**, vi sono stati 9.081 miliardi per rimborsi e 400 miliardi per il pagamento dell'imposta di bollo.*

USUFRUTTO /uzu'frutto/
sos. m.
diritto di disporre di un bene altrui per un certo periodo di tempo, rispettandone la destinazione economica
*Per i cittadini italiani non residenti nel territorio dello Stato si considera adibita ad abitazione principale l'unità immobiliare posseduta a titolo di proprietà o di **usufrutto** in Italia, a condizione che non sia locata.*

USUFRUTTUARIO (1) /uzufruttu'arjo/
sos. m. pl. usufruttuari
chi beneficia dell'usufrutto
*È eccezionale la posizione dell'**usufruttuario** che può consumare la cosa e alla scadenza restituire l'equivalente.*

USUFRUTTUARIO (2) /uzufruttu'arjo/
agg. pl. m. usufruttuari, pl. f. usufruttuarie
che beneficia dell'usufrutto
*Il parente **usufruttuario** ha il diritto di abitare nell'appartamento fino alla morte.*

USURA /u'zura/
sos. f.
reato commesso da chi presta denaro a un tasso di interesse eccessivo
*L'**usura**, intesa come operazione finanziaria destinata a soddisfare un'urgente necessità di denaro della persona bisognosa, è punita con la reclusione e con una multa.*

USURAIO /uzu'rajo/
sos. m. pl. usurai
chi presta denaro a un tasso di interesse eccessivo
*La vittima dell'usura deve trovarsi in stato di bisogno, cioè non deve avere la possibilità di discutere le condizioni imposte dall'**usuraio**.*

UTENTE /u'tɛnte/
sos. m./f.
chi utilizza un bene o un servizio
*L'**utente** di questo servizio si rivolge alla banca per avere informazioni riguardanti il mercato su cui egli opera.*

UTENZA (1) /u'tɛntsa/
sos. f.
insieme degli utenti
*Al Sud nasceranno quattro società per azioni. La principale, ovvero con il maggior bacino di **utenza**, comprenderà Puglia, Basilicata e Calabria.*

UTENZA (2) /u'tɛntsa/
sos. f.

uso di un servizio pubblico

Con il collegamento telematico l'utente può effettuare direttamente dal proprio domicilio una serie di operazioni (pagamento di **utenze**, *ordini di pagamento, richieste di assegni) e disporre di una serie di informazioni sul suo rapporto bancario.*

UTILE /'utile/
sos. m. Sin. profitto

guadagno dato da un'attività economica

Il bilancio di quest'anno evidenzia un **utile** *in calo rispetto ai 3,8 miliardi dell'esercizio precedente.*

UTILE NETTO /'utile 'netto/
loc. sos. m. pl. utili netti

nel conto economico, guadagno che risulta dopo la sottrazione di tutte le spese

L' **utile netto** *consolidato, rispetto al precedente esercizio, è stato di 11,6 miliardi di lire.*

UTILE OPERATIVO /'utile opera'tivo/
loc. sos. m. pl. utili operativi Sin. risultato operativo

nel conto economico della società per azioni, utile riservato agli azionisti (1) e ai creditori (1)

Se dall' **utile operativo** *si sottraggono i costi finanziari e le imposte, si ha l'utile netto, cioè quello che spetta agli azionisti.*

UTILITÀ /utili'ta*/
sos. f. inv.

capacità di un bene o servizio di soddisfare un bisogno umano

L' **utilità** *è un concetto astratto, usato in economia per indicare le sensazioni oggettive di soddisfazione o vantaggiosità che derivano dal consumare beni.*

UTILITÀ MARGINALE /utili'ta* mardʒi'nale/
loc. sos. f. pl. utilità marginali

aumento di utilità ottenuto dal consumo (1) di un'unità addizionale (2) di un bene

Si assume generalmente che quanta più merce si possiede o si consuma, tanto più ridotta è l' **utilità marginale**.

UTILITY /juː'tiliti/
sos. f. inv. Prov. inglese

società che offre servizi di pubblica utilità

Per le privatizzazioni l'interesse è molto alto da parte di tutti i Paesi, ma diretto soprattutto alle **utility** *e all'agroalimentare.*

V

VAGLIA /'vaʎʎa/
sos. m. inv.

tipo di titolo di credito

Il regolamento può essere effettuato con addebito in un conto bancario o con altre modalità (assegno, **vaglia**).

VAGLIA BANCARIO /'vaʎʎa ban'karjo/
loc. sos. m. pl. vaglia bancari

titolo di credito emesso dalla Banca d'Italia per agevolare il trasferimento (2) di denaro precedentemente depositato presso lo stesso istituto

Il **vaglia bancario** *ha un completo potere liberatorio ed è accettato in pagamento da tutte le casse ed uffici pubblici.*

VAGLIA CAMBIARIO /'vaʎʎa kam'bjarjo/
loc. sos. m. pl. vaglia cambiari

V. pagherò

I **vaglia cambiari** *delle due banche sono pagabili presso tutte le filiali dei due istituti di credito e sono soggetti all'imposta di bollo.*

VAGLIA POSTALE /'vaʎʎa pos'tale/
loc. sos. m. pl. vaglia postali

titolo di credito emesso dalle Poste per agevolare il trasferimento (2) di denaro precedentemente depositato presso un ufficio postale

Il trasferimento dell'importo avverrà tramite **vaglia postale**, *entro i termini stabiliti.*

VALORE /va'lore/
sos. m.

proprietà di un bene che ne determina il prezzo

Per **valore** *della moneta si intende la sua capacità di acquisto, espressione che sta a indicare la quantità di merci che è possibile acquistare, in un certo momento, con una data quantità di moneta.*

VALORE AGGIUNTO /va'lore ad'dʒunto/
loc. sos. m. pl. valori aggiunti

differenza tra il costo dei prodotti (1) di un'azienda e il costo degli acquisti (1) effettuati per realizzarli

È necessario impiegare i margini di profitto da svalutazione nella progettazione di nuovi prodotti, nei controlli di qualità, nell'adattamento dei prodotti alle esigenze di mercato. Tutto ciò è fonte di ulteriore **valore aggiunto** *nei nostri prodotti.*

VALORE CORRENTE /va'lore kor'rɛnte/
loc. sos. m. pl. valori correnti

prezzo di un titolo sul mercato mobiliare determinato dalle contrattazioni

Quanto maggiore è la quantità dei titoli trattati, tanto più significativo è il **valore corrente**.

VALORE DI EMISSIONE /va'lore di emis'sjone/
loc. sos. m. pl. valori di emissione

prezzo di un titolo sul mercato mobiliare al momento del collocamento

A seconda del livello al quale il **valore di emissione** *si fissa rispetto al valore nominale del titolo, si dice che l'emissione avviene alla pari, sotto la pari o sopra la pari.*

VALORE DI LIBRO /va'lore di 'libro/

loc. sos. m. pl. valori di libro

prezzo di un titolo sul mercato mobiliare determinato dai dati di bilancio della società che lo emette

Il valore di libro dei titoli e delle partecipazioni segna un incremento di 68 miliardi a seguito di acquisti di titoli necessari per la copertura delle riserve tecniche.

VALORE DI SCAMBIO /va'lore di 'skambjo/

loc. sos. m. pl. valori di scambio

quantità di moneta(2) o di un bene necessaria per acquistare un altro bene o un servizio

In una società capitalistica il lavoro contenuto non è più una buona misura del valore di scambio delle merci.

VALORE NOMINALE /va'lore nomi'nale/

loc. sos. m. pl. valori nominali

prezzo di un titolo che si trova stampato su di esso

I titoli della holding, del valore nominale di un fiorino, sono divisi in tre categorie: 35,3 milioni di azioni sono di tipo A, 13,6 milioni di azioni di tipo B e 181,5 milioni di tipo C.

VALORI MOBILIARI /va'lori mobi'ljari/

loc. sos. m. pl.

insieme dei titoli di credito quotati in borsa, facilmente trasferibili da un proprietario(1) a un altro

Il patrimonio, stabilisce la nuova normativa, non può essere investito in valori mobiliari non quotati in misura superiore all'80%, ed inferiore al 40% del valore complessivo del patrimonio.

VALUTA(1) /va'luta/

sos. f.

tempo in base al quale sono calcolati gli interessi di un conto corrente

Per i versamenti di contanti la valuta decorre dallo stesso giorno del versamento.

VALUTA(2) /va'luta/

sos. f. Sin. valuta estera

moneta(2) straniera

La valuta tedesca ieri si è apprezzata nei confronti del dollaro.

VALUTA ESTERA /va'luta 'ɛstera/

loc. sos. f. pl. valute estere

V. valuta(2)

Se la nostra moneta tende a rivalutarsi eccessivamente, la Banca d'Italia può intervenire e riequilibrare la domanda acquistando valuta estera e vendendo lire.

VALUTARIO /valu'tarjo/

agg. pl. m. valutari, pl. f. valutarie

relativo alla valuta(2)

I listini valutari sono riportati dai maggiori giornali economico-finanziari che pubblicano anche le quotazioni rilevate sulle principali piazze estere.

VENDITA /'vendita/

sos. f. Contr. acquisto(1)

atto del vendere

I commercianti si lamentano perché a causa della chiusura del centro al traffico le vendite sono sensibilmente calate.

VENDITA ALL'INCANTO /'vendita allin'kanto/

loc. sos. f. pl. vendite all'incanto

vendita pubblica dei beni di un debitore(1) insolvente

Per i beni mobili la vendita all'incanto è affidata al cancelliere o all'ufficiale giudiziario, ma oggi, più spesso, ad appositi istituti.

VENDITORE(1) /vendi'tore/

sos. m. f. venditrice

chi vende

Dopo l'impennata dei costi ai mercati internazionali, i venditori al dettaglio sono intenzionati a rivedere i prezzi.

VENDITORE(2) /vendi'tore/

agg. f. venditrice

che vende

Come reagiranno le ditte venditrici all'aumento delle imposte di fabbricazione deciso dal governo?

VENTURE CAPITAL /'ventʃə 'kæpitl/

loc. sos. m. inv. Prov. inglese

capitali(2) concessi a una società per finanziare il suo sviluppo

È stato concluso l'accordo con Finnova, una delle prime società italiane di venture capital, controllata dalla Sopaf.

VERSAMENTO(1) /versa'mento/

sos. m. Contr. prelevamento(1), prelievo(1)

V. deposito(1)

Il versamento si può effettuare su conto corrente bancario o postale.

VERSAMENTO(2) /versa'mento/

sos. m. Contr. prelevamento(2), prelievo(2)

V. deposito(2)

Sono stati controllati tutti i versamenti superiori ai 20 milioni di lire.

VERSARE(1) /ver'sare/

v. tr. Contr. prelevare

V. depositare

Si può versare qualunque importo, ma è necessario prima compilare la distinta di versamento, che poi va consegnata all'impiegato assieme al denaro.

VERSARE(2) /ver'sare/

v. tr.

pagare

Tanto ai fini Iva, quanto ai fini delle imposte sui redditi, i contribuenti possono beneficiare di alcune riduzioni sull'imposta da versare.

VERTENZA CONTRATTUALE /ver'tɛntsa kontrattu'ale/

loc. sos. f. pl. vertenze contrattuali

incontro tra i lavoratori(1) e il datore di lavoro per discutere questioni relative alle condizioni di lavoro

Si sta aprendo una vertenza contrattuale volta all'elimina-

zione degli indici automatici esistenti. I rappresentanti sindacali chiedono l'allineamento del salario al tasso d'inflazione reale.

VERTICE (1) /'vɛrtitʃe/
sos. m. pl. vertici
riunione dei maggiori rappresentanti di un'istituzione
*Un **vertice** notturno tra il Presidente del Consiglio e i leader della maggioranza ha portato ad un'intesa di massima sul decreto fiscale che decade alla mezzanotte di oggi.*

VERTICE (2) /'vɛrtitʃe/
sos. m. pl. vertici
insieme dei dirigenti (1)
*I risultati ottenuti nei singoli settori di attività sembrerebbero legittimare la scelta adottata dai **vertici** del gruppo.*

VINCOLARE /vinko'lare/
v. tr. Contr. svincolare
in banca, limitare la disponibilità di un deposito (2) per un periodo di tempo determinato
*I libretti postali, liberi o **vincolati** per un certo periodo di tempo, riconoscono un interesse leggermente superiore rispetto a quelli bancari.*

VOLANDO /vo'lando/
agg. inv.
relativo a un ordine di borsa da eseguire entro pochi minuti
*Chiunque voglia effettuare una compravendita al mercato ufficiale dà all'agente di cambio il prezzo a cui vuole comprare o vendere e il momento entro il quale deve concludere l'operazione. Nel caso dell'ordine **volando**, si tratta di una validità massima di quindici minuti dal momento in cui esso è ricevuto.*

VOLUME DI AFFARI /vo'lume di af'fari/
loc. sos. m. pl. volumi di affari
operazioni commerciali fatte da un'azienda in un certo periodo di tempo
*Le imprese agricole, indipendentemente dal **volume di affari**, tornano ad applicare il regime speciale Iva previsto dall'articolo 34 del Dpr 633/72.*

VOUCHER /'vautʃə/
sos. m. inv. Prov. inglese
buono dato come ricevuta di pagamento da un'agenzia di viaggi
*Il presente **voucher** dà determinate garanzie al suo possessore.*

W

WARRANT /'wɔrənt/
sos. m. inv. Prov. inglese
in borsa, opzione che dà il diritto di acquistare o vendere titoli

*Il **warrant**, tra l'altro, minimizza il rischio di cambio perché l'importo investito per pagare il premio dell'opzione è inferiore rispetto al capitale necessario per acquistare direttamente i titoli di Stato.*

Y

YEN /jɛn/
sos. m. inv. Prov. giapponese
unità monetaria (2) del Giappone
*Gli aumenti dei prezzi sono dovuti a un aggiustamento al rialzo in alcuni settori dominati da prodotti giapponesi, che hanno risentito del forte aumento dello **yen**.*

YUAN /ɥan/
sos. m. inv. Prov. cinese
unità monetaria (2) della Cina
*La Cina svaluta lo **yuan**; alla notizia, l'indice delle azioni asiatiche a Hong Kong perde il 3%.*

Z

ZECCA /*'tsekka/
sos. f. Solo singolare
istituto dove è fabbricata la moneta (2) per conto dello Stato
*La **Zecca** ha coniato la nuova moneta da 500 lire.*

ZERO-COUPON BOND /'zirou 'kuːpɔn bɔnd/

loc. sos. m. inv. Prov. inglese Sin. titolo a cedola zero
obbligazione (1) senza cedola
*Gli **zero-coupon bond** non prevedono il pagamento periodico di cedole: per chi investe, il rendimento è dato dallo scarto fra il prezzo di emissione e quello di rimborso.*

L'italiano per stranieri

Amato • *Mondo italiano*
testi autentici sulla realtà sociale e culturale italiana
libro dello studente
quaderno degli esercizi

Ambroso e Stefancich • *Parole*
10 percorsi nel lessico italiano - esercizi guidati

Avitabile • *Italian for the English-speaking*

Battaglia • *Grammatica italiana per stranieri*

Battaglia • *Gramática italiana para estudiantes*
de habla española

Battaglia • *Leggiamo e conversiamo*
letture italiane con esercizi per la conversazione

Battaglia e Varsi • *Parole e immagini*
corso elementare di lingua italiana per principianti

Bettoni e Vicentini • *Imparare dal vivo***
lezioni di italiano - livello avanzato
manuale per l'allievo
chiavi per gli esercizi

Buttaroni • *Letteratura al naturale*
autori italiani contemporanei con attività di analisi linguistica

Cherubini • *L'italiano per gli affari*
corso comunicativo di lingua e cultura aziendale

Diadori • *Senza parole*
100 gesti degli italiani

Gruppo META • *Uno*
corso comunicativo di italiano per stranieri - primo livello
libro dello studente
libro degli esercizi e sintesi di grammatica
guida per l'insegnante
3 audiocassette

Gruppo META • *Due*
corso comunicativo di italiano per stranieri - secondo livello
libro dello studente
libro degli esercizi e sintesi di grammatica
guida per l'insegnante
4 audiocassette

Gruppo NAVILE • *Dire, fare, capire*
l'italiano come seconda lingua
libro dello studente
guida per l'insegnante
1 audiocassetta

Humphris, Luzi Catizone, Urbani • **Comunicare meglio**
corso di italiano - livello intermedio-avanzato
manuale per l'allievo
manuale per l'insegnante
4 audiocassette

Marmini e Vicentini • **Imparare dal vivo***
lezioni di italiano - livello intermedio
manuale per l'allievo
chiavi per gli esercizi

Marmini e Vicentini • **Ascoltare dal vivo**
manuale di ascolto - livello intermedio
quaderno dello studente
libro dell'insegnante
3 audiocassette

Radicchi e Mezzedimi • **Corso di lingua italiana**
livello elementare
manuale per l'allievo
1 audiocassetta

Radicchi • **Corso di lingua italiana**
livello intermedio

Radicchi • **In Italia**
modi di dire ed espressioni idiomatiche

Spagnesi • **Dizionario dell'economia e della finanza**

Totaro e Zanardi • **Quintetto italiano**
approccio tematico multimediale - livello avanzato
libro dello studente
quaderno degli esercizi
2 audiocassette
1 videocassetta

Urbani • **Senta, scusi...**
programma di comprensione auditiva con spunti di produzione libera orale
manuale di lavoro
1 audiocassetta

Urbani • **Le forme del verbo italiano**

Verri Menzel • **La bottega dell'italiano**
antologia di scrittori italiani del Novecento

Vicentini e Zanardi • **Tanto per parlare**
materiale per la conversazione - livello medio avanzato
libro dello studente
libro dell'insegnante

Bonacci editore

Finito di stampare
nel mese di febbraio 1994
dalla TIBERGRAPH s.r.l.
Città di Castello (PG)